Bastian Bielendorfer
Lehrerkind

PIPER

Zu diesem Buch:

Was wird aus einem Menschen, wenn Mama und Papa Lehrer an der eigenen Schule sind – und somit an jedem Tag im Jahr Elternsprechtag ist, die Mitschüler einen zum Daueropfer ernennen und es bei den Bundesjugendspielen nicht einmal für eine Teilnehmerurkunde reicht? Genau: Er wird selbst Lehrer! Mit gnadenloser Selbstironie schildert Bastian Bielendorfer, wie er der pädagogischen Sippenhaft zu entrinnen versucht, und verrät dabei, welch zarte Seele sich unter so manchem grob gehäkelten Mathelehrerpullunder verbirgt.

Bastian Bielendorfer, 1984 in Gelsenkirchen geboren, ist Poetry-Slammer, Studienabbrecher, angehender Psychologe und Lehrerkind. Zusammen mit seiner Freundin versteckt er sich vor den guten Ratschlägen seiner Eltern in Köln.

Mehr über den Autor gibt es unter:
www.bastianbielendorfer.de
www.facebook.com/bielendorfer

Bastian Bielendorfer

Lehrerkind

Lebenslänglich Pausenhof

Piper München Zürich

Mehr über unsere Autoren und Bücher:
www.piper.de

MIX
Papier aus verantwortungsvollen Quellen
FSC® C083411

Originalausgabe
1. Auflage November 2011
22. Auflage September 2013
© Piper Verlag GmbH, München 2011
Umschlaggestaltung: Eisele Grafik-Design, München
Satz: Kösel, Krugzell
Gesetzt aus der ITC Stone Serif
Papier: Munken Print von Arctic Paper Munkedals AB, Schweden
Druck und Bindung: CPI – Clausen & Bosse, Leck
Printed in Germany ISBN 978-3-492-27296-4

Inhalt

Appell zur Erbsensuppe   9
   Der Spion, der aus dem Lehrerzimmer kam   12
   Werther im Kreißsaal   15
   Alternative Erziehungsmethoden   19

Die Schultüte   25
   Der erste Schultag   29
   Solidarität für Afrika   33

Der Mathematiklehrer   36

The Drugs Don't Work   40
   Das Nilpferd kann ja nichts!   43

Leben unter dem Rotstift   49

Die Spezies Lehrerkind   52

It's My Party   57

Scrabble   66

Das Schulklo   70
   Mein Vater, Chuck Norris   74
   Der Rachehoden   77

»Der Doof ist dem Genitiv sein Tod«   84

Elternsprechtag   90

Meine erste Liebe   94

Der Sportlehrer   106

Die Bundesjugendspiele   110
   Bundesjugendspiele – Weitsprung   114
   Die Schmach geht weiter: Schwimm-
   unterricht   117

Das Musikfest   128

Der Kunstlehrer   136

Bildungsreise für Hartgesottene   141
   Ground Control to Major Thomacz   147
   Familie auf Russisch   154
   Wo gesägt wird, da fallen Beine   162
   Die Armee der Lazarettschwestern   169
   Doswidanja, Mütterchen Russland   175

Jesus in der Pubertät   178

Der Lateinlehrer   186

Eine eigene Praxis   191
   Pilawa sagt, ich soll Putzfrau werden   193
   Der Tierarzt   200

Der Biologielehrer 206

School's Out Forever 210
   A Night to Remember 211

Der Zivildienst 217
   In the Army Now... 225
   Hühner, die Verstecken spielen 229
   Muttermilch für einen Döner 240
   Lernfähig wie eine Amöbe 251

Der Philosophielehrer 255

Willkommen in der Kommune 1 261

Vom Lehrerkind zum Lehrer 270

Die Rückkehr des verlorenen Sohnes 284
   Home is where the heart is 288
   Vom Lehrerkind ... zum Lehrerkind 291
   A wie Anahronismus 296
   Eine Nacht mit Sören Malte 298
   Der Anker 299

Dank 303

Für meine Großeltern
Edmund und Johanna

Appell zur Erbsensuppe

Ich riss die Tür zu unserem Haus auf, meine Eltern saßen am Küchentisch und löffelten Erbsensuppe. Es herrschte meditatives Schweigen, beide schauten auf ihre Teller, als würde die Mettwurst zu ihnen sprechen. Dazu tickte die Wanduhr ein nüchternes Klacken in die Leere des Raums. Der Einzige, der mich freudig begrüßte, war der Hund, und das war keine sonderlich große Ehre, denn er war dumm wie dreißig Kilo Esspapier und freute sich schon, wenn ein Ast vom Baum fiel.

Ich brüllte völlig außer mir: »Eins! Ich habe eine Eins!«

Mein Vater führte eine Ladung Erbsensuppe zum Mund und murmelte ein spektakulär gelangweiltes »Aha«.

Normalerweise wäre das schon genug der Ehre gewesen, dass er seine Aufmerksamkeit vom Projekt »Suppe« zu mir hin verlagerte, doch diesmal beugte ich mich seinem Diktat der liebevollen Ignoranz nicht. Ich hatte gerade vor einem Gremium aus bärtigen Biologielehrern mein mündliches Abitur abgelegt, man hatte mich für meine Kenntnisse über arktische Tölpelkolonien mit der Bestnote ausgezeichnet und damit meine bisher eher mittelprächtige Abiturnote deutlich veredelt.

»Tölpel sind dickliche, flugfähige Vögel, die sich zu Tausenden zusammenrotten und den ganzen Tag nur fressen, kacken und sich streiten, ganz ähnlich wie die meisten Schüler.«

Mit dem Witz hatte ich die Biologielehrer überzeugen können, meine Eltern eher weniger.

Meine Mutter hustete ein paar Erbsen über den Teller, ihre schwarze Mireille-Mathieu-Frisur flatterte vor ihr Gesicht und verschob ihre Lesebrille. Oder eher ihre beiden Lesebrillen, denn sie trug zwei billige Gestelle aus dem Supermarkt übereinander, anstatt sich endlich ein anständiges Modell beim Optiker zu kaufen. Der Modestil meiner Mutter war eine seltsame Mischung aus Star Trek und Mittelstandsgeiz.

Sie fragte genervt: »Und worum ging's?«

Ich erzählte von den Tölpeln und brachte sogar den Spruch, den ich bis zu diesem Moment noch für witzig gehalten hatte.

Mein Vater sagte nur nüchtern: »Gut.«

Ich überlegte, ob meine Eltern sich womöglich ein Gehirn teilten, da meine Mutter wie immer dort begann, wo mein Vater gerade aufgehört hatte.

»Gut, na ja, aber du kannst ja nichts dafür, das sind die Gene.«

Ich kannte diese Erklärung, immer wenn mir etwas gelungen war, machten meine Eltern die Gene dafür verantwortlich, ein Erklärungsmuster, das jede Eigenleistung im Keim erstickte und in diesem Fall darauf hinauslief, dass eigentlich sie gerade eine »Eins« im mündlichen Abitur gemacht hatten.

Ich reagierte etwas angespannt, mein Gesicht verzog sich, als wäre eine Straßenbahn über meinen Fuß gefahren. Ein kleiner, feuchter See aus glibbrigen Tränen legte sich vor meine Sicht.

»Ey, das kann doch nicht wahr sein, ich reiß mir da den Arsch auf und das ist der Dank?«

Mein Vater schaute von der Erbensuppe auf und konstatierte nüchtern: »›Ey‹ ist kein deutsches Wort, so reden wir hier nicht, Bastian. Und mit Fäkalbegriffen wie Arsch musst du gar nicht erst vortreten.«

Vortreten, dachte ich. »Was ist das hier, mein Appell zur Erbsensuppe?«

»Eine derartige Ausdrucksweise liegt sicher nicht in deinen Genen, Bastian«, vervollständigte meine Mutter.

»Toll, ein Schnellkurs Erblehre, danke Frau Mendel!«, brüllte ich den ausdruckslosen Gesichtern meiner Eltern entgegen. Keine Reaktion, das Thema war abgehakt, sie hatten die Situation bewertet, korrigiert und nüchtern beurteilt. So machte man das eben.

Mein Vater hatte bereits wieder geistigen Funkkontakt zu der Mettwurst vor ihm aufgenommen, meine Mutter hyperventilierte noch ein wenig wegen meiner Ausdrucksweise.

Das Gespräch war beendet, meine Eltern hatten ihren Teil dazu beigetragen, und nur ich würgte noch ein bisschen verzweifelten Kindertrotz über den Küchentisch. Mein Vater vergrub den Kopf in einer rot umrahmten »Spiegel«-Sonderausgabe über den elften September und murmelte leise: »Ruhe jetzt!«

Ich rannte heulend aus der Tür wie eine siebenjährige Ballettschülerin und regte mich den ganzen Tag über nicht wieder ab. Ich kannte das, seitdem ich klein war: Wenn ich etwas richtig gemacht hatte, dann bloß, weil meine Eltern mir die entsprechenden Fähigkeiten vererbt hatten, und wenn etwas richtig schiefging, wie meine denkwürdigen Auftritte bei den

Bundesjugendspielen, dann waren sie garantiert nirgends zu sehen.

Solange ich mich erinnern kann, waren meine Eltern immer gleich, sie haben sich nie verändert und werden wohl auch mit neunzig noch den roten Korrekturfineliner für mein Leben dabeihaben. Sie können nicht anders, es liegt in ihren Genen, sie gehören einer menschlichen Splittergruppe an, die ihre Kinder schon von Berufs wegen zu lebenslangem Versagen zwingt. Meine Eltern sind Lehrer.

Mein Vater blickte von seiner Erbsensuppe hoch und sah, dass ich zornig vor dem Kühlschrank stand. Er lächelte meine Mutter an und begann zu kichern: »Das war lustig«, sagte er, und auch meine Mutter musste lachen. Dann gaben sie sich einen High Five und löffelten weiter ihre Suppe. Unter dem Tisch ließ der Hund leise einen fahren.

Der Spion, der aus dem Lehrerzimmer kam

Meine Eltern trafen schon früh in meinem Leben Entscheidungen, die meiner Abhärtung dienen sollten. So gehöre ich zu dem geringen Bruchteil an Lehrerkindern, die das zweifelhafte Glück hatten, beide Eltern als Lehrer an ihrer eigenen Schule zu haben. Erst meine Mutter in der Grundschule, dann meinen Vater auf dem Gymnasium. Das kam bei meinen Schulkameraden immer riesig an.

Als meine Gymnasialklasse ihre erste Stunde hatte, betonte mein neuer Klassenlehrer natürlich direkt, dass er sich sehr freue, den Sohn eines so engen Kollegen zu unterrichten. Ich verkroch mich unter dem Tisch und versteckte meinen Kopf unter einem Erdkundeatlas, was wohl ein wenig nach Fliegeralarm aussah.

Das Stigma war an mir dran wie ein Rotweinfleck. Ich hatte verschissen.

Wenn er mich schon öffentlich bloßstellen wollte, hätte er auch einfach sagen können: »Das ist euer neuer Klassenkamerad Bastian, behandelt ihn gut! Er ist Bettnässer, interessiert sich für Operetten und Ballett und ist sich nach einer geschlechtsangleichenden Operation noch nicht sicher, ob er jetzt schwul oder lesbisch ist. Fußball findet er blöd, Schalke 04 auch, vielmehr interessiert er sich für das Sammeln von Insekten, und seine Mama zieht ihm die vererbten Unterhosen seines Urgroßvaters an, weil die im Notfall schön saugfähig sind. Wir haben ihn vorsorglich für euch mit einem passenden T-Shirt markiert, auf dem das Wort ›Opfer‹ in Neonfarben aufgedruckt ist, damit ihr ihn auch bei schlechten Lichtverhältnissen erkennen und ihm ein ordentliches Pfund in die Fresse hauen könnt.«

Die anderen Kinder blickten mich an, als wäre ich der Antichrist.

Lusche. Mädchen. Spion ... die Worte lagen bleischwer über meinem ersten Tag im Gymnasium. Wäre mein Vater nur irgendein unbekannter Lehrer an einer anderen Schule gewesen, hätte man die Einführung meines Klassenlehrers wohl bald vergessen. So aber sah ich neun Jahren entgegen, in denen ich morgens wie der kleine Lord von meinem Vater zur Schule mitgenommen wurde, neun Jahre, in denen meine Mitschüler täglich daran erinnert wurden, dass der dicke Junge mit der teigigen Haut nicht nur der klassische Verlierer, sondern auch ein geheimer Spitzel des Lehrerzimmers war.

Sie hätten meinen Status als Kind von Herrn Bielendorfer allerdings auch ohne direkten Hinweis relativ schnell aufgedeckt, da ich meinem Vater verblüffend ähnlich sehe. Die gleiche rundliche Kopfform, die gleiche Naturkrause und eine Art, zu gehen, die an eine angeschossene Ente auf der Flucht erinnert. Das Einzige, was er mir leider nicht vererbt hat, ist sein sportlicher Körperbau. Meine hängenden Schultern und mein krummer Rücken sehen aus, als wäre dem lieben Gott ein Experiment entsetzlich fehlgeschlagen.

Natürlich sprach sich ziemlich schnell rum, dass mein Vater einen IM in der Schule untergebracht hatte, und Schüler aller Altersklassen begannen ihren Frust an mir auszulassen. Manchmal weil mein Vater ihnen eine schlechte Note gegeben hatte, manchmal weil mein Vater sie ins Klassenbuch eingetragen hatte, manchmal auch nur stellvertretend, als würde ein Treffer in mein Gesicht bei ihm Schmerzen auslösen. Mein Vater wusste nichts von meiner Verwendung als Voodoopuppe, er schien nicht sonderlich viel von meiner Pein zu spüren und machte es auch nicht eben besser, wenn er mich in seinen Deutschkursen mit den tragischen Figuren der Literaturgeschichte verglich. Gern erzählte er vor der ganzen Klasse, sein Sohn sei ein wenig so wie Oskar Matzerath: Er sage nicht viel und mache trotzdem nur Radau. Oder wie das Sams: Ich hätte auch mal Sommersprossen gehabt, und von der Figur her passe es auch ganz gut. So schlich ich, das Matzerath Sams, die nächsten Wochen durch die Schule.

Werther im Kreißsaal

Schon meine Geburt war ein Menetekel für die Ereignisse meines kommenden Lebens. Wie meine Eltern immer gern erzählen, bin ich als Lehrerkind pünktlich zum Ende der sechsten Stunde, um 13.40 Uhr geboren. Meine Mutter musste sich den Geburtsschmerz ohne die Unterstützung meines Vaters mit der Lektüre von Robert Musils »Mann ohne Eigenschaften« versüßen, da er aus nachvollziehbaren Gründen nicht anwesend war. Es war Schule, und mein Vater hatte das Berufsethos eines NASA-Astronauten. Noch keinen einzigen Tag seiner Schullaufbahn hatte er verpasst, und selbst bei einem Angriff mit Milzbrandbakterien hätte er sich unter dem sorgsam aufgesetzten Mundschutz nur ein müdes Lächeln abgerungen und die flüchtenden Schüler dann als »fehlend« im Klassenbuch vermerkt.

Jedenfalls war es so, dass mein Vater einen längeren Monolog über die Figur des Mephisto hielt, während ich mich langsam durch den Geburtskanal dem Leben entgegenschraubte. Da ich, wie sich auch in den Folgejahren noch zeigen würde, für mein Alter etwas zu groß und zu schwer war, führte meine Mutter ihrerseits ein persönliches Zwiegespräch mit Mephisto, das den deutschen Sprachraum um ein paar ganz neue Ächz- und Stöhnlaute bereicherte. Mein Vater dagegen beendete seinen Vortrag pflichtgemäß, packte ordentlich die Ledertasche zusammen und eilte dann, ohne in einen unstandesgemäßen Trab zu fallen, dem Kreißsaal entgegen. Meine Mutter geduldete sich, den letzten Rest des Brockens hervorzupressen, bis er ebenfalls anwesend war. Ach, was wäre Weihnachten bei uns zu Hause ohne die Geschichte meiner Geburt. Wo andere Familien die Ankunft des Jesuskindleins besingen, erzählen meine Eltern freudig von diesem so ereignisreichen Tag. Die Show ging nämlich noch weiter, denn ein ehemaliger Oberstufenschüler meines Vaters war der Arzt, der meine Entbindung zu verantworten hatte.

Obwohl aus dem verschüchterten Siebzehnjährigen mit der grobporigen Mischhaut mittlerweile ein Mittdreißiger mit Halbglatze und Oberarzttitel geworden war, verschlug es ihm beim Anblick meines Vaters erneut die Sprache. Manche hierarchischen Strukturen lösen sich nie auf, und während der Arzt an meiner platten Fontanelle herumkasperte, fing mein Vater an, ein paar der Abiturklausurergebnisse aus dem Jahr 1973 zu erläutern.

»Mein Gott, Tobias, selten hat jemand die ›Leiden des jungen Werther‹ so falsch verstanden wie du, habe ich dir denn nichts beigebracht?«, eröffnete mein Vater den Reigen seiner Vorwürfe, die in diesem Moment nun endlich besprochen werden mussten.

Meine Mutter kreischte währenddessen wie Keith Richards Leberflanke und forderte meinen Vater unmissverständlich auf, mal mit diesem »alten Scheiß« aufzuhören.

»Aber Schatz, das kannst du nicht verstehen, der Junge war eigentlich ein ganz guter Schüler, aber bei der Abiturklausur habe ich Ohrensausen bekommen. Tobias, jetzt mal ehrlich, das war wirklich Käse!«

Dr. Tobias Bergmann führte zu seiner Verteidigung nur ein schmallippiges »Ich war halt aufgeregt, Herr Bielendorfer« ins Feld, während er weiter mit einer Saugglocke an meinem abstrus großen Schädel pumpte. Da es Fotos gibt, die mein Vater in diesem Moment mit einer Einwegkamera geschossen hat, habe ich die Szene glücklicherweise immer vor Augen.

»Ach, aufgeregt, was ist das denn für eine Erklärung – also ich habe mich danach wirklich gefragt, was aus dir werden soll, Tobias.«

Erfolgreich negierte mein Vater den Fakt, dass Dr. Bergmann mittlerweile Oberarzt war und gerade seinem Sohn die Geburt ermöglichte.

»Robert, jetzt hör sofort auf damit, ich bekomme hier ein Kind«, insistierte meine Mutter, deren Schlagader so stark pochte, als hätte ich von innen dagegengeklopft.

Dr. Bergmann schien erleichtert zu sein, er wollte mir wohl nicht versehentlich eine Mulde in die unfertige Rübe pümpeln, nur weil er sich ausgerechnet jetzt für eine fünfzehn Jahre zurückliegende Abiturklausur rechtfertigen sollte.

»Das ist ja auch schön, mein Herz, aber der Tobias hat damals wahrhaftig geschrieben, dass der Werther und seine Geliebte Lotte Geschwister seien, kannst du dir das vorstellen, Geschwister!«

»Geschwister!?!«, sagte meine Mutter im gleichen Tonfall der Empörung, schließlich hatte sie ebenfalls Deutsch studiert und fühlte sich, ebenso wie mein Vater, von so viel Unkenntnis der Weltliteratur beleidigt.

»Sie haben geschrieben, Lotte und Werther wären Geschwister, sind Sie denn noch bei Trost?« Der Geburtsschmerz schien langsam nachzulassen.

Dr. Bergmann sank mit seinem unbehaarten Kopf immer tiefer hinter dem blauen Sichtschutz hinab, der vor den Beinen meiner Mutter aufgespannt war.

»Ja, dafür gab es damals nur eine Gnaden-Vier,

eigentlich kannst du froh sein, dass ich dich nicht habe durchfallen lassen, sonst wäre das mit dem ganzen Medizin-Pipapo wohl nichts geworden«, erläuterte mein Vater seine damalige Großzügigkeit. In seiner Welt war eigentlich alles unter dem Begriff »Pipapo« zusammengefasst, was nicht direkt mit der höheren Literatur zusammenhing.

»Hörst du mir eigentlich zu Tobias? Hallooo?«, rief mein Vater dem verschwitzten, roten Schädel des Oberarztes entgegen, der wie ein bratender Festtagsputer zwischen den Schenkeln meiner Mutter hing.

Plötzlich durchbrach ein gellender Schrei das angespannte Schweigen. Ich hatte mich der ganzen Diskussion entzogen und war trotz der Empörung meiner Eltern über Herrn Bergmanns Interpretationsschwächen zur Welt gekommen. Ein vier Kilo schweres, hellblaues und blutverschmiertes Etwas lag jetzt in den haarigen Armen des Oberarztes und schrie wie eine Kreissäge, die man am Starkstrom angeschlossen hatte.

Dr. Bergmann war sichtlich erleichtert, dass ich endlich geboren war und er sich der Kritik meiner Eltern nun entziehen konnte. Er hielt mich wie einen zwanzigpfündigen Prachtkarpfen an beiden Beinen in die Höhe, und sofort fiel meinen Eltern sowie dem Arzt eine anatomische Besonderheit auf, die der ganzen Familie in den nächsten Jahren noch viele heitere Stunden bescheren würde. Zwischen meinen Beinen baumelte mein Hoden wie eine riesige rote Boje hin und her, es sah aus, als würde ein unbehaarter Mopsschädel an mir kleben.

»Oh«, bemerkte mein Vater bei der Beschau des feuerroten Säckchens.

»Ist das normal?«, fragte meine Mutter, wohl in der Sorge, dass dort statt eines Genitals ein unfertiger siamesischer Zwilling an ihrem Neugeborenen baumelte. Dr. Bergmann wirkte selbst unsicher und sagte nur, immer noch völlig außer Atem: »Das ist ein Prachtkerl, so ein Geburtsgewicht.«
Als ich dann in den Armen meiner Mutter lag, waren meine Eltern überglücklich, der kleine Schönheitsfehler wurde erfolgreich weggelächelt, und Dr. Bergmann machte sich schnellstmöglich davon. Eigentlich kann ich nach diesem Tag froh sein, von meinen Eltern nicht mit einem schönen altdeutschen Namen wie Werther oder Lotte bedacht worden zu sein. Stattdessen gaben sie mir den banalen Vornamen des Helden der »Unendlichen Geschichte«, Bastian Balthasar Bux.

Alternative Erziehungsmethoden

Mit mir, so behaupten meine Eltern bis heute, könne man jeden Ort nur zwei Mal besuchen. Einmal zum Vorstellen und einmal zum Entschuldigen.
Meine eigene Erinnerung hingegen ist eine andere. Als Kind war ich kreuzbrav, das Musterbeispiel eines wissbegierigen, friedlichen Jungens, der mit Natur und Umwelt in einem dauerhaften Zustand buddhistischer Harmonie weilte – und ein bisschen dick war.
Der Erzählung meiner Eltern nach stimmt diese Selbstwahrnehmung nicht ganz mit der Realität überein. Für sie war ich der gewindelte Reiter der Apokalypse, der auf einer pinken Version von »My little Pony« die Welt aus vollem Herzen ins Unheil stürzte.
Ich glaube im Nachhinein, dass mein Ruf als der

irdische Stellvertreter Satans nur einem fundamentalen Missverständnis zugrunde liegt. Erstens litt ich damals unter einer so starken Laktoseintoleranz, dass ich schon beim Anschauen einer Kuh zum Hulk mutierte, zweitens verstanden viele Kinder meine grundlegende Hilfsbereitschaft einfach falsch. Als Lehrerkind war ich von Natur aus wissbegierig, und die anderen plante ich im Zuge meiner Forschungen kurzerhand als Probanden mit ein.

So kam es auch, dass die mittägliche Ruhe meines Vaters bei meiner Beaufsichtigung am Spielplatz des Öfteren von den erzürnten Eltern der anderen Kinder gestört wurde.

Einmal, mein Vater suchte gerade seinen Leserbrief in der neuen Ausgabe des »Stern«, trat eine Frau mit blutrot geschwollenem Kopf vor ihn und formulierte den schönen Satz: »Ihr Sohn hat meinen Sohn zum Pharao erkoren ... zum P H A R A O!«

An ihrer Hand hing der kleine Kollateralschaden meiner Bemühungen und heulte Rotz und Wasser. Sein Name war Julian, ein unfertig wirkendes Kind, dem man ein Pflaster über eines seiner Brillengläser geklebt hatte. Klein Julian war über und über mit klebrigem Spielplatzsand beschmutzt, selbst seine Haare waren damit bedeckt.

»Ist doch ein nettes Kompliment«, erwiderte mein Vater und schaute dabei auf Julian, der es mit seinem knochigen Körper, der Hühnerbrust und dem Pflasterauge ohne meine Hilfe wohl nie zum Gottkönig gebracht hätte.

»Sie verstehen wohl nicht, Ihr Sohn hat versucht meinen Julian zu vergraben, er hat gesagt, nur so könne Julian unsterblich werden«, empörte sich die Frau. Ihre schwarzen Augenbrauen wanderten wie zwei paarungswillige Raupen aufeinander zu. Mein Vater stutzte. Dann fiel ihm ein, dass wir ein paar Tage zuvor in der großen Tutanchamun-Ausstellung in Düsseldorf gewesen waren und wie begeistert ich von der ägyptischen Bestattungstradition der Mumifizierung gewesen war.

»Rein historisch ist das korrekt«, witzelte er, doch die Mutter schien nicht sehr an den geschichtlichen Fakten interessiert.

»Sind Sie bescheuert, mein Sohn wäre fast erstickt«, plärrte sie, während mein Vater schon wieder in seinen aufgeschlagenen »Stern« linste. Sie störte. Ich stand schuldbewusst neben der Szenerie, die ganze Aufregung war mir wohl zu viel, schließlich war ich erst fünf. Zum Glück hatte Klein Julian nicht erzählt, dass ich außerdem versucht hatte, ihn zum Vorkoster für meine selbst gebackenen Sandkuchen zu machen …

Überall, wo ich auftauchte, riss ich mit meinen guten Absichten eine Schneise der Verwüstung in die vorhandene Ordnung. Kein System war mir zu klein, um nicht mit Neugier bombardiert und durch Experimentierwut zerstört zu werden. Fakt ist, dass jeder Kontakt zwischen mir und anderen Kindern in ein Gemetzel ausartete. Klein Julian hat aus heutiger Sicht wahrscheinlich Glück gehabt, dass ich ihn nur lebendig vergraben wollte.

Lehrerkind zu sein ist an sich schon nicht leicht, doch meine Erziehung ähnelte manchmal eher einem psychologischen Experiment als dem, was man gemeinhin als Kindheit bezeichnet. Ich hatte natürlich auch einen Gameboy, Kabelfernsehen und lustige Taschenbücher, ganz wie andere Kinder, aber zu diesen herkömmlichen Dingen gesellten sich noch die düsteren Geister aus der perfiden Vorstellungskraft meiner Eltern. Nur so, meinten sie zumindest, würden sie meiner unbändigen Zerstörungswut Herr werden.

Der »kleine Markus« war so ein Geist, vielmehr war er ein Phantom, niemand, weder ich noch mein Vater, hatte ihn je gesehen, und trotzdem reichte allein die Erwähnung seines Namens, um mich für ein paar Stunden in Schockstarre zu versetzen. Der »kleine Markus« war der einzige Insasse des Kindergefängnisses Essen Kray, so erzählte es mir mein Vater jedenfalls in schöner Regelmäßigkeit, wenn wir samstags gemeinsame Ausflüge machten. Diese Ausflüge fanden statt, weil meine Mutter als Grundschullehrerin dauerhaft am Rande des Nervenzusammenbruchs campierte. Die lärmenden, kreischenden Blagen, deren Beaufsichtigung fünf Tage ihrer Woche in Anspruch nahm, demolierten ihr Nervenkostüm so sehr, dass sie an den Wochenenden froh war, wenn mein Vater mit mir auf Abenteuerspielplätze oder ins Spaßbad fuhr.

Eigentlich hätte meine Mutter stutzig werden müssen, dass ich nach diesen Ausflügen nie mit Spielplatzsand besudelt war oder mit nach Chlor stinkenden Haaren nach Hause zurückkehrte, sondern bloß verstört in mein Zimmer wackelte und wie ein apathischer Zirkuselefant die Wand anstarrte. Mein Vater lud währenddessen Berge von Schallplatten aus, die er bei unserem Ausflug ins »Spaßbad« gekauft hatte und die er nun, als Lehrer und leidenschaftlicher Sammler, erst mal katalogisieren, markieren und einordnen musste.

Der »kleine Markus« war in meinem Kopf zu einem buckligen, missgebildeten Jungen mutiert, der an einer langen Kette durch die leere Dunkelheit seiner Zelle schlurfte und nur ab und an ein paar Fischköpfe von seinen Bewachern zugeworfen bekam. Er hatte, der Aussage meines Vaters nach, mehrmals seine Mama geärgert und war deshalb in ein grausames Teenagerguantanamo gebracht worden, wo er jetzt tagein, tagaus von seiner Reue zerfressen wurde. Mir würde es genauso ergehen wie dem kleinen Markus, sofern ich die nächsten Stunden nicht still und folgsam neben ihm im Plattenladen verharren würde.

Gegenüber der lange leer stehenden Milchfabrik, die mir mein Vater in seinen Geschichten vom kleinen Markus als Kindergefängnis verkaufte, befand sich »Easy Records«, ein Schallplattenladen, in dessen zigarillorauchdurchwehtem Ambiente alte Männer in speckigen Lederwesten die Erinnerungen an ihre glorreiche Jugend in Form von Tonträgern konservierten und in muffigen Pappkisten horteten. Mittendrin ich und mein Vater, der in tiefer Konzentration auf sein Hobby das mopsige Bündel zu seiner Rechten möglichst ruhigstellen wollte, wozu ein Rosinenbrötchen und ein Regina-Regenbogen-Puzzle nicht ausreichte. Ich jammerte meist wie ein debiles Vogeljunges, wenn ich mal wieder in diesen Siffschuppen geschleppt wurde, weil mein Vater ein paar Stunden nach seltenen Fehlpressungen von The Who suchen oder einfach nur ein wenig mit den anderen Sammlerzombies fachsimpeln wollte.

Die kleine Gruppe von Sozialversagern war durch eine Vielzahl menschlicher Kuriositäten charakterisiert. Da gab es »Bike-Mike«, einen leicht verwirrt wirkenden Arbeitslosen, der seine Plattenkäufe durch den vielfachen Diebstahl von Fahrrädern finanzierte und der den schönen Sinnspruch prägte: »Vorher war es dein Bike, nun ist es bei Bike-Mike.«

Ein Großteil der Anwesenden sah ein wenig wie

Republikflüchtlinge aus, schludrig versiffte Jeansjacken, Cordhosen und Hawaii-Hemden, stilvoll ergänzt von einem Vokuhila und von Schnurrbärten, die sonst nur von emsländischen Polizisten mit Stolz getragen werden konnten. Zwischendrin ich, der zwergenhafte Basti, und sein Vater, der Bildungsbürger, der sich überraschend gut in dieses Puzzle der humanen Absonderlichkeiten einfügte.

Vor jedem Besuch bei Easy Records stand ich mit meinem Vater vor der mannshohen Stahltür der verlassenen Milchfabrik, und immer, wenn er es für nötig hielt, den Grusel der Geschichte zu erneuern, wurde ich angehoben und musste mit meiner kleinen, zittrigen Kinderhand die Schelle drücken.

»So, jetzt kommst du ins Kindergefängnis«, sagte mein Vater mit einer so beängstigenden Begeisterung, dass er mich wahrscheinlich wirklich abgegeben hätte, wenn jemals einer die Tür geöffnet hätte.

Ein scheppriges Surren durchhallte die leeren Gemäuer der Fabrik, die Tür blieb jedoch verschlossen. Ich plärrte wie ein Wahnsinniger, dass ich jetzt nach Hause wollte.

»Na ja, es kann ja niemand aufmachen, der kleine Markus ist ja auch angekettet, wie soll er da zur Tür kommen?«, fuhr mein Vater im gleichtönigen Duktus eines Musterbeamten fort, während sich mein Gesicht in einem Brei aus Rotz und Schnodder auflöste.

Er hatte sein Ziel erreicht, ich fiel wieder in eine apathische Schockstarre und setzte mich für die nächsten Stunden schweigend in eine Ecke, während mein Vater mit spitzen Fingern und einem genussvollen Lächeln die Plattenkisten von Easy Records nach Kuriositäten durchwühlte.

Die Schultüte

»Gib mir mal die Klebe, nein, nicht die, die da!«, murmelte meine Mutter in einem Zustand genervter Lustlosigkeit, die sonst nur eine Klasse voller lärmender Blagen in ihr wecken konnte.

Ich griff drei Mal daneben, erst zur Schere, dann zum Geschenkpapier und dann erst zur Uhu-Tube. Manchmal glaube ich selbst, dass bei mir die Verbindung vom Ohr zum Hirn nicht ganz funktioniert.

Meine Mutter pappte ein grinsendes Clownsgesicht aus Filz auf das Zeitungspapier, und durch die konische Form der Tüte schielte der Clown uns nun böse an.

»So, fertig!« Das Ergebnis unserer Bastelkatastrophe wirkte wie eine Mischung aus einer halb abgebrannten Sankt-Martins-Laterne und einem Mitnehmkarton für asiatisches Schnellessen. Ich fing spontan, aber engagiert an zu heulen.

Meine Schultüte bestand tatsächlich aus einer alten Sankt-Martins-Laterne, und die anderen Teile waren Schnipsel der »Westdeutschen Allgemeinen Zeitung« und ein paar verklebte Brocken Geschenkpapier, die, der sparsamen Trümmerfrauenmentalität meiner Mutter geschuldet, von Weihnachten übrig geblieben waren.

Es war der Vorabend eines der Meilensteine meines

jungen Lebens: Am nächsten Morgen sollte ich eingeschult werden und damit die feine Grenze vom Windelfüller zum selbstbestimmten Teilnehmer am gesellschaftlichen Alltag überschreiten. Ich war mir der Tragweite dieses Datums durchaus bewusst und wollte es auch angemessen zelebrieren. Schon seit einer Woche schlief ich schlecht, nachts wachte ich immer wieder ungeduldig auf, in Erwartung der vielen neuen Erfahrungen, die auf mich zukommen würden, sobald ich erst einmal ein vollwertiges Mitglied der Erwachsenenwelt wäre. Ich stellte mir vor, dass mich bald niemand mehr ins Kindergefängnis sperren könnte und mich niemand mehr begleiten würde, wenn ich auf die Toilette wollte. Das war im Kindergarten so gewesen. Jetzt kam die Schule ... Wenn ich darüber nachdenke, ist meine damalige Deutung, dass der höchste Wert des Erwachsenseins darin besteht, nicht mehr zum Klo begleitet zu werden, auch heute noch gültig.

Jedenfalls gehörte eine gewisse Festlichkeit zum Usus jeder Einschulung – das hatten mir jedenfalls die Eltern meiner Kindergartenfreunde vermittelt, die schon Wochen vorher ihre Schultornister zu abstrusen Preisen eingekauft, verschiedene Ausstattungssortimente an Schulmaterialien vorbestellt und natürlich den heiligen Gral jeder Einschulung vorbereitet hatten: die Schultüte.

Die Schultüte war für einen Sechsjährigen so etwas wie die Büchse der Pandora, nur dass in dieser Tüte statt den unbekannten Mächten zur Weltvernichtung die unbekannten Geschmäcker zahlloser Süßigkeiten darauf warteten, den kindlichen Zahnschmelz in erheblichem Maße zu zersetzen. Schultüten waren eigentlich nur pimmelförmige Geschenkkörbe für

Erstklässler, angefüllt mit Klimbim und allerlei Unbrauchbarem. Doch in der Welt eines Kindes hat der Begriff eine andere Bedeutung. Da hat eine grüne Gummiflitschhand, mit der man Gläser zu sich heranziehen kann, mehr Wirklichkeitsbezug als etwa eine Sonderausgabe von Kafkas »Verwandlung«.

Nur meine Kinderwelt sah anders aus. Meine Schultüte kam nicht aus dem Einzelhandel, der schnöde Glitzerbecher mit winkenden Mickymäusen und hechelnden Hundewelpen vertrieb. Nein, auf der Seite meiner Schultüte stand deutlich lesbar der Aufmacher der »WAZ« vom 17. Juni 1990: »Kommission schließt Ermittlungen zu Tschernobyl-Vorfall ab«.

Meine Eltern waren der Meinung, dass dieser ganze Konsumterror nicht gut für mich wäre, obwohl der im Jahr 1990 sicherlich nicht annähernd die Ausmaße der Jetztzeit hatte, wo jedes Kind bereits mit fünf Jahren ein Hannah-Montana-Tattoo neben dem Bauchnabel hat und Harry Potter auswendig rezitieren, jedoch nicht die Namen seiner Geschwister fehlerfrei aussprechen kann. Meine Eltern beschlossen deshalb, mich meine Schultüte in Heimarbeit selbst anfertigen zu lassen.

Da meine Fähigkeiten auf der Ebene des Bastelns ähnlich ausgeprägt waren wie meine Fähigkeiten im musischen oder sportlichen Bereich, sah das Ergebnis, das ich nach zwei Tagen am heimischen Basteltisch (Lehrereltern besitzen so etwas!) produziert hatte, ein wenig wie die Nachgeburt von Bernd dem Brot aus. Aus einem grauen Berg Pappe ragten schräg zwei klebstoffverschmierte Spitzen heraus – das Ganze hatte etwas von einem Zwergelefanten mit Erektion. Meine Eltern mussten bei der ersten Beschau meiner selbst gemachten Schultüte spontan lachen und dachten, ich hätte zunächst einen Scherz gemacht. Als ich ihnen dann aber nichts anderes als wirkliches Ergebnis meiner Arbeit präsentierte, schlug ihre Heiterkeit in Entsetzen um. Zuerst überlegten sie, mich an einen Neurologen zu geben und meine Hand-Augen-Koordination überprüfen zu lassen, dann entschieden sie sich, das zu tun, was alle guten Eltern tun, wenn ihr Kind offensichtlich unfähig ist. Sie machten es selber.

Leider waren zur Produktion der Schultüte nur noch ein paar Reste meines Bastelwahnsinns übrig, also ergänzte meine Mutter unser Werkmaterial durch Zeitungspapier und das hohle Gerippe einer Sankt-Martins-Laterne, die meine Eltern mir nach einem ähnlichen Vorfall widerwillig gekauft hatten.

Mein Vater seilte sich von der Bastelaktion schon früh ab und berief sich auf die künstlerischen Fähigkeiten meiner Mutter, die sich als Grundschullehrerin ja wöchentlich im Kunstunterricht mit den dreiflügligen Schmetterlingen ihrer Schüler beschäftigen musste. Also machten sich meine Mutter und ich allein daran, die »schönste Schultüte zu produzieren, die je ein Kind gehabt hat«, so war jedenfalls ihr Motivations-Mantra, das tatsächlich ein wenig hoffnungsvolles Feuer in meinen kleinen Kinderaugen weckte.

Was nach ein paar Stunden dabei herauskam, löste jedoch zuerst weitere Heulkrämpfe meinerseits aus und ließ mich dann für die Verwendbarkeit meines ersten Entwurfes plädieren, auch wenn dieser aussah, als hätte Christo eine echte Schultüte mit Klopapier verhüllt. Meine Mutter, die durch ihren Beruf eine Meisterin in der Beschönigung mangelhafter Bastelergebnisse war, berief sich darauf, dass meine Schultüte etwas »ganz Besonderes« sei. Ich hielt dagegen, dass meine Kindergärtnerin das auch immer über Jakob

Bergmann gesagt habe, einen Jungen, der ständig Erstickungsanfälle bekam, weil er versuchte, die Spielknete zu essen.

Meine Mutter heftete noch ein paar glitzernde Sterne auf den Tschernobyl-Artikel, die uns dann glücklich anstrahlten, als Zierde für den atomaren Super-GAU.

Als mein Vater zurückkam, war sein Lachen noch lauter als bei der Präsentation meiner eigenen Schultüte. Das war kein gutes Zeichen. Er warf meiner Mutter einen Blick zu, der wohl so zu deuten war, dass sie zur Einschulung ebenso gut ein Foto meiner Vorhautverengung auf dem Pausenhof an die Wand projizieren könnte.

»Die ist genau gut so«, besiegelte meine Mutter schließlich meine gesellschaftliche Verdammnis. Trotz der Glitzersterne und dem Clownsgesicht starrte uns dieser tote Brocken Pappe weiterhin unheilvoll an – kein gutes Omen, wie sich bald herausstellen sollte.

Der erste Schultag

Die ganze folgende Nacht konnte ich nicht schlafen, auf dem Stuhl in der Ecke lag die Schultüte tot da, der widerliche Clown stierte mich leer an und schien sich ebenso vor dem nächsten Tag zu fürchten wie ich. Als um sechs Uhr der Wecker schellte und meine Mutter das Zimmer betrat, lag ich nicht mehr in meinem Bett. Nach kurzer Suche fand sie mich aber unter dem Bett – selbst bei der Suche von Verstecken war ich nicht sonderlich kreativ. Vielleicht hatte der Clown mich verraten, ich hatte das Gefühl, dass er mich traurig angeblickt hatte, wie ich da eine Barriere aus

Kissen unter meinem Bett baute. Ich hatte still gehofft, meine Mutter würde mich nicht finden, ich könnte diesen Tag einfach aussitzen, abwarten wie in einem Luftschutzbunker und einfach ein paar Tage später das erste Mal in der Schule auftauchen, wenn die ganze Schultütenhysterie abgeklungen war.

Mit meinem Tornister hatte ich mich mittlerweile abgefunden, im Vergleich zu der Schultüte war er nur halb so übel. An schlechten Dingen ist immer gut, dass man sie durch noch schlimmere Sachen relativieren kann. Eigentlich war auch der Tornister scheußlich, aber im Gegensatz zur Schultüte war er ein echtes Prachtexemplar chinesischer Fließbandarbeit. Er war meinen Eltern von meinem Cousin Sören Malte, der mittlerweile auf dem Gymnasium war, vermacht worden. Sören Malte, diese Wohlstandssacklaus, war fünf Jahre älter als ich und trotz seiner Jugend ein so auffallend spaßbefreites Kind, als hätte er bei seiner Geburt schon seinen Mitgliedsausweis für die Junge Union beantragt. Sören Maltes Humorlosigkeit hatte sich auch in der Auswahl seines Tornisters niedergeschlagen. Das Ding war grau, dunkelgrau wie ein Taubenarsch, und hatte keinerlei offensichtliche Verzierungen, außer dem Logo des Markenherstellers. Ich sah damit eher aus wie ein Liliputaner vom Finanzamt als ein fröhliches Kind auf dem Weg zu seinem ersten Schultag.

Der 18. September 1990 war ein sehr heißer Spätsommertag. Ein paar orientierungslose Spatzen schossen durch den Backofenhimmel, am Horizont lag nur eine träge kleine Wolke, die sich langsam auflöste. Ich ging an der Hand meines Großvaters zum Schulgebäude, mein Vater folgte uns mit einer Super-8-Kamera, die klackernd jeden meiner unsicheren Schritte dokumentierte. Mein Opa war ein Bilderbuchgroßvater, eine menschgewordene Trutzburg gegen die städtische, graue Wirklichkeit. Er hatte wahnsinnig viel Phantasie und war bereit, diese mit seinem Enkel zu teilen. Zitternd griff ich seine Hand, den schweren Tornister auf dem Rücken, das Tütenmonster in meiner Armbeuge.

»Mach dir keine Sorgen, das wird schon. Was kümmert es den Mond, wenn ihn ein Hund anbellt«, flüsterte er mir zu, als er auf den klebrigen Klotz schaute, der fast so groß war wie ich selbst. Langsam wurden meine Schritte sicherer, die Sonne ruhte wie ein Brandloch am Himmel. Als wir an der Schule ankamen, herrschte bereits riesiger Trubel. Zahllose euphorisierte Eltern brabbelten ihren Kindern Grußformeln zu oder forderten sie auf, in die Kameras zu lächeln. Mein Opa drückte meine Hand, schloss seinen Arm um mich und wiederholte noch einmal sein Mantra, das später zur bestimmenden Formel meines Lebens werden sollte. Mein Vater platzte vor Stolz, und meine Mutter wartete schon vor dem Schulgebäude, sie bekam ebenso wie die anderen Lehrerinnen heute eine neue Klasse zugeteilt.

Gerade als ich zu ihr wollte und dabei in ungelenkem Galopp den Schulhof durchmaß, machten sich die Auswirkungen der brüllenden Hitze bemerkbar. Der Kleber meiner Schultüte löste sich, der hämische Clown hielt sich schon nur noch mit einem Teil seiner Mütze fest, und auch die sonstigen Verbindungen lösten sich und erbrachen den Inhalt meines ABC-Schützen-Accessoires auf den Pausenhof. Die anderen Kinder und Familien verstummten plötzlich, alle starrten auf den grauen Kasten in meinem Arm, der meine Geschenke auskotzte. Meine Eltern hatten tatsächlich

Süßigkeiten gekauft. Karamelle, Plombenzieher und anderes Süßzeugs schossen aus der Klebeöffnung, und dann fiel noch ein Buch heraus, auf dessen Cover ein riesiger Käfer abgebildet war, der sich in der Ecke eines leeren Raums zusammenkauerte. Sie hatten mir ernsthaft Kafkas »Verwandlung« in die Schultüte getan. Ich bückte mich und schaute auf den vergilbten Bucheinband, konnte jedoch nichts damit anfangen. Ich würde erst später erfahren, dass es sich bei der »Verwandlung« um eine Art »Raupe Nimmersatt« für Bildungsbürgerkinder handelte. Mein Vater filmte stolz, wie ich das Buch vom Boden aufhob, und erläuterte für den geneigten Zuschauer: »Wir wollten erst mal mit der einfachsten Symbolik anfangen, bevor wir über ›Das Urteil‹ oder Ähnliches reden.«

Die anderen Eltern und Kinder schauten mich, den kleinen Jungen mit dem brechenden Schuhkarton an, als hätte ich einen brennenden Bombengürtel umgeschnallt.

Mein Opa rettete die Situation, indem er sich zu mir herunterbückte und einen kleinen, fiependen Kasten aus dem Haufen Krimskrams hervorkramte. Es war ein Gameboy, ein Botschafter der Neuzeit, von dessen Bildschirm mir der monochrome Schnurrbart von Super Mario entgegenlächelte.

»Schau mal, was da noch drin war ...«, sagte mein Großvater, der sich völlig im Klaren darüber war, dass er gerade ein Kinderleben rettete. Derartige Auftritte, wie ich gerade einen hingelegt hatte, waren nicht selten der Beginn eines jahrelangen Martyriums. Mein Vater blickte leicht verdutzt durch das Objektiv, auch meine Mutter schien verwundert darüber zu sein, was sich da ins Carepaket für humanistisch gebildete Erstklässler verirrt hatte. Die anderen Kinder ließen ihre

glitzernden Tüten liegen und bildeten einen neidischen Kreis um mich und meinen tragbaren Heilsbringer.
Der Tag war gerettet.

Solidarität für Afrika

Meine Eltern haben mithilfe ihrer seltsamen Erziehungsmethoden schon früh versucht, ein differenziertes Verständnis von Ironie in mir zu wecken, was aber eindeutig fehlgeschlagen ist. Ich bin immer noch ein sehr leichtgläubiger Mensch, der seinem Gegenüber zunächst einmal ernsthafte Absichten unterstellt und erst mit beachtenswerter Verzögerung bemerkt, wenn er verschaukelt wird. In der Hirnregion, in der der Sinn für Ironie sitzt, ist bei mir Schlussverkauf, mir fehlt einfach jegliches Gefühl dafür, ob jemand eine Äußerung ernst meint oder nur einen Spaß macht. Besonders zeigte sich dies immer am Jahrestag des Kinderstreichs, dem ersten April.

Wo andere Eltern ihren schockierten Kindern von einem Brand in Disneyland oder einem verspäteten bösen Brief vom Weihnachtsmann erzählten, befassten sich meine Eltern schon damals mit mehrstufigen Masterplänen zur völligen Ausnutzung meiner kindlichen Leichtgläubigkeit. Alles begann in der zweiten Klasse, es war das Jahr 1992, ein schwüler Frühling drückte schon im April das Thermometer an die 20-Grad-Grenze. Ein paar satte Vögel flatterten wackelig am Himmel auf und ab, kaum eine Wolke war zu sehen. Und ich stand nur mit einer Pumucklunterhose bekleidet vor dem Gebäude meiner Grundschule. Ein Rest Babyspeck schob sich über meinen Hosenbund, die Tornistergurte gruben sich unheilvoll in das weiche Fleisch meines Oberkörpers. Ich grinste debil selig, in der Gewissheit, etwas Gutes zu tun. Dieses Gefühl des stillen Glücks löste sich erst in dumpfer Enttäuschung auf, als ich meine Schulkameraden sah. Scheußliche Kombinationen von neonfarbenen T-Shirts, knallroten und gepunkteten Leggins und Achtzigerjahre-Jeansjäckchen, die vom älteren Geschwisterkind vererbt und aufgetragen wurden. Keiner im Adamskostüm, nicht einmal oberkörperfrei. Langsam beschlich mich der Gedanke, dass etwas hier nicht stimmte, und die anderen Kinder schauten mich an, als würde ich gerade ein Fohlen gebären.

Mein Vater hatte mir glaubhaft versichert, dass heute in der Schule der große »Wäsche-Tag« sei und alle Schüler als Zeichen ihrer Solidarität mit den armen Kindern in Afrika, die ja auch keine Kleidung besäßen, nur in Unterwäsche zur Schule gehen würden. Ich glaubte ihm und zog mit der kindlichen Abstinenz jeglichen Schamgefühls sowie mit meinen blinkenden Adidas-Sportschuhen (damals der letzte Schrei, auf der Seite prangte der schreiende Hulk Hogan in einem gelben Badeanzug) und meiner geliebten Pumucklunterhose los. Die armen Kinder aus Afrika dienten damals so ziemlich jedem Kind, gleichwohl es nie in Afrika gewesen war, als Sinnbild einer moralischen Instanz, die immer dann zitiert wurde, wenn man nicht aufgegessen hatte (»Die armen Kinder in Afrika würden sich über den Grünkohl freuen, Bastian!«) oder nicht ins Bett gehen wollte (»Die armen Kinder in Afrika haben kein Bett, die schlafen auf dem Boden!«).

Der »Wäsche-Tag« war natürlich dem perfiden Gehirn meines Vaters entsprungen. Er hatte wohl selbst nicht geglaubt, dass ich die Geschichte ernst nehmen und wirklich halb nackt losziehen würde, um mich für die Ewigkeit als der Vollhorst der Schule in die Gedächtnisse meiner Mitschüler zu brennen. Doch ich war losgegangen, hatte die überraschten Gesichter der Nachbarn bewusst ignoriert, die gerade hektisch zur Arbeit das Haus verließen und doch eine Sekunde fanden, den sonderlichen kleinen Jungen zu bemerken, der dort wie eine Bockwurst mit Tornister durch ihre Sackgasse schlappte. Frau Krömer, eine alte Frau, an deren Körper alles krumm und schief war, winkte mir selig wie jeden Morgen auf dem Schulweg zu, in ihren altersschwachen Augen trug ich einfach sehr hautfarbene Kleidung.

Leider stimmte das nicht.

Da stand ich nun, solidarisch mit der Dritten Welt, meine Schuhe blinkten ein trauriges SOS, während Pumuckl, der hilflos meinen Schniedel zu verdecken versuchte, fröhlich meinen Klassenkameraden zuwinkte. Zuerst legte sich eine klamme Stille über den Schulhof, die sich dann jedoch auflöste, als eines der Kinder nicht mehr an sich halten konnte und lauthals loslachte. Als eine Kollegin meine Mutter darauf aufmerksam machte, dass ihr Sohn gerade halb nackt auf dem Schulhof stand, sprang sie aus dem Lehrerzimmer und warf mir eine Decke über. Als ich nach Hause kam, sprach ich einen Monat nicht mehr mit meinem Vater. Meine Mutter hielt es noch länger durch.

Name	Klasse	Datum	Blatt

Der Mathematiklehrer

Der Mathematiklehrer ist eine eigenartige Persönlichkeit. Wer sich die Hälfte seines Lebens damit befasst hat, möglichst simple Erklärungen für mathematische Probleme zu finden, und sich selbst völlig der Herrschaft einer allumfassenden Logik verschrieben hat, kann in der Schule eigentlich nur scheitern. Denn in der Schule gibt es keine Logik. In der Schule ist nicht derjenige angesehen, der es besser weiß, sondern der, der eine passendere Beleidigung auf Lager hat und dessen Handy mehr Klingeltöne abspielen kann. So steht der Mathematiker, der sich zeit seines Studiums mit schwersten Fragestellungen der gehobenen Mathematik beschäftigt hat, nur um in seinem Job jetzt einen Großteil der Zeit mit dicklichen Schülern das Wurzelziehen zu üben, plötzlich vor einer geradezu unlösbaren Gleichung. Noch schlimmer ist es nur für die Grundschullehrämter, die sich durch den gleichen steinharten Bockmist gefressen haben wie die Gymnasiallehrer, dann im Laufe ihrer Schulzeit aber feststellen müssen, dass Zweitklässler keine höhere Algebra benötigen und der Satz des Pythagoras vor einer Gruppe von Sesamstraßenguckern auch nicht viel nützt.

Meist führt die erste Stunde eines neuen Lehrers an eine Weggabelung, hinter der sich seine Zukunft in zwei alternative Entwürfe teilt. Entweder der betreffende Lehrer versprüht ein wenig Autorität, verkauft sich selbst als zumindest halbwegs zurechenbares Wesen und betoniert dadurch seinen Weg in ein einigermaßen erträgliches Lehrerleben – oder er macht sich komplett zum Horst. Frau Marxloh hatte schon beim Betreten des Klassenraums nicht die besten Karten, denn sie sah aus, als wäre sie gerade in einem Kofferraum über die Grenze geschmuggelt

Name		Klasse	Datum	Blatt

worden. Ihr Anblick, ihr Ausdruck, ja selbst ihr Geruch, der irgendwo zwischen halb vollem Katzenklo und Moschusochse lag, waren wie ein Reise in die Zeiten der VEB Robotron. Frau Marxloh war wie der böse Bruder des Wortes »Oldschool«, sie war nicht altmodisch, sondern direkt aus einer Zeitmaschine gepurzelt und in unseren Klassenraum gestolpert. Ihre laternenpfahlhohe Erscheinung mit Igelfrisur und Batikbluse war ein Relikt des Ostblocks, eine Trotzgeburt der DDR, die immer noch unter einer Hammer-und-Sichel-Fahne schlief und ihre letzten Ostmark nie umgetauscht hatte.

Allein ihre kurzen Worte der persönlichen Vorstellung, die jeder Lehrer traditionell an die Klasse richtet, erinnerten eher an die Einführung des neuen »Beauftragten für Verteidigung gegen die dunklen Künste« als an eine Pädagogenansprache:

»Mein Name ist Monika Marxloh, isch komme aus dem wunderschönen Brandenburg, habe im malerischen Leipzsch Mathematik schtudiert und bin nun eure neue Lehrkraft. Meine Hobbys sind die Lektüre von Kriminalromanen, besonders den Schärlock Holmes, und das Sammeln von Hummelfiguren.« ... Außerdem spresche isch fließend Klingonisch und habe Spaß daran, mich auf jährlichen Star-Trek-Conventions als Leutnant Uhura zu verkleiden ...

»Lascht uns zusammen die Untiefen der Gleichungen erkunden, an den Geheimnissen der Geometrie forschen und in die Leitsätze der höheren Algebra abtauchen!«

In meinem Kopf schwoll ein Bild an, wie Frau Marxloh als eine menschgewordene Teewurst in einem roten Overall Sex mit Captain Kirk hatte. Die Vorstellung allein machte mich fast schwul.

| Name | Klasse | Datum | Blatt |

Frau Marxloh hätte sich auch vor der ganzen Klasse ein Glas Spreewaldgurken in die Pumphose schütten und dazu »Hänschen klein« singen können, schlimmere Prognosen als nach dieser Antrittsrede hätte es auch dann nicht gegeben. Sie war das geborene Opfer, wie ich fand, das Foto im Lexikon neben dem Wort »Loser« würde umgehend durch ein Bild von ihr ersetzt werden müssen.

Doch ich hatte mich geirrt. Frau Marxloh war nicht im Geringsten so wehrlos, wie ihre plumpe Erscheinung zuerst vermuten ließ.

Sie war nicht nur eine optische Obskurität, auch ihre Lehrmethodik hatte mehr von der allherrlichen Autorität einer Leninkundgebung als von einer normalen Unterrichtsstunde. Sie trug immer einen fingerlangen Stift mit sich, der sich bei Bedarf zu einer goldenen Rute teleskopieren ließ. Diesen nutzte sie nicht nur als Zeigestock, sondern auch um in der Frequenz eines blähenden Dackels zu tadeln und auf die Tische zu trommeln. Frau Marxloh hätte, wenn sie nicht wie eine verirrte Leuchtturmwärterin ausgesehen hätte, locker in einer Rockband spielen können, denn das, was sie teilweise mit ihrem Stöckchen in das blanke Holz trommelte, hätte auch einer Gruppe Galeerensklaven zur Motivation gereicht. Ich möchte nicht behaupten, dass Frau Marxloh das personifizierte Böse war, sie war aber sicherlich so etwas wie die heimliche Urlaubsvertretung des Bösen: Wenn der Teufel mal im Führerbunker Urlaub machte, sprang sie gerne ein.

Frau Marxloh war der Ausgangspunkt meiner lebenslangen Ablehnung gegen die Spezies der Mathematiklehrer, da es viele Eigenheiten an ihr gab, die ich später an anderen Lehrern dieses Ausnahmefachs wiederentdecken konnte. So

Name			Klasse	Datum	Blatt

war sie trotz ihrer Eigenheit, sich wie ein adipöses, japanisches Schulmädchen zu kleiden, zu einem Grad akkurat, dass man eine Atomuhr nach ihr stellen konnte. Jede Gleichung saß perfekt, jede mathematische Formel konnte sie aus dem Gedächtnis fehlerfrei wiedergeben, und oft genug bekamen begriffsstutzige Schüler bei einer Unterhaltung mit Frau Marxloh das Gefühl, einen Hirnlappen zu wenig zu haben. Frau Marxloh war vielleicht ein Exot im Lehrkörper und befolgte nicht unbedingt alle Regeln des menschlichen Umgangs, ihrer fachlichen Eignung tat das aber keinen Abbruch. Sie war, wie es viele Mathematiklehrer sind, weit überqualifiziert und hätte es in der Entwicklungsetage eines Softwareriesen oder einer Sternwarte besser gehabt. Natürlich nur, wenn man ihr den goldenen Schlagstock gelassen hätte.

The Drugs Don't Work

Einer der Kollegen meines Vaters hieß Wilfried, er unterrichtete Mathematik und Physik. Diese Fächer waren die einzigen Gebiete in Wilfrieds Leben, in denen er so etwas wie Souveränität besaß, in allem anderen war er einfach grandios gescheitert. Beziehungen zu Frauen ergaben sich meist gar nicht oder endeten mit einer Unterlassungsklage, Freundschaften pflegte er aufgrund seines Verfolgungswahns und seiner Neurosen ebenso wenig wie sich selbst, denn sein Anblick erweckte immer den Anschein, als sei er gerade einer Rehaklinik oder der Geschlossenen entflohen. Er wankte somnambul mit Dreitagebart, Adiletten und im Bademantel durch die Schulflure und schien tatsächlich seinen Pfleger zu suchen.

Wenn Wilfried in den Park zum Entenfüttern ging, dann fütterten die Enten ihn und nicht umgekehrt. Dabei war Wilfried hochintelligent, vielleicht sogar ein Genie, er multiplizierte zehnstellige Zahlen im Kopf und löste zu seiner Unterhaltung schwerste Gleichungen. Leider waren all diese Eigenschaften nicht gerade dazu geeignet, Schulklassen voller unwilliger Pubertisten zu beglücken, geschweige denn eine Frau kennenzulernen, die nicht ganztägig mit gefesselten Händen ihren Kopf gegen die Zellentür schlug.

Wilfried war für mich »Onkel Willi«, ein unfreiwilliger Rückzugspunkt in meiner kindlichen Welt aus Schallplattenbörsen und Bücherflohmärkten. Ich war gern bei ihm, weil kaum jemand so empfänglich für die Phantasien eines Fünfjährigen war wie er. Zum einen lag es wohl an seinen eigenen Wahnvorstellungen, die sich ganz gut mit meinem infantilen Ideenreichtum vertrugen, zum anderen war Wilfried wahnsinnig leichtgläubig, und kaum etwas mögen Kinder mehr, als wenn jede noch so ersponnene Geschichte mit väterlichem Ernst aufgenommen wird. Da Onkel Willis Leben aus kaum mehr als dem Beobachten seiner heimischen Gartenzwerge bestand, war er eigentlich immer zu Hause.

Mein Vater nutzte diesen Umstand und lud mich regelmäßig bei Onkel Willi ab, der mich dann durch das Erdgeschossfenster in seine Wohnung hob. Onkel Willi verließ das Haus seit einiger Zeit nur noch über sein Wohnzimmerfenster, er traute der Wohnungstür nicht mehr, und sein Argwohn, die Welt habe sich gegen ihn zu einem Komplott verschworen, wuchs mit jedem Tag. Ebenso vermutete er, dass die Gartenzwerge seiner Nachbarin, die er die »hämischen Boten des Teufels« nannte, ein Attentat auf ihn vorbereiteten. Als Kind findet man so etwas noch lustig, als Schulamt weniger – daher war Wilfried seit geraumer Zeit »vom Schuldienst freigestellt«.

Mit meinen fünf Jahren wusste ich jedoch nicht einmal, was »Attentat« bedeutete, es schien jedoch etwas Schlechtes zu sein, anders konnte ich mir nicht erklären, dass Onkel Willi manchmal stundenlang mit einem kleinen Opernglas bewaffnet auf dem Fenstersims hockte und in den Nachbarsgarten spähte, ob dort womöglich eine Veränderung zu bemerken war. Eigentlich waren die fröhlichen roten Mützenträger die ganze Zeit unverändert, sie standen einfach nur da, winkten, schoben eine Schubkarre vor sich her oder harkten statisch im Garten herum. Doch in Onkel Willis Kopf war all dies nur ein riesiger Mummenschanz, eine Scharade, um ihn und mich zu täuschen und eines Tages, wenn wir einmal nicht wachsam waren, einfach die Wohnung zu stürmen und über uns herzufallen. In seinem Kopf verquirlte sich eine Menge religiöser Aberglauben mit gediegenem Irrsinn und Wahn zu einer unheilvollen Mischung, die ihn zu einer Art Schiffbrüchigem machte, der in der dunkelgrauen Großstadt unbemerkt von dem Rest der Menschheit immer verrückter wurde. All dies hat dazu geführt, dass ich bis heute ein gewisses Unwohlsein beim Beschauen von Gartenzwergen hege, allerdings hat Wilfried den Erfahrungsschatz an Kuriositäten meiner Kindheit sicherlich auch sehr bereichert.

Des Weiteren war Onkel Willi ein unglaublicher Erbsenzähler, seine Leidenschaft für hohe Zahlen hatte ihn wohl zur maximalen Sparsamkeit verdammt. Er verdiente als verbeamteter Lehrer im Krankenstand zwar trotzdem nicht schlecht, bunkerte jedoch jeden Pfennig in seiner Wohnung. Er ließ sich jeden Monat sein Gehalt in Form von Münzrollen auszahlen, er besaß nicht mal ein Girokonto, da er den Banken, ebenso wie dem Rest der Welt, misstraute. Diese Zehnpfennig-Münzrollen schleppte er dann kistenweise nach Hause, stapelte sie dort und nummerierte sie nach Eingangsdatum und Verdiensthöhe, so als würde das Geld eines Tages schimmeln, wenn man die Mindesthaltbarkeit nicht beachtete. Er war wohl rein quantitativ der wohlhabendste Mann Gelsenkirchens, in den unzähligen Kisten müssen sich Millionen

Zehnpfennigmünzen befunden haben. Wahrscheinlich musste die Zentralbank für seinen Bedarf irgendwann nachprägen lassen, da er das Geld, sofern er es einmal in einer der Kisten verstaut hatte, ja nie wieder hervorholte. Wilfried gab eigentlich nie Geld aus, seine Wohnung wurde weiterhin von seinen Eltern bezahlt, die irgendwo in einem kleinen Häuschen, das sich in die weite Leere des Münsterlands verirrt hatte, ein trostloses Dasein fristeten. Sie konnten ihren Sohn schon länger nicht mehr besuchen, weil sie zu alt waren, um durch das Wohnzimmerfenster zu klettern. Und so war nicht selten ich, ein Junge im Grundschulalter, Wilfrieds einzige Gesellschaft in seiner Welt aus Münzkisten und Attentatsplänen.

Das Nilpferd kann ja nichts!

Woher die unheilvolle Freundschaft zwischen Willi und meinem Vater stammte, lässt sich für mich nicht mehr gänzlich nachvollziehen. Sicher ist nur, dass Papa und Onkel Willi sich im Kollegium ihrer ersten Schule kennengelernt haben. Mein Vater war seit jeher ein Magnet für leicht verwirrte Gestalten, alle seine Freunde und Kollegen waren ein bisschen schräg und hatten irgendwie einen an der Meise oder zumindest einen außergewöhnlichen Spleen. Auch mein Vater, der »Leader of the Gang«, war mit einer Menge an perfiden Manierismen und Eigenheiten gesegnet, besonders wenn es um Germanistik und die deutsche Sprache ging. Außerdem fehlte ihm manchmal ein Mindestmaß an menschlicher Empathie. Ich glaube, er meinte es gar nicht böse, aber oft nutzte er die Schwächen anderer fast schon willfährig zu seiner

Belustigung aus, so auch die grausame Sparsamkeit von Onkel Willi.

Es war ein grauer Herbsttag in den ausgehenden Achtzigerjahren, das triste Bild von Gelsenkirchens Straßen, das immer ein wenig an ein postapokalyptisches Postkartenmotiv erinnerte, wurde durch einen grellen Klecks aufgehellt. Der »Zirkus Sandolino« war in der Stadt und mit ihm eine Menge Clowns und Giraffen sowie ein Nilpferd. Mein Vater hatte Onkel Willi überredet, mit uns in den Zirkus zu gehen, vielleicht, um dessen steigendem Hospitalismus entgegenzuwirken, vielleicht auch, um mal wieder eine der Katastrophen zu erleben, die Wilfried mit der Zielsicherheit eines Hühnerhabichts anzog.

Schon der Kauf der Karte war ein Problem. Dass Onkel Willi mit einer Kiste voller Münzrollen angereist war und sofort mit der lustig geschminkten Kassenkraft, die optisch wie eine Mischung aus Claudia Roth und einem Indianerhäuptling anmutete, in Streit geriet, überraschte wenig. Dass Häuptling Claudia uns dann auf Wilfrieds Drängen alle drei zum vergünstigten Kinderpreis reinließ, schon eher, wobei sich Letzteres auch damit erklärt, dass wir die billigsten Plätze bekamen, direkt hinter einem der stählernen Pfeiler des Zirkuszelts. Durch dessen Löcher versuchten wir der Vorstellung zu folgen, wie durch ein Schlüsselloch grinste uns dort die grelle Wirklichkeit des Zirkusgeschehens entgegen, alles jedoch nur halb so hell und halb so laut.

Für mich als Kind war das nicht genug. Ich wollte Zirkus nicht in der vakuumverpackten Sparversion meiner Begleiter sehen, sondern direkt vorn an der Begrenzung der Manege stehen, die Sägespäne und den Kameldung riechen und auf einer riesigen Zuckerwatte kauen.

Statt einer riesigen Zuckerwatte packte Onkel Willi eine Tüte abgelaufenen »Golden-Toast« aus, den man ihm nach langem Quengeln wegen des Verfallsdatums an der Supermarktkasse gratis überlassen hatte. Das Brot war so trocken, dass die meisten Enten locker daran erstickt wären. So viel Mitleid hatte das Schicksal mit uns jedoch nicht, also kauten mein Vater, Willi und ich die restliche Vorstellung lang auf den verbliebenen Toastbrotscheiben herum und dachten an etwas Süßes.

Leider war die »übrige Vorstellung« für uns nicht so lang wie für den Rest des Publikums, da wir nach etwa einer halben Stunde »lebenslanges Besuchsverbot für den Zirkus Sandolino« erteilt bekamen, was nicht nur in meinem jungen Leben, sondern auch für Wilfried und meinen Vater ein Novum war.

Die Show hatte eigentlich ganz gut begonnen, zwei Clowns bespritzten sich fröhlich mit Wasser, das sie aus einem Elefantenrüssel drückten, eine Gruppe mongolischer Schlangenmädchen verbog sich zu den abstrusesten Gestalten, und auch das Toastbrot begann mit der dritten Scheibe einen gewissen Geschmack zu entwickeln. Wilfried verhielt sich ungewöhnlich ruhig, das Verhältnis dessen, was er für seine Eintrittskarte ausgegeben hatte, und dessen, was ihm hier geboten wurde, schien positiv genug, um den kleinen Irren, der in seinem plumpen, behäbigen Körper wohnte, zufriedenzustellen.

Doch dann öffnete sich der Vorhang, ein gleißendes Licht wanderte über die Zuschauerreihen, durchquerte die leere Manege und blieb genau auf dem riesigen Kopf eines Tieres stehen, das mir zu dem Zeitpunkt nicht mal bekannt war. Sein grauer, absurd großer Schädel wankte langsam und gleichmäßig hin und her, mit halb geöffneten Augen schien es zum Teil im Diesseits zu sein, der Rest seines Bewusstseins schwebte irgendwo über der Manege und graste wohl selig im afrikanischen Buschland. Irgendwie war es Onkel Willi ähnlich, wie er da mit halb geöffneten Augen das knochentrockene Toastbrot bespeichelte und nur zur Hälfte der Vorstellung folgte, weil er vermutlich mit seiner linken Hemisphäre gerade ein paar Gleichungen löste.

»Oh, ein Nilpferd«, sagte mein Vater, was ich erst für einen Scherz hielt, denn mit einem Pferd hatte das Gezeigte nur so viel gemein, dass der Kopf vorn und der Arsch hinten war. Sonst glich das Tier, das über und über mit borstigen Nadeln gespickt war, eher einem lebendig gewordenen Germknödel. Seine trüben Augen fuhren einmal müde durch den Raum und fixierten dann einen kleinen, farbigen Stahlhocker in der Mitte der Manege. Der Zirkusdirektor brabbelte ein paar Fakten zu dem plumpen Tier durch ein Megafon, wobei hinter unserem Zirkuspfeiler nur ein unverständlicher Sprachbrei ankam, der ein wenig wie ein Telefongespräch unter Muppets klang.

Das Nilpferd durchmaß mit seinem trägen Körper den halben Raum und trottete gerade auf den Stahlhocker zu. Seine schweren Schritte stampften tiefe Kuhlen in den gelben Sägemehlsand, die Spannung im Saal war zum Zerreißen gespannt, selbst der Posaunist hielt den Atem an und verschonte die Menge mit seinem unsäglichen Gedudel. Als das Nilpferd den Hocker erreicht hatte, stemmte es einen seiner Füße auf das metallene Plateau, und mit einem Ächzen drückte sich der kleine Hocker in den Boden der

Manege. In einem unsäglichen Kraftakt wuchtete es das zweite Vorderbein nach vorn und stellte es parallel neben sein dickliches Füßchen auf den Hocker.

Dann öffnete es sein Maul weit, immer weiter, sodass sein Körper gänzlich hinter der fleischfarbenen Fressklappe verschwand, in der ein paar tiefgelbe, bananenförmige Zähne wahllos verteilt lagen. Plötzlich kam ein Clown schnellen Schrittes in die Manege gelaufen. In seinen Händen hielt er einen monströsen grünen Kohlkopf, der bei jedem seiner Schritte wie ein Pendel aus Gemüse hin und her schwang. Der Clown näherte sich dem Nilpferdmaul, nickte zweimal in die gespannte Zuschauermenge und warf den grünen Ball dann tief in den wartenden Schlund. Das Nilpferd schloss sein Maul und spaltete mit einem lauten Knacken den Kohlkopf entzwei. Dann schluckte es einmal hörbar und stieg wieder von dem kleinen Metallhocker hinab. Es plumpste träge auf den Boden und trabte geräuschlos dem Ende der Manege entgegen, wo sich ein roter Vorhang hinter seinem dicken Hintern verschloss.

Kurz bevor das fragile Band der Spannung in der Menge zerreißen, die Kinder klatschen und die Erwachsenen wohlig lächelnd in ihre Popcorntüten greifen konnten, sprang Onkel Willi auf und schrie laut:

»Betrug, Betruuuug! Das Nilpferd kann ja nix! Ich will mein Geld zurück, ich will Vergeltung!«

Sein Kopf schwoll rot an wie eine Pavianrosette, besonders das Wort »Vergeltung« klang mehr, als wären wir Sympathisanten der RAF und nicht bloß enttäuschte Zirkusbesucher.

Wilfried fühlte sich durch die Ereignislosigkeit der Darbietung um seinen Einritt betrogen. Ganz unrecht hatte er ja nicht, die öffentliche Verdauung eines Kohlkopfes hatte nicht zwingend Eventcharakter, allerdings hatte (außer ihm) wohl auch keiner erwartet, dass das Nilpferd gleich jodeln würde oder ein Gedicht rezitierte. Für Wilfried war die Enttäuschung aber eine Anstiftung zum zivilen Ungehorsam.

Mein Vater schloss den Arm um mich und zog mich ein paar Ellen weit weg von dem sonderbaren Mann, der neben uns einen cholerischen Tobsuchtsanfall bekam.

»Vergeltung, Vergeltung! Das Nilpferd kann ja gar nichts! Wir wollen unser Geld zurück«, schrie Willi und zeigte dabei mit einem Finger auf mich und meinen fremdbeschämten Vater, nur um die Bekanntschaftsverhältnisse auch allen Anwesenden deutlich zu machen.

Wir wurden dann vom Zirkusdirektor, der immer noch sein farbiges Megafon in Händen hielt, hinauskomplimentiert, ein Teil der Zuschauer glaubte wohl, es würde sich um eine besonders absurde Showeinlage handeln und klatschte Beifall. Onkel Willi riss gewinnend die Hände hoch und machte eine Siegerpose, der Irrsinn war vom Untermieter zu seinem Hausbesetzer geworden.

Beim Rausgehen entwendete Wilfried noch eine Tüte gebrannter Mandeln, die wir uns teilten, als wir im Regen auf den Bus warteten. Die Mandeln waren zwar kalt, schmeckten aber wie ein kleiner Sieg gegen das System. Jedenfalls für Wilfried. Ich heulte bitterlich.

Leben unter dem Rotstift

Es war Montag der 12. März 1991, ich hatte soeben den ersten Brief meines Lebens erhalten. Er lag auf dem Wohnzimmertisch und trug als Absender die »Mini Playback Show«. Als ich den Umschlag aufriss und hastig den Brief herauszog, las ich folgende Zeilen:

> »Lieba Papa, bite enschuldigee, dass ich dich heute blödman genannt hab, es wahr nicht so gemeint. Ich bin manckmal sehr undankbar, das tut mir leit. Ich habe dich ser lieb, BASTIAN«

Diesen ersten Brief meines Lebens hatte ich selbst geschrieben. Es war eine schriftliche Entschuldigung dafür gewesen, dass ich ihn am Tag zuvor einen Blödmann genannt hatte. Er wiederum hatte sie korrigiert und mit einer Note versehen. Unter meinen zugegebenermaßen orthografisch ziemlich fragwürdigen Zeilen fand sich folgendes Urteil:

»Dein Sprachbild sowie die Rechtschreibung lassen noch sehr zu wünschen übrig, die Entschuldigung ist ohne größere Begründung abgefasst, insgesamt gerade mal ein schwaches Ausreichend. Bastian, das muss besser werden!«

Weil mein Vater die »Mini Playback Show« als Absender gewählt hatte, hoffte ich beim Aufreißen des Kuverts inständig, endlich eine Einladung in Marijke Amados Zaubertunnel zu bekommen. Stattdessen fand ich nur seine schriftliche Kritik an meiner schlechten Rechtschreibung vor.

Dabei hatte ich schon vor Monaten ein Video an RTL geschickt, auf dem ich mit aufgemaltem Schnurrbart und in weißem Unterhemd zu Queens »I Want to Break Free« in unserem Garten tanze. Die Nachbarn nennen mich deswegen heute immer noch den »Manndecker«.

Leider habe ich es nie in Marijkes Zaubertunnel geschafft, nur mein Deutsch ist über die Jahre als Lehrerkind ständig besser geworden, auch weil mein Vater mir für meinen sprachlichen Ausdruck und für mein Verhalten täglich eine Note gab. Bei uns zu Hause herrschte an manchen Tagen eine Bewertungsdichte wie beim Eiskunstlauf – nur dass die strenge Eistanzlehrerin keine Russin mit Dutt und Schnurrbart war, sondern meine meist mit Bastelkleber verschmierte Mutter. Bei uns zu Hause waren Kopfnoten lange eingeführt worden, bevor der Gesetzgeber auf diese beknackte Idee gekommen ist. Und schuld daran war ganz allein ich! Ich hatte mich in der Hoffnung auf das schnelle Geld auf diese Regelung eingelassen, denn für jeden Tag, an dem ich mich unauffällig verhielt und mein Deutsch »altersangemessen« war, sollte ich ein »Sehr gut« und eine Mark bekommen. Für Tage mit einem »Gut«, »Befriedigend« oder »Ausreichend« ging ich leer aus; waren mein Verhalten und meine Aussprache unangemessen, gab es ein »Mangelhaft« und damit fünf Mark Abzug. Jeder halbwegs fähige Betriebswirt hätte ahnen können, dass ich bei diesem System schneller in der Schuldenfalle landen würde, als Peter Zwegat das Wort »Privatinsolvenz« auf ein Flipchart malen kann.

Warum ich meinen Vater einen Blödmann genannt hatte, weiß ich nicht mehr, jedenfalls hatte er mir den Brief mit der gleichen Ernsthaftigkeit korrigiert, die er ansonsten seinen Klassenarbeiten angedeihen ließ. Als Deutschlehrer hatte er, bewaffnet mit Duden und dem Excalibur des Pädagogen, einem Stabilo in Blutrot, schon ganze Generationen von verdooften Schülern in die deutsche Sprache eingewiesen. Dass da der eigene Sohn zu einem Verbalterroristen verkommen sollte, war nicht akzeptabel.

Also erhielt ich fortan zur Abendbrotzeit meine tägliche Kopfnote, und nach wenigen Wochen war ich bei meinen Eltern so schwer verschuldet, dass ich ernsthaft darüber nachdachte, einen Job als Parkplatzwächter anzunehmen.

Ich faltete den Brief zusammen und steckte ihn in meine Hosentasche.

Immerhin kein »Mangelhaft«, dachte ich und ging in den Garten, um mein zweites Bewerbungsvideo für Marijke aufzuzeichnen.

Name	Klasse	Datum	Blatt

Die Spezies Lehrerkind

Wer diese Lebensbeichte bis hierher aufmerksam verfolgt hat, wird bereits bemerkt haben, dass nicht jedes Lehrerkind dem anderen gleicht. Vielmehr habe ich in meinem lebenslangen Feldversuch herausgefunden, dass sich ein Lehrerkinddasein in drei Härtegrade einteilen lässt. So wie es also ganz unterschiedliche Formen von Fußpilz gibt, existieren auch unterschiedlich starke Ausprägungen des Syndroms Lehrerkind.

Lehrerkind Stufe 1

Merkmale: Kind eines Lehrers/einer Lehrerin und eines Angehörigen einer anderen Berufsgruppe, häufig aus einem ähnlich didaktischen Bereich: Universitätsangestellter, Anwalt, Arzt.
Lehrer brauchen zur Paarung jemanden, der zumindest ein wenig nach Burn-out und Verzweiflung riecht, deshalb werden auch Sachbearbeiter von Sozial- und Finanzämtern häufig Lebenspartner von Pädagogen. Wichtig: Das Lehrerkind der Stufe 1 besucht nicht die gleiche Schule wie der eigene Elternteil.
Besondere Kennzeichen: Lebt unbescholten unter den anderen Mitschülern, wenig bis keine Auffälligkeiten, zeitweise Veranlagung zum Freidenker- und Schulsprechertum, allerdings in geringer Ausprägung.
Pausenmahlzeit: Gewöhnliches Butterbrot, wahlweise mit Nutella oder Käse, auch Teewurst wird gern genommen.
Pausenhofprognose: Das Lehrerkind der Stufe 1 hat das Glück, nicht eine Schule mit seinem Elternteil besuchen zu müssen, dementsprechend kann es seine Herkunft erstaun-

Name			Klasse	Datum	Blatt

lich oft geheim halten. Natürlich sind die ordinären Vorstellungsrunden beim Neueintritt in eine Klasse für jedes Lehrerkind ein Graus, besonders wenn die Frage nach dem Beruf der Eltern gestellt wird. Da hilft dann nur, einen epileptischen Anfall vorzutäuschen oder eine phantastische Lügengeschichte über den Verbleib der Eltern zu spinnen (»Meine Eltern sind bei einer Himalaya-Expedition verschollen, ich lebe nun bei meiner Oma«), die aber ziemlich schnell zum Fallstrick werden kann, spätestens wenn der erste Elternsprechtag ansteht. Meist durchlebt das Lehrerkind der Stufe 1 seine Schulzeit unbeschadet unter den anderen Schülern. Tendenzen zum erblich bedingten Klugscheißertum wurden zwar beobachtet, sind allerdings nur unter Laborbedingungen empirisch nachgewiesen.

Lehrerkind Stufe 2

Merkmale: Kind zweier Pädagogen, die Eltern sind jedoch beide nicht als Lehrer an der Schule des Kindes tätig, was die Lebenserwartung erheblich verlängert, jedenfalls im Verhältnis zum Lehrerkind der Stufe 3.
Besondere Kennzeichen: Zum Leben geeignet wie Franck Ribéry als Kindergärtner. Oft bilden sich schon früh Merkmale heraus, die das Lehrerkind der Stufe 2 unbeliebter machen als Intimherpes beim Gruppensaunieren. Auffallend sind der pädagogische Duktus, der sich kaum verbergen lässt (»Ja, Herr Lehrer, natürlich habe ich mein Buch dabei, sogar laminiert und mit Lesezeichen«), oder die Tendenz, sich wild mit den Fingern schnippend zu melden, als würde das eigene Leben vom Wortbeitrag abhängen.

Name			Klasse	Datum	Blatt

Pausenmahlzeit: Oft dem pädagogischen Auftrag der Eltern geschuldet. Ernährungsbewusst, mit viel Grünkram wie Gurkenscheiben und Paprikawürfel auf Vollkornbrot. Nie anzutreffen sind Bärchenwurst oder eingeschweißter Mini-Käse. Infantile Verniedlichung von Fleischwaren wird von Lehrereltern nicht gutgeheißen.

Pausenhofprognose: Das Lehrerkind der Stufe 2 hat das kleine Glück, dass seine Eltern zwar Lehrer sind, aber nicht an der gleichen Schule unterrichten. Dementsprechend wird es nur in größeren Abständen mal vermöbelt, wenn einer der anderen Verdacht schöpft, weil das Lehrerkind in seiner Freizeit freiwillig Bücher liest und nicht über den derzeitigen Tabellenstand von Schalke 04 informiert ist.

Lehrerkind Stufe 3 (Nicht zur Nachahmung empfohlen)

Merkmale: Kind zweier Pädagogen, ein oder beide Elternteile unterrichten an der eigenen Schule. Schlimmeres Schicksal, als mit einem Poloch auf der Stirn geboren zu werden.

Besondere Kennzeichen: Beliebt wie ein Veganer bei den Hells Angels. Schwere Stigmatisierung nach Enttarnung, welche sich eigentlich kaum vermeiden lässt. Trägt oft selbst genetische Veranlagung zum Lehrbeauftragten in sich, wird von anderen als Klugscheißer wahrgenommen. Lebt ein Nischendasein im Schulalltag und sorgt als Sündenbock für das gemeinschaftliche Wohl. Wird beim Völkerball erst ausgewählt, wenn der letzte Bewegungslegastheniker in eine Mannschaft gerufen worden ist.

Pausenmahlzeit: Schwer von der Fächerwahl der Eltern

abhängig. Bei Biologielehrern Birchermüsli und Sojamilch, verabreicht in neongrüner Tupperware. Bei Religionslehrern Oblaten und Wasser, bei Sportlehrern Obst und Proteinriegel, die härter sind als der Schließmuskel eines serbischen Gewichthebers.

Pausenhofprognose: Kinder dieser unheilvollen Verbindung zweier Lehrer, die dann noch in den zweifelhaften Genuss kommen, auf der Schule der eigenen Eltern ihre Zeit abzureißen, haben nichts zu lachen. Konstant nichts zu lachen. Wer das einmalige Gefühl nachspüren möchte, ein Lehrerkind der Stufe 3 zu sein, sollte sich einfach in die vollbesetzte Schalker Nordkurve stellen, eine schwarz-gelbe Fahne schwenken und laut »Booooorrruuuussia« brüllen. Sollte das Lehrerkind der Stufe 3 nicht sofort durch die eigenen Eltern enttarnt werden, weil diese die privaten Probleme ihrer Kinder vor der Klasse ausbreiten (O-Ton mein Vater: »Mein Sohn hat derzeit so schlimme Akne, wir nennen ihn zu Hause nur noch Westerwelle.«), so sorgen die Lehrerkollegen früher oder später dafür. Sei es, weil sie selbst die Geschichten, die die Eltern im Lehrerzimmer verbreiten, vor versammelter Klasse wiedergeben oder weil sie sich nicht entblöden, die persönliche Korrespondenz zu überbringen (O-Ton meines Grundschulklassenlehrers: »Bastian, deine Mutter hat mir eben diese Einlagen gegen Schweißfüße mitgegeben, sie sagte, du hast sie heut Morgen im Flur vergessen.«).

Die Standleitung der Eltern zum restlichen Lehrkörper führt natürlich auch dazu, dass sich keine schlechte Note oder Tadel verstecken lässt, meist sind die eigenen Eltern noch vor einem selbst über eine vergeigte Klausur informiert und dementsprechend sauer. Die Demütigung ist der

Name			Klasse	Datum	Blatt

engste Freund des Lehrerkindes der Stufe 3, sein ewiger, hinter jeder graugelb gestrichenen Klassenwand lauernder Begleiter, der sich, solange die Eltern an der gleichen Schule tätig sind, nicht von seiner Seite löst.

It's My Party

Der haarige Katzenfresser Alf starrte mich irritiert von einer gräulichen Schicht aus hart gewordener Sahne an. Eine Kerze war wie ein Kopfschuss in seine Fontanelle getrieben worden, der schmale Docht brannte langsam ab und war kurz davor, sich in seine braune Stirn zu fräsen. Auf meiner Stirn hingegen prangte ein dösiges Hütchen, dessen Gummiband unten in mein Gesicht einschnitt und aus meinem Doppelkinn ein Triplekinn machte.

»Los, wünsch dir was«, sagte mein Vater und deutete auf Alfs Rübennase. Ich blies die Kerze aus, die wie ein Fallbeil umstürzte und den fröhlichen Besucher vom Planeten Melmac in zwei Teile riss. Es war mein siebter Geburtstag, der erste Geburtstag seit meiner Einschulung. Seltsamerweise war aus meiner Klasse jedoch niemand anwesend, stattdessen war ich umzingelt von einer Horde teilnahmsloser Nachbarskinder, die mich sonst beim Versteckenspielen gern für mehrere Stunden im Schuppen einsperrten. Heute aber war mein Ehrentag und ich demzufolge mit einer zeitlich begrenzten Immunität gegen Grausamkeiten aller Art ausgestattet. Ich wäre zwar in der größten Not nicht auf die Idee gekommen, diese halbfertigen Heimsuchungen über unsere Schwelle treten zu lassen, aber die Einladepolitik meiner Eltern basierte auf dem Prinzip der »offenen Tür«. Dieses Prinzip beruhte auf der Erinnerung, Teil der 68er-Studentenbewegung gewesen zu sein und solidarisch einfach jeden einzuladen, ob er jetzt mit mir befreundet war oder mich einfach nur im Wochenrhythmus vermöbelte. Die meisten Kinder aus meiner Klasse verzichteten allerdings von sich aus auf den Besuch, weil sie um den sonderbaren Jungen mit der Lehrermutter, die täglich wie eine Sirene kreischend auf dem Schulhof stand, einen großen Bogen machten. Und deshalb saß jetzt ein eher kleiner Kreis von Nachbarskindern an unserer mehr schlecht als recht geschmückten Kaffeetafel und schwieg sich an. Selbst mit einem fünfzigjährigen Travestiekünstler namens Lady Lysistrata hätte ich mehr Gesprächsthemen gefunden, als mit dieser Supergroup von Schnullerpsychopathen. Meine Mutter hatte extra an ihrem neuen »Heimcomputer« eine Einladungskarte gestaltet, auf der sich eine Katze und eine Maus unter einer Girlande zuprosteten. Symptomatisch.

An der Stirnseite saß Thomas Löffler, ein Junge mit plumpem Körper und tumbem Blick. Ich glaube, er war nur gekommen, weil seine Eltern bei einem Auswärtsspiel waren und er irgendwie beschäftigt werden musste. Thomas' Dasein ließ sich relativ leicht auf eine Vokabel herunterbrechen: Schalke. Seine Eltern waren Ultra-Fans, ihr Leben folgte starr dem hohlen Rhythmus von Heim- und Auswärtsspielen, sonst gab es nichts von Interesse. Thomas war immer in Blau-Weiß gekleidet, die blau-weißen Adidas-Sportschuhe bildeten die Basis für seine stämmigen Beine, die in einer kurzen blau-weißen Hose steckten. In diese Hose wiederum war ein blau-weißes Trikot gestopft, das im Winter mit einer blau-weißen Mütze mit blau-weißem Bommel komplettiert wurde. Ob Thomas jetzt ein

Paradebeispiel für »Lernen durch Beobachtung« abgab oder seine Mutter während der Schwangerschaft nur zu oft am Bierwagen umgefallen war, konnte man nicht sagen, der Junge war jedenfalls so dumpf im Scheitel wie ein Ziegelstein. Ein Ziegelstein war auch der einzige Grund für seine Einladung: Thomas Löffler hatte nämlich einen solchen nach mir geworfen. Knapp verfehlt. Immerhin. Jedenfalls war ich heulend heimgelaufen, hatte meiner Mutter den Vorfall geschildert – und meine Mutter hatte den Steinewerfer dann in einem absurden Anfall von Völkerverständigung zu meinem Geburtstag eingeladen.

Nun schaufelte sie ein Stück Torte auf Thomas' Teller, auf dem Alfs abgehackter Kopf zufrieden lächelte. Tatsächlich war Thomas, diese mentale Sackgasse ohne Bäume, zu einem schmalen »Danke« in der Lage, bevor er anfing, meine Geburtstagstorte zu verschlingen, als wären es die Überreste des Feindes.

Neben ihm saßen Lisa und Lotte Fennermann, die Shining-Zwillinge. Zwei bemerkenswert gruselige Geschwister, immer gleich gekleidet, kaum zu einer abweichenden Aussage in der Lage, alles, was die eine sagte, schallte wie ein Echo im Grand Canyon noch einmal von der anderen hinterher. Ihre Eltern waren Zeugen Jehovas, was im Nachhinein ihre Teilnahme an meiner Geburtstagsfeier noch eigenartiger macht, vielleicht war es eine Art verdeckte Mission, um festzustellen, wie Atheisten so leben. Lisa und Lotte waren so winzig, dass wir die Sitzkissen sämtlicher Stühle unter ihre kleinen Hintern schieben mussten, damit sie überhaupt über die Tischplatte sehen konnten. Jetzt tat allen anderen der Arsch weh, Lisa und Lotte konnten aber immerhin einen Blick auf die Torte werfen.

Sie trugen beide verschiedenfarbige Haarschleifen, anscheinend fiel es selbst ihren Eltern schwer, die debilen Klonschafe auseinanderzuhalten. Die beiden bekamen ihre riesigen Tortenstücke, stocherten in der sahnigen Masse herum und zogen dann ein gemeinsames Fazit.

»Iiiih«, sagte die eine.
»Iiih«, sagte die andere.
»Wir sind allergisch gegen Kirschen«, sagte die eine.
»Kirscheeeen«, hallte es von der anderen hinterher.
Eine Unterhaltung von Fledermäusen an der Höhlendecke wäre vermutlich nicht viel variantenreicher gewesen.

Meine Mutter nickte reserviert und stellte den Zwillingen stattdessen ein wenig trockenen Nusskuchen hin. Thomas Löffler nahm sich sofort die Teller der beiden und mampfte glücklich ihre Reste. Er begann vom Trainingslager und dem Essen dort zu erzählen, woraufhin ich mir vor lauter Langeweile wünschte, nackt und brennend in eine Kreissäge zu springen.

Vervollständigt wurde dieses Triumvirat des Irrsinns von Cem Söngül. Der schwarzhaarige Junge war in der Förderklasse meiner Mutter und erst vor zwei Jahren nach Deutschland gekommen. Vielleicht hätten wir Freunde werden können, schließlich war er der Einzige in der Runde, der mir keine Angst einjagte. Doch Cems Eltern sprachen kein Deutsch, seine Geschwister sprachen kein Deutsch – und Cem sprach auch kein Deutsch. Sarrazin hätte vor Freude das hängende Lid gezuckt, wenn Cem nicht so ausnahmslos höflich gewesen wäre. Obwohl meine Mutter ihn zum Zwecke der Zwangsintegration zu meiner unseligen Geburtstagsfeier eingeladen hatte, war er trotz mangelnder Sprachkenntnisse der Einzige, der wenigstens etwas Anstand bewies und sich gebührend bedankte, als ihm ein Stück Torte gereicht wurde. Zudem trug er eine Anzughose, ein weißes Hemd und eine Fliege. Er sah aus wie ein kleiner Atatürk auf Staatsbesuch.

Neben ihm beseiberte der königsblaue Spülstein Thomas Löffler die Shining-Zwillinge, die Puppenkostüme anhatten, die selbst für die Kinder der Waltons zu uncool gewesen wären. Er erzählte immer noch aufgeregt vom Trainingslager, während die Zwillinge meinem Vater ihre diversen Allergien aufzählten, worauf dieser langsam einnickte. Kirschen, Blumen, Pollen, Gummi, Freude, Nüsse …

Als nächsten Programmhöhepunkt hatten sich meine Eltern ein pädagogisch wertvolles Spiel ausgedacht, das wohl in jedem Haushalt zumindest einmal zu erheblichen Kollateralschäden führt: Topfschlagen. Ein urtümlicher Brauch, bei dem man dämlich auf dem Boden herumkriecht und für ein paar Bonbons das gesamte Mobiliar zertrümmert. Thomas Löffler zerschlug mit dem Holzlöffel eine Blumenvase, noch bevor mein Vater ihn mit einem sanften Tritt in Richtung des Topfes bugsieren konnte. Die Shining-Zwillinge wollten nicht spielen, in ihrem Konzept von Leben war Spaß keine Option, lieber bekamen sie noch einen kleinen asthmatischen Anfall und fielen prustend vom Stuhl. Immerhin etwas Heiterkeit, dachte ich und kroch im Beisein der gesamten spaßfeindlichen Nachbarschaft dem dösigen Topf hinterher. Als ich ihn aufdeckte, fand ich statt etwas buntem Süßkram einen laktosefreien Diätriegel. »Wegen deiner Laktoseintoleranz, mein Moppelchen«, quietschte meine Mutter stolz. Ich musterte meine Eltern und machte mir in meinem Kopf eine kurze Notiz: Ich würde ihnen bei der nächsten Gelegenheit einen Löffel WC-Frisch in den Kaffee rühren.

Unvermittelt klatschte meine Mutter in die Hände und alle begannen zu singen. Der gesamte Kanon deutscher Geburtstagsliedkultur wurde pflichtbewusst heruntergejodelt, beginnend mit dem obligatorischen »Happy birthday to you« und bis hin zum allseits bekannten und immer wieder Durchfall auslösenden »Heute kann es regnen, stürmen oder schnei'n«. Es fühlte sich banal und kalt an, wie ein Ausschnitt aus der volkstümlichen Hitparade. Alle sangen ihr Soll ab und waren froh, als der Mist endlich vorbei war.

Alle, bis auf meine Eltern. In ihren Augen war echte Rührung zu erkennen. Vielleicht war es für sie eine Art Mini-Kommunenrevival. Die Stimmung war ja auch ähnlich herzlich wie zwischen Langhans und Obermaier am Ende ihrer Rudelbumsphase: Aus Hippieträumen wurde verbrannte Erde.

Und mitten in diesem Durcheinander falscher Freundlichkeiten saß ich. Das mittlerweile vollgeschwitzte Hütchen war seitlich an meinem Kopf entlanggewandert, und eine dicke Träne rann still über meine Wange. Plötzlich stand Cem Söngül auf, ging wortlos um den Tisch herum und schloss mich in seine kleinen Arme. Er klopfte mir auf den Rücken und drückte mich an sich, er roch nach Kernseife und Wachsmalstiften. In seiner Umarmung lag etwas eigenartig Wahres, es hatte wohl nur er verstanden, dass ich lieber allein in einer Raumkapsel durchs Weltall geschwebt wäre, als mit diesen schrecklichen Kindern auch nur einen Nachmittag verbringen zu müssen.

Die sonderbare Ruhe dieses Augenblicks wurde vom schrillen Klingeln unserer Türglocke zerstört. Meine Mutter öffnete die Tür, und Thomas Löfflers Mutter

Roswita trat in den Hausflur. Sie hatte verweinte Augen und war voll wie ein Staudamm. Thomas sprang von seinem Stuhl auf und rannte mit einem Stück Torte in der Hand auf sie zu. Mutter Löffler gurrte nur ein betroffenes »Verloren« und schloss ihren Sohn, der wie auf Knopfdruck ebenfalls anfing zu heulen, in ihre Arme. Schalke hatte sich mit 3:0 im Ruhrpottderby gegen den Intimfeind Borussia Dortmund blamiert und war somit auf einen Abstiegsplatz gerutscht. Für die Löfflers ein Anlass zur Lebenskrise. Meine Eltern, deren einzige Berührung mit dem Thema »Sport« darin bestand, mir über die Jahre dabei zuzusehen, wie ich mich beim Versuch, Fahrrad zu fahren, zu skaten oder schlicht zu gehen, immer wieder schwer verletzte, konnten wenig Anteilnahme an der Tragik der Löfflers empfinden und standen fassungslos im Türrahmen. Mein Vater brummte ein halb ironisches »Unser Beileid« und schloss irritiert die Tür. Das konsternierte Kopfschütteln meiner Eltern entging auch mir nicht, und für einen kurzen Augenblick sah ich ein, dass ich es mit diesen beiden irren Weltverbesserern gar nicht so schlecht getroffen hatte.

Nach dieser generationenübergreifenden Demonstration sozialer Inkompatibilität verblieben nur noch Cem Söngül, die Shining-Zwillinge und ich am Tisch und starrten wortlos auf die Überreste der Geburtstagstorte. Alf lag zerstückelt inmitten eines sahnigen Trümmerfelds. Plötzlich quiekte Lotte einen eigenartigen Tierlaut, auf ihrer Hand hatte sich eine Reihe roter Punkte gebildet, die sich im Sekundentakt vervielfachten und langsam an ihr hochwanderten. Ihre Schwester sah sie kurz mit gläsernen Puppenaugen an und stellte dann an sich selbst eine ähnliche Maserung fest. Schließlich prangte an ihrem Kopf ein rotbrauner Fleck, der wie der Umriss Italiens aussah.

»Schau mal, wie ein kleiner Gorbatschow«, sagte mein Vater und lächelte meine Mutter an, die den beiden Shining-Zwillingen fassungslos bei ihrer Transformation zu menschlichen Streuselkuchen zusah.

»Waren da Nüsse im Kuchen?«, gellte Lisa und zerteilte mit ihrer Plastikgabel verächtlich ein paar Überreste des trockenen Gebäcks.

»Nüüüüüsssse«, echote Lotte hinterher. Schade, dass die Allergie ihnen nicht auch die Stimmen nahm.

Pünktlich zur Totalkatastrophe standen dann die Eltern der Zwillinge vor der Tür. Als meine Mutter ihnen die Tür öffnete, brandete ihr eine Duftwolke aus feuchter Erde und Brottrunk entgegen. Fennermanns waren extra aus einem anderen Sonnensystem angereist. Herr Fennermann war hager wie ein abgekautes Grillhähnchen und hatte sich die lang gewachsenen Haare über die Halbglatze gekämmt, während seine Frau aussah wie der Undertaker mit Brüsten.

»Sind die Kinder da?«, fragten die beiden ebenso synchron und lustlos wie Lisa und Lotte. Mir fiel auf, dass mein Vater bei jedem ihrer Worte ein wenig zitterte. Die Shining-Zwillinge sprangen auf, als hätte man sie gerade aus einer Zwangsjacke befreit, und rannten auf ihre Eltern zu. Bepustelt und gezeichnet vom Nusskuchen drückten sie sich in den dicken Unterrock ihrer Mutter – und noch bevor ihr Vater meine Familie mit allen Flüchen Jehovas belegen konnte, schloss meiner die Tür.

Erleichtert atmeten Cem Söngül und ich auf. Cem strich mit seiner kleinen Hand die Tischdecke glatt, lächelte mich an und sagte irgendetwas auf Türkisch. Ich verstand kein Wort, aber es klang sehr lustig. Wir mussten beide lachen. Mit einer kleinen Verbeugung erhob sich Cem dann von seinem Stuhl, ging hinüber zu meinen Eltern und verbeugte sich auch vor diesen. Fast lautlos zog er seine Jacke an und schlüpfte aus der Tür.

Ich habe ihn danach nie wiedergesehen, doch an unsere Umarmung werde ich mich trotzdem immer erinnern.

Scrabble

Es ist Montagabend. Wir scrabbeln.

Wir scrabbelten jeden Montagabend, Dienstage waren für Theaterbesuche reserviert (natürlich mit vergünstigten Karten in der letzten Reihe), mittwochs sahen wir das literarische Quartett und kauften danach die Bücher, die dort gut besprochen wurden. Donnerstags gingen wir ins Kino und schauten einen Film, der das Prädikat »besonders wertvoll« erhalten hatte, und wenn keiner lief, sahen wir im Fernsehen das, was meine Eltern für »besonders wertvoll« hielten. Freitags besuchten wir die Oma, die samstags anrief und fragte, warum wir sie so lange nicht besucht hatten. Dann besuchten wir sie auch samstags und gingen nicht ans Telefon, wenn sie es sonntags wieder versuchte. Sonntags ging ich mit meinem Vater zum Flohmarkt, wo er kistenweise alte Bücher und Schallplatten erstand, die er dann im Kofferraum stapelte, während ich danebenstand und staunte. Zum Abschluss stellten wir uns bei der Gulaschkanone auf dem Flohmarkt in die Reihe der Bedürftigen, die die Suppe umsonst bekamen.

Aber heute scrabbeln wir, denn heute ist Montag.

Scrabbeln ist an sich schon ein Spiel, das den meisten Menschen weniger Freude macht als eine Wurzelbehandlung mit der Kettensäge, und wenn man dann noch mit zwei Germanisten und einem schuhkartongroßen Wörterbuch am Tisch sitzt, dann bettelt man geradezu um die Kettensäge.

Mein Vater schob die Zunge über die Lippen und griff sich ans Kinn. Er dachte nach. Seit sechs Minuten. Meine Mutter ordnete das vierte Mal in Folge ihre Buchstaben neu, zweimal waren sie ihr schon aus den Händen gerutscht und heruntergefallen, der Hund trug immer noch ein »Y« von unserem letzten Scrabbleabend in seinem Bauch spazieren.

Wie in Zeitlupe griff mein Vater nach seinen Buchstaben und legte in absurder Genauigkeit ein wasserwagengerades »O-X-Y-M-O-R-O-N« auf das Spielbrett.

»Was ist das denn«, spuckte ich auf den Tisch, die S-Laute fielen mir aufgrund meiner Zahnfehlstellungen schwer, deshalb sprach ich auch meinen Namen nicht gern aus, am liebsten hätte ich Ulf geheißen, da konnte man nicht viel falsch machen.

»Ein Oxymoron ist eine rhetorische Figur, Bastian. Sie bildet sich aus zwei sich widersprechenden Begriffen«, sagte mein Vater belehrend. Eigentlich klang alles belehrend, was mein Vater von sich gab, ob er jetzt »Hallo« oder »Bastian, gib mir mal das Salz« sagte.

»Ja, so etwas wie ›Alter Knabe‹ oder ›Lautes Schweigen‹«, erläuterte meine Mutter, da ich wohl immer noch wie ein Einzeller schaute.

Mein Vater notierte sich 36 Punkte auf seinem Zettel, hinter seiner Gesamtpunktzahl 142 machte er ein Ausrufezeichen. Hinter meine neun Punkte malte er einen traurigen Smiley.

»Jetzt bist du dran!«, ermutigte mich meine Mutter und klopfte mir sanft auf den Rücken.

Ich starrte seit Ewigkeiten auf die elfenbeinfarbenen

Spielsteinchen, die da vor mir auf dem kleinen Podest standen, doch alle Wörter, die sich bilden ließen, hatten nur zwei Buchstaben. Stolz legte ich meinen ersten Einfall mit drei Buchstaben aufs Spielfeld.

»K-U-H«, las meine Mutter vor, und mein Vater warf ihr einen geheimniskrämerischen Blick zu, so in der Art: »Sicher, dass dieses Kind von mir ist?«

»Das ist aber recht einfach«, sagte mein Vater enttäuscht. Er hatte zumindest so etwas wie »Plebiszit« von seinem Sohn erwartet.

»Na ja, er ist halt auch erst sieben Jahre alt«, sagte meine Mutter und strich mir über den Kopf, stolz schob ich meine »K-U-H«-Steinchen gerade.

»Schreib auf, Papa, das macht fünf Punkte«, bat ich meinen Vater, doch er knurrte nur verdrossen und griff nach meinen Spielsteinen.

»Das können wir sicher noch besser machen«, grummelte er, während meine Mutter ihn böse ansah.

»Ah, ich hab's!«, sagte er und streckte seinen Zeigefinger in die Höhe.

»Dass du das nicht gesehen hast«, sagte er vorwurfsvoll und legte das Wort »A-N-T-A-G-O-N-I-S-T«.

»Anachronismus ging leider nicht, dir fehlt ein C.« Mein Vater schob mir meine leer geräumte Halterung für die Buchstabensteinchen hin.

»Was ist das, ein Antagomnist?«, fragte ich. Meine kindliche Begeisterungsfähigkeit für Brettspiele hielt mich noch am Tisch, obwohl eigentlich selbst Spielknetefressen unterhaltsamer gewesen wäre.

»Ein Antagonist ist ein Gegenspieler, jemand der gegen dich vorgeht und versucht, deine Handlungen zu verhindern?«, erklärte mein Vater genervt.

»So wie du, Papa?«, fragte ich voll kindlicher Unschuld.

Mein Vater sah meine Mutter an, als hätte ich gerade verkündet, fortan ein Mädchen sein zu wollen. Ratlos rieb er mit seiner Hand auf der Tischplatte herum und murmelte wie ein Besessener vor sich her.

Meine Mutter durchbrach die unangenehme Stille und schnippte mit ihren Fingern einfach ein paar Spielsteine vom Brett.

»Schau mal, was da drin war, ein ganz anderes Wort«, sagte sie in diesem unnachahmlichen Grundschullehrerinnenton, es fehlte eigentlich nur, dass sie eine Socke mit Augen über ihre Hand gestülpt hätte.

»T-A-G«, las ich vor.

»Für das T gibt es da sogar doppelte Punktzahl. Robert schreib auf, Basti bekommt 30 Punkte«, sagte sie und drückte meinem Vater den Stift so unmissverständlich in die Hand, dass er sofort anfing, die mickrigen neun Punkte neben meinem traurigen Smiley zu ergänzen.

Ich freute mich und wurde aufgrund der großzügigen Dehnung der Spielregeln an diesem Tag sogar zweiter Sieger.

Meine Mutter hatte meinen »T-A-G« gerettet.

Das Schulklo

Jede Schule besitzt einen Raum, der mit ebenso vielen Mythen behaftet ist wie Stonehenge oder die Area 51: das Schulklo. Optisch stilsicher an Hannibal Lecters Einzelhaftzelle orientiert, hat das Schulklo immer etwas Unheimliches. Ein Hauch von Grusel und präpubertärer Inkontinenz durchweht die muffigen Hallen, die meist nur von einer Zwanzig-Watt-Sparbirne in ein trübes Licht getaucht werden.

Die Wände sind mit orthografisch fragwürdigen Beschimpfungen (»Wer das list ist doov«, »Durchfall = Sprühwurst«) beschmiert, und die Außenwelt existiert nur in Form kleiner Glasbausteine, hinter denen die Realität zu einem matschigen Brei mutiert. Die nüchternen weißen Emailleschüsseln haben statt einer Klobrille nur zwei aufgeklebte schwarze Randstreifen, die wie die Seitenmarkierung einer Landebahn den braunen Kackwürstchen den Weg weisen. An der Seite einer jeden Kabine hängt der Horror jedes Pennälerpos, das einlagige Recyclingtoilettenpapier, schmiegsam wie eine Nagelfeile und saugfest wie Styropor. Das Papier ist so hart und rau, dass man damit einen Saurücken entborsten könnte, kein Kind bei klarem Verstand würde es jemals freiwillig benutzen, deshalb sieht man jeden Klogänger mit einer fein säuberlich in der Hand versteckten

Packung Tempotaschentücher die Kachelgrotte betreten.

Auch ich musste so manches Mal dieses Herz der Finsternis aufsuchen, besonders in der Grundschulzeit war eigentlich jeder Besuch des Schulklos eine Odyssee.

In meiner kindlichen Phantasie lauerte so manche Gefahr in diesen paar Quadratmetern deutscher Schulwirklichkeit, ich erwartete Kraken, die versuchen würden, mich in den blanken Topf hinabzuziehen, und monströse Spinnen, die aus den Wasserhähnen krochen, um nach mir zu schnappen. Doch das, was wirklich im tristen Ambiente des Schulklos auf mich warten würde, hatte ich nie erahnt.

Es war ein düsterer Herbsttag, ich war acht Jahre alt, trug eine Frank-Elstner-Brille und ein T-Shirt, auf dem Micky Maus Klimmzüge machte. Vorsichtig öffnete ich die knarzende Tür des Schulklos, und sogleich schlug mir ein undefinierbarer Geruch zwischen Scheuermittel und Hubba-Bubba-Kaugummi entgegen. Schulen scheinen ihre Klos nicht zu heizen, anders lässt es sich nicht erklären, dass einem aus den Wasserhähnen gebirgsbachkalte Plörre entgegensprudelt und die Luft klar und hart ist wie in einem Leichenschauhaus. Langsam, mich zu allen Seiten umschauend, schlich ich durch das aschfahle Licht der grauen Kabinentür entgegen, auf die ein Mitschüler die Silhouette eines Frauenkörpers gekritzelt hatte.

Das Bild sah aus, als hätte ein betrunkener Schimpanse Angela Merkel als Pin-up-Girl gemalt, Phantasien eines Zehnjährigen. Hektisch verschwand ich in der Kabine und hockte mich auf das eiskalte Porzellan.

Plötzlich sprang die Tür des Schulklos auf, donnernd knallte sie gegen die weiße Kachelwand und ließ mich kurz vom kalten Boiler aufspringen.

Wer konnte das sein? Waren alle meine kleinkindlichen Befürchtungen wahr geworden, würde ich jetzt von Skeletor in die Schattenwelt gezerrt werden?

Rhythmisch taperten kleine, blockartige Füße über die kahlen Kacheln, bei jedem Schritt schoss ein gelber Blitz über den Boden. War es der Teufel, der gekommen war, mich zu holen?

Ich als kleiner Heide, ein ungetauftes Lehrerkind, bereute sofort, dass ich mir nicht Jahre zuvor das bisschen heilige Suppe über den Scheitel gegossen hatte, dann hätte ich jetzt wenigstens einen Gott zum Anflehen gehabt.

In meinem Bauch fuhr ein wahnsinniger Bierkutscher Karussell. Zum Glück saß ich schon auf dem Klo, das war wirklich gut in diesem Moment.

Plötzlich erbebte der Raum unter dem fiepsigen Organ eines Zwölfjährigen.

»Biiiiiiiiiiiiiiiiiiiiiiiieeeeeeeeeeellllendorfer«, schrie er. Die Stimme klang schrill wie die eines Mönches, der im Kohlenkeller Unzucht mit einer Ziege treibt.

Es war Michael Robenzek, mein persönlicher Klassenfeind, der Junge, der mich mit einer so abstrusen Begeisterung hasste, dass man ihn für seinen Eifer fast schon bewundern musste.

Er trug seine neuen Adidas-Sportschuhe mit Pumpverschluss, die bei jedem Schritt das surrende Geräusch eines Laserschwerts erzeugten. State of the Art.

Auf meinen Schuhen winkte mir ein androgyner He-Man mit Prinz-Eisenherz-Frisur zu. Kein Laserschwertgeräusch, nicht mal Klettverschluss. Ich war ein Oldschool-Loser.

Die persönliche Ansprache ließ mich schon erahnen, dass Michael Robenzek nicht zur normalen Bedürfnisverrichtung angetreten war, nein, er wollte vermutlich einen neuen Meilenstein auf seinem Kreuzzug gegen dickliche Streber wie mich setzen.

Ich klammerte mich an den Pott wie ein gestörtes Affenjunges, während Michael Robenzek meiner Kabine mit jedem Klirren seines Fußsäbels näher kam.

Ich versuchte mich selbst in der Toilette herunterzuspülen, in Comics klappte so was, in der Realität hatte ich jetzt nur die Hose nass und sah aus, als hätte ich mich selbst beschmutzt. Das war würdelos.

»Bieeeeeeeeeeeeeeeellllllllendorfer«, brüllte Robenzek erneut. Der Junge war kreativ wie ein Bandwurm und leider ebenso lästig.

Plötzlich durchbrach ein lautes Tröpfeln die angespannte Stille. Eine kleine, schamvolle Lache bildete sich unter meinen Füßen, Michael Robenzek pisste mir gerade vor die Tür.

»Ich pisse dir gerade vor die Tür, Biiieeeeelendorfer«, illustrierte er für mich seine Handlung, als ob ich das nicht selbst gemerkt hätte.

Kurz dachte ich daran, die Tür aufzutreten und Michael Robenzeks winzigen Wutz zu Mus zu pürieren. Ich tat es nicht. Ich war einfach ein Schisser.

Als Robenzek fertig war, verließ er das Klo ebenso schnell, wie er aufgetreten war, die Luft war wieder rein. Was sollte das? So was Sinnloses.

Ich öffnete vorsichtig meinen Verschlag und linste in Richtung Ausgang, doch sofort sprang die Tür wieder auf. Robenzek war zurückgekehrt. Was wollte er jetzt, ein Häuflein in meine Jackentasche machen?

Nein, neben ihm schälte sich die turmhohe Silhouette unseres Hausmeisters Herrn Schuster aus der kalten Kloluft.

Robenzek deutete mit seinem kleinen, schrumpeligen Finger auf mich und die Lache aus Lulu unter mir, in der mein Schuh-He-Man gerade seine Haare wusch.

»Herr Schuster, sehen Sie mal, der Bielendorfer hat sich in die Hose gemacht.«

Robenzek war mein vergeblicher Versuch, mich im Klo runterzuspülen, nicht entgangen. Herr Schuster, ein grobschlächtiger, alter Mann mit starrem Säuferblick und roter, grobporiger Nase reagierte, wie es Robenzek erhofft hatte.

»Biieeeeelendorfer«, brüllte er wie ein riesiger Robenzek. Dann packte er mich am Nacken und zog mich mit vollgepullerter Hose über den Schulflur, als wäre ich ein Katzenjunges.

»Das machst du sauber!«, dröhnte er, und meine langwierige Erklärung, dass Robenzek der Täter sei, hätte selbst eine gutwillige Jury aus senilen Rentnern nicht überzeugt.

Das war eine neue Dimension der öffentlichen Blamage. Dieser Robenzek hatte wirklich das Sozialverhalten eines Teichmolchs, sein hämisches Grinsen brannte in meinem Nacken, während ich den Rest des Morgens damit verbrachte, seine Hinterlassenschaft vom Schulkloboden zu wischen.

Etwas musste sich ändern, so viel war selbst mir allmählich klar.

Mein Vater, Chuck Norris

»Schau mal, normalerweise ist es so, Eltern sagen ihren Kindern, sie sollen keine Gewalt anwenden, sich bloß nicht prügeln und am besten die Gemeinheiten der anderen ignorieren. Jedes Problem lässt sich auch durch ein Gespräch aus der Welt schaffen. Das sagen sie, weil sich Probleme halt nicht mit Gewalt lösen lassen und die anderen Kinder sich, wenn man sie ignoriert, irgendwann langweilen und aufhören, einen zu ärgern. Ganz knapp gesagt: Das ist eine Lüge, ein Schwindel, ein Scherz unserer ja so zivilisierten Welt, in der sich am Ende alle an den Händen fassen und ums Lagerfeuer tanzen. Gewalt ist sehr wohl manchmal der einfachste Weg, ein Problem zu lösen, wir Eltern sagen das nur nicht.

Weißt du, die alten Römer haben schon gesagt: ›Wenn du einen Baum nicht umrunden willst, fälle ihn.‹ Der einzige Weg, wie du es schaffst, dass diese kleine Kröte dich nicht für die nächsten acht Jahre piesackt, ist, ihm einfach mal gehörig was auf die Pickel-Fresse zu hauen«, sagte mein Vater und versenkte mehrmals seine geballte Faust in der linken Hand.

»Ich soll ihn schlagen?«, fragte ich meinen Vater ungläubig, die Idee hatte er wohl aus einem Pädagogikratgeber von Chuck Norris.

»Richtig, hol einfach mit deiner Faust aus, täusche zuvor mit der anderen Hand an« (während der Erzählung demonstrierte er die einzelnen Schritte des Kampfes mit seinen Händen) »und gib ihm einen zentralen Schlag auf die Nase. Das tut sauweh, wahrscheinlich wird er vor der ganzen Klasse anfangen zu flennen, und du hast es ein für alle Mal hinter dir!«

»Und was soll sich dadurch ändern, dass ich den Michael Robenzek schlage?«, fragte ich ungläubig.

»Alles, einfach alles.« Und damit setzte mein Vater zu einem längeren Monolog darüber an, wie viele bekannte Personen Gewalt angewandt hatten, um ihre Ziele zu erreichen. Als ihm schließlich nur noch Beispiele wie Mao Tse-tung und Stalin einfielen, wanderte sein Erzählfaden weg vom Genozid und zurück zu Michael Robenzek.

Ich war nach dem Schulklodebakel nach Hause zurückgekehrt. Nachdem ich zwei Stunden lang den siffigen Boden gewischt hatte, roch ich wie ein Seniorenschlüpfer und fühlte mich auch so. Mein Vater hatte mich an der Haustür empfangen, und mein verheultes Kindergesicht hatte ihm augenblicklich alle relevanten Fakten vermittelt.

Dicke, rote Backen. Check. Rotzfäden, die sich vom Geheul übers Gesicht ziehen. Check. Geruch von Meister Propper und Schulfußboden. Check.

Fazit: Mein Sohn ist ein dicker Verlierer, dessen Selbstwert geringer ist als der Intellekt eines Einzellers. Braucht dringend Ausbildung in Guerillakampf und Selbstverteidigung.

»Weißt du, als Lehrer kenne ich solche Kinder wie den Michael Robenzek natürlich, das sind die, deren Eltern ihnen gebetsmühlenartig eintrichtern, dass man sich wehren muss, dass man sich nichts gefallen lassen darf. Dass diese Eltern ihre Kinder zu kleinen Schulhofpsychopathen erziehen, fällt erst auf, wenn die ersten Verweise drohen.«

Den Widerspruch, dass mein Vater auf der einen Seite eine derartige Erziehung ablehnte und mich nun gleichzeitig genauso erzog, ignorierte ich einfach. Ich fokussierte in meinem Kopf den einen Gedanken: »Ich werde Michael Robenzek schlagen!«

Der Rachehoden

Mittwochmorgen, Viertel vor acht, die Schulglocke tönte den müden Legionen von Kindern entgegen, die sich durch das kalte Novemberwetter geschlagen hatten. Es war noch stockdunkel, in der Luft lag ein eisiger Wind, der den baldigen Schnee ankündigte, bisher jedoch nur halb gefrorenen Regen herantrug.

Ich stand vor der Schule. Meine Jacke war längst durchnässt, an meiner blauen Jeans bildete sich ein kaltes Rinnsal, das Wasser floss langsam in meine Schuhe. Ich wartete auf das personifizierte Böse, meine Nemesis, meinen Lex Luthor, den Jungen, der jeden Tag der letzten Monate zum Kreuzweg für mich gemacht hatte und der die paar mickrigen Überreste sozialer Akzeptanz, die ich bei meinem Mitschülern noch genoss, mit Witzen und Beleidigungen zerschlagen hatte. Michael Robenzek.

Eigentlich war Michael Robenzek nur ein kleiner Junge in kurzen Hosen, doch jedes Detail an ihm war schon jetzt so offensichtlich makellos, dass man den zukünftigen Schulschönling, Klassensprecher, Medienagenturleiter ohne Probleme erkennen konnte. Sein Körper war straff und athletisch, seine Zähne gerade und weiß und sein Gesicht zu einem Grad raubvogelhaft, dass es gerade noch schön war.

Robenzek war ein durchtrainierter, zäher Fiesling, ich dagegen eine schwammige Masse geballter Selbstunsicherheit. Ich wiederholte gebetsmühlenartig in meinem Kopf: »Mit linker Faust antäuschen, dann mit rechter Faust durchziehen und ihn voll treffen.« Gleichzeitig spannte ich meinen Körper bis zum Maximum an und ignorierte, dass sich vom Regen in meiner Leistengegend ein nasser Fleck bildete, der ein wenig wie Selbstbeschmutzung aussah. Schon wieder.

Dann kam Robenzek, umringt von einer Reihe ergebener Gefolgsleute, die sich über seine Witze amüsierten und ihn um seinen Hochmut beneideten. Er sah mich, sein Blick verfinsterte sich, ein spöttischer Schatten legte sich über sein Gesicht, und er spitzte den Mund zu seiner allmorgendlichen Beleidigungstirade.

»Na, Knacki, heute schon ...«, kurz bevor er mir noch einmal den Namen meines verstorbenen Meerschweinchens geben konnte, trat ich einen Schritt vor. Ich hörte in meinem Kopf das Mantra meiner Kampfbewegungen ablaufen, »Erst mit der Linken antäuschen, dann mit der Rechten voll zu einem zentralen Schlag durchziehen, genau auf die Nase«, und ich sammelte mich zum finalen Angriff.

Dann trat ich Michael Robenzek schreiend in den Sack.

Plan gescheitert.

Der spöttische Schatten seines Gesichts wich einem blauen Muster, das stirnabwärts Richtung Hals wanderte. Seine Augen verdrehten sich, einen kurzen Moment schielte er mich heiter an, bevor sich langsam seine Zunge durch seine Zähne schob und ihm Tränen in die Augen schossen. In Zeitlupe klatschte er vor mir auf den bunt bemalten Schulhofboden und blieb genau auf dem Ende einer fröhlich grinsenden Comicschlange liegen.

Ich stand da wie der Rächer der Enterbten, und wer behauptet, Rache sei ein schäbiges Gefühl, der hat noch nie seinen Feind zum Schielen gebracht.

Wenige Minuten später saß ich im Lehrerzimmer, Regenwasser tropfte von meiner nassen Hose auf den

Linoleumboden, und unser Sportlehrer Herr Schmitz beäugte mich mit so kritischer Miene, als wäre ich ein adipöser Bademeister, der sich gerade als Unterwäschemodel bewarb. Ausgerechnet er hatte mich aufgegriffen, als ich stolz vor dem kleinen, blauen Schmerzbündel Robenzek stand und ungläubig auf ihn herabsah. Im Rahmen einer ersten pädagogischen Maßnahme wurde ich nun im Lehrerzimmer zwischengelagert.

Der staubige Muff von asbestverseuchten Böden legte sich in meine Nase, es roch nach frisch kopiertem Recyclingpapier und Fencheltee. Die Lehrer wuselten um mich herum, sie tratschten, lachten hektisch oder wanderten einfach im Selbstgespräch umher. Der Raum hatte etwas von einem Meditationstempel, der sich langsam mit Tränengas füllt. Alles wirkte ein bisschen zu schnell, ein wenig zu lebhaft.

Mein Sportlehrer Herr Schmitz setzte sich vor mich, seine Augen schimmerten lustvoll bei dem Gedanken, dass er mich, den Schüler, auf den er mit einem so offensichtlichen Abscheu niederblickte, bei einer Missetat erwischt hatte. Seine braun gebrannte Haut war spröde wie der Hintern eines Tapirs, das Leben auf dem Sportplatz hatte faltige Gräben in sein Gesicht geschlagen, die sich mit jedem Wort, das er sagte, vertieften. Seine Zähne bleckten weiß und unecht hervor, ein paar Brotkrumen hingen wie tote Läuse in seinem Schnurrbart. Er trug seinen blauen Sportanzug, es war Mittwoch.

»So, Bastian, erst einmal möchte ich, dass du dich bei dem Michael entschuldigst.«

Erst da wurde mir klar, dass Robenzek neben mir saß, die blaue Entgeisterung in seinem Gesicht war einem roten Ballon gewichen, seine Augen starrten mich hasserfüllt an, auf seinen Wangen hatten sich Schlieren aus Tränen gebildet.

Ich schwieg. Derart dämliche Entschuldigungsgesten lagen mir nicht. Abstruses Geheuchel, das bei jedem Streit von den Lehrern gefordert wurde. Als ob das was gebracht hätte. Ich hatte durch meine Aktion sowieso jede Brücke, die zwischen mir und Robenzek hätte gebaut werden können, im Voraus niedergebrannt.

»Aha, ich verstehe«, sagte Schmitz und blies Luft durch seine gespitzten Lippen wie ein Turmspringer, der gleich den sicheren Boden unter den Füßen verliert.

Damit hatte er nicht gerechnet. Er hatte wohl geglaubt, ich würde um Vergebung winseln und unter Tränen zugeben, dass mein Geist genauso schwach sei wie mein speckiger, kindlicher Leib. Ich trotzte dem scharfen Blick, den er mit zuwarf, bevor er etwas auf einem kleinen Formbogen notierte, der wohl als Vorlage für einen Brief an meine Eltern dienen sollte.

Plötzlich tauchte der Kopf meiner Mutter hinter Schmitz' blauem Sportanzug auf, sie hatte Pause und schien nicht böse zu sein, mich hier zu sehen. Dann sah sie Michael Robenzek, der, mit Dreck besudelt und immer noch den Tränen nahe, neben mir saß und auf meine Entschuldigung wartete. Mein Vater hatte ihr wohl von den Guerillakriegsplänen erzählt, die er für mich geschmiedet hatte. Überraschenderweise schaute sie mich nicht böse, sondern fröhlich an und hatte ein großes Grinsen auf dem Gesicht. Sie winkelte ihren Arm an und zeigte mir auf Bauchhöhe ein »Daumen hoch«, sodass es Schmitz und Robenzek nicht sehen konnten. Toll, ihr Sohn war jetzt Chuck Norris. Chuck Norris im Lehrerzimmer.

»Willst du denn sonst was zu dem Vorfall sagen?«, fragte Schmitz gelangweilt. Er wusste, dass der kleine Junge vor ihm nicht antworten würde, ab hier war das Gespräch nur noch Formsache. Ich spielte kurz mit dem Gedanken, ihm zu erzählen, wie oft Robenzek mich gequält und gepiesackt hatte, wie viele meiner kindlichen Hoffnungen auf ein wenig Zugehörigkeit er mit seiner Bösartigkeit ertränkt hatte und wie sehr ich ihn dafür verabscheute, doch dann entschied ich, dass ich damit nur Öl ins Feuer gießen würde, und schwieg lieber.

»Dir ist schon klar, dass das zur Klassenkonferenz führen wird, oder?«, fragt Schmitz, und bei dem Gedanken, mich noch einmal im Beisein der gesamten Lehrerschaft auszufragen, flammte seine Vorfreude noch einmal auf.

Schmitz spielte in seinem Kopf durch, wie er mich vor den anderen Lehrern zerpflückte, wie er mich als gestörten Schläger darstellen könnte, der letztendlich eine Gefahr für seine Mitschüler war und deshalb der Schule verwiesen gehörte.

Gerade als er aufstehen wollte, um mich zur Tür zu bringen, fiel Michael Robenzek neben mir wie ein roter Legoklotz vom Stuhl. Es machte ein lautes »Plong«, und das hektische Treiben im Lehrerzimmer verstummte, als hätte man auf einer Beerdigung gefurzt. Herr Schmitz bemühte seine schemenhaft vorhandene Fähigkeit zur Empathie und kniete sich neben den regungslos daliegenden Michael Robenzek, dann schnippte er zweimal vor dessen brachliegender Mimikwüste und stellte verdutzt fest, dass der Schüler »bewusstlos« sei. Herr Schmitz hatte seine Erste-Hilfe-Ausbildung eindeutig im Schlachthof gemacht, anders war so viel Scharfsinn nicht zu erklären. Ich nutzte die Gunst der Stunde und verdrückte mich klammheimlich aus dem Lehrerzimmer, hinter mir sah ich nur eine Schar Lehrer, die sich im Halbkreis um den bewusstlosen Michael postierten und allesamt so hilflos schauten, als gelte es, eine Flugzeugturbine zu reparieren.

Ich hatte meinen Intimfeind für mindestens eine Woche ausgeschaltet, und mein Mitleid hielt sich zunächst in Grenzen. Als ich aber am Tag meines Triumphs nach Hause kam, hatte sich die Freude meiner Mutter in einen unangenehmen Drang zur öffentlichen Rechtfertigung verwandelt.

»Grmph« war das Einzige, was sie mir gegenüber formulierte, bevor sie fluchend in ihrem Zimmer verschwand. Langsam, aber sicher kam die Ausdrucksfähigkeit meiner Mutter auf dem Niveau eines Hinkelsteins mit Moosbewuchs an. Anstatt mir vorzuwerfen, dass die gesamte Lehrergemeinschaft ab sofort die Sippenhaft über sie und ihren Terroristensohn verhängt hatte, kam nur ein wütendes »Grmph« aus ihr heraus. Hoffentlich lud sie Robenzek jetzt nicht zu meinem nächsten Kindergeburtstag ein!

Auch wenn es mir für meine Mutter leidtat, dass sie nun mit mir den Status des Geächteten teilte, war ich ganz froh, zumindest für eine Woche die bellende Teufelsmaske von Michael Robenzek nicht sehen zu müssen.

Die Tage vergingen, und statt ausgiebigen Mobbings erlebte ich eine zweifellos schöne Zeit, in der sich die nun verstreut und ohne Anführer dastehenden Gefolgsleute Robenzeks irritiert an mich wandten, den Königsmörder. Ich konnte mit diesen halbgaren Hirnbrötchen allerdings nicht viel anfangen und verlegte mich erneut auf mein gewohntes Außenseitertum. Eines Morgens, der gesamte Klassenkorpus hatte sich schlaftrunken in dem nach Kreide und Wassermalfarbe riechenden Kunstraum eingefunden, sprang die Tür auf und ein kleines Männlein schob seine Umrisse in das blasskalte Licht der Schulbeleuchtung. Die Augen aller Mitschüler klebten umgehend an dem steif dastehenden Schatten, der sich schlurfend und unsicher durch den Raum schob und dann direkt hinter mir Platz nahm. Nur am bösartigen Funkeln seines Blicks konnte ich in der veränderten Gestalt noch Michael Robenzek erkennen. Aus meiner Nemesis war ein gebrochener Hänfling geworden.

Wie sich ein paar Tage später herausstellte, hatte ich Michael mit meinem beherzten Tritt eine schwere Hodenquetschung verpasst, nur unter Aufwendung modernster medizinischer Technik war die Rettung des Eis überhaupt möglich gewesen. Die ersten paar Tage zuckte ich noch angstvoll bei jedem Geräusch zusammen, voller Angst, Robenzek würde mich jetzt mit seinem Füller erdolchen oder wieder anfangen, mir vor die Toilettentür zu strullern. Doch aus der Angst wurde mit der Zeit die wohlige Gewissheit, dass ich endlich meine Ruhe vor Michael Robenzek hatte, auch wenn ich bis heute, nur für den Fall, immer mit halb offenen Augen schlafe.

»Der Doof ist dem Genitiv sein Tod«

Timo Krause grinste mich verloren durch das dicke Glas seiner Brille an, hinter ihm schnitt ein Siebzigerjahre-Tapetenalbtraum den Raum in käsebrotgroße Teile, alles war braun und ocker. Die Schränke aus kackfarbenem Eichenfurnier wurden durch eine Gruppe auf Holz geklebter Waldtiere ergänzt, die unter den Fußballwimpeln des FC Schalke eine Szene aus Bambi nachspielten. Auf der Sofalehne war vor Jahren einmal ein Harlekin mit Keramikgesicht drapiert worden, er sah verloren aus. Wenigstens die Schalkewimpel waren blau, vielleicht auch eher gelb, Timos Eltern, Jutta und Arnold, rauchten nämlich mehr als Helmut Schmidt. Alles war mit einer blass-gelben Schicht aus Nikotin überzogen, die Wohnung war in jahrzehntelanger Arbeit erfolgreich eingeräuchert worden, wodurch der grenzwertige Gelsenkirchener Barock unter einer Schicht Lungenteer nun für immer konserviert lag. Selbst Timo, der einzige Junge meiner Grundschulklasse, der lebensmüde genug war, mit mir befreundet zu sein, wirkte wie in Wachs getaucht. Die wenigen Jahre seines Lebens, die er dieser Abgashalle mit Kleintierfriedhof bereits ausgesetzt gewesen war, hatten ihm nicht gutgetan. Er war zu klein, zu dick, sah schlecht und hörte gerade mal jedes zweite Wort, das man zu ihm sprach. Doch Timo war clever, zu clever für Arnold und Jutta und ihr Prekariatsbewusstsein, das ständig irgendwo zwischen Vollrausch, Fußball und Frittenbude oszillierte.

In der Schule schrieb er fast nur gute Noten, was seinen Eltern jedoch kaum auffiel, da er als Schlüsselkind relativ früh zur Selbstversorgung übergegangen war. Mikrowellennudeln, Mikrowellenauflauf, Mikrowellensamstagabendunterhaltung, alles in Timos Leben war irgendwie schäbig und zweitklassig. Wie er es geschafft hatte, in einer so schlaffen Hülle einen so wachen Geist zu errichten, war ein Geheimnis, das bis heute kein konservativer Bildungspolitiker auf Anne Wills Betroffenheitscouch erklären könnte. Mit seiner dicken Brille und dem wächsernen Gesicht sah Timo immer ein wenig wie ein jugendlicher Hans-Jürgen Wischnewski aus.

Jutta war Justizvollzugsbeamtin a.D., was bei ihr für »akut desolat« stand, den Job des täglichen Türabschließens übte sie schon länger nicht mehr aus. Als sie sich in Arnold verliebte, war es vorbei, das kam im Knast nicht gut an. Mit einem Mann wie Arnold kommt man eigentlich nirgendwo gut an. Arnold war Langzeitgefängnisgast gewesen, sah wie ein ukrainischer Hühnerwürger aus und hatte das Gemüt eines Zementsacks. Das Leben war nicht gnädig mit ihm gewesen, und die tätowierte Träne unter seinem Auge erhöhte die Chancen für eine Anstellung bei der Sparkasse auch nur unwesentlich. Timos leiblicher Vater Jürgen war schon ewig verschollen, er hatte, als er von der Affäre seiner Frau erfuhr, rechtzeitig die Reißleine gezogen und sich aus dem heimischen Muff in die Vergessenheit katapultiert. Jetzt war Arnold da, sein plumper Körper weilte den Großteil des Tages am Couchtisch und sah Al Bundy dabei zu, wir er es ihm gleichtat. Sein Leben war ein hirnfreies Perpetuum mobile.

Timo war in diesem traurigen Lebensentwurf nur Zaungast. Arnold schlug oder kommandierte ihn nicht herum, aber er beachtete ihn auch nicht – in seinem Mikrokosmos aus Leberwurstbrot und Wimpeln war wenig Platz für ein Kind.

Nebenbei sprachen Jutta und Arnold ein Deutsch, bei dem Bastian Sick spontan eine Badewanne vollgekotzt hätte. Ihre Sprache war eine krude Mischung aus grammatikalischer Körperverletzung, Husten und diversen Wortfehlstellungen.

Timo und ich trafen uns täglich, um He-Man zu spielen. Für Kinder der Achtziger gab es eigentlich nur zwei Alternativen, sich mit Weichmachern zu vergiften: He-Man und die Transformers. Für heutige Verhältnisse, wo die effektverwöhnte Jugend nur in Verzückung zu versetzen ist, wenn Pikachu Funken furzt oder sich aus einem Spielzeug gleichzeitig eine funktionsfähige Handfeuerwaffe bauen lässt, waren unsere damaligen Spielfiguren vorsintflutlich. He-Man war eine fleischfarbene Muskelmannpuppe mit einem blonden Topfhaarschnitt, wie man ihn heute höchstens noch an Transvestiten oder Günter Netzer findet. Er ritt den Großteil des Tages durch sein erstaunlich homoerotisch aufgeladenes Königreich und bekämpfte den düsteren Skeletor, der ein wenig wie Dieter Bohlen in lila Spandex aussah und völlig grundlos böse war. Er war wie alle Kindheitsbösewichte einfach ein Drecksack ohne Begründung. Jedenfalls beherrschte dieser eigenartig hohle Kampf von Steroidklumpen unsere Kindheit, wir schlugen die Figürchen aneinander, imitierten dazu das klirrende Geräusch der Schwerter und ließen sie durch einen Parcours von

Haushaltsgegenständen wackeln. Dazu lief auf einem kleinen Kassettenrecorder die Mauerfallhymne »Looking for freedom« des Brustfellbarden David Hasselhoff, der von Kindern meiner Generation gemeinschaftlich als »wichtigster Mensch der Welt« (neben Michael Jackson) anerkannt wurde. Regelmäßig sprang die Tür auf, und Jutta hatte uns etwas mitzuteilen, das jedem Deutschlehrer eine Träne der Rührung entlockt hätte:

»Mach dat Geplärre aus, sonst hat den Arsch aber Kirmes, Timo!«

Timo musterte das vergilbte Antlitz seiner Mutter mit angemessener Verachtung, schob seine Brille über den Nasenrücken und drückte die Stop-Taste des Recorders, Hasselhoff verstummte.

»Das heißt aber ›der Arsch‹, das ist das Maskulinum«, schnitt ich die Stille in kleine Teile. Das Deutschlehrergen, das irgendwo in meinem kleinen Körper schlummerte, hatte sich entschieden, die Situation der totalen Eskalation entgegenzuführen.

Jutta schaute mich an, der kleine dicke Junge, der seit so vielen Wochen schon die Nachmittage unbeachtet in ihrer Wohnung zugebracht hatte, wagte gerade wahrhaftig, ihr die Kriterien ihrer Muttersprache zu erläutern.

»Was bist du denn für ein Kackstöpsel? Timo, wem sein Balg ist das?«, geiferte sie ihren Sohn an.

Jutta, dieses neurologische Minenfeld, hatte mich herausgefordert. Ihre Grammatik war einfach nicht zum Aushalten.

»In diesem Fall sollten Sie den Genitiv anwenden, ›Wessen Balg ist das‹ wäre grammatikalisch richtig, Frau Krause«, versuchte ich ihr zu erläutern.

Juttas Kopf schwoll rot an wie die Analdrüse eines

läufigen Terriers, die Verhandlungen um meinen Verbleib schienen endgültig gescheitert.

»Das ist Bastian Bielendorfer, Mama«, murrte Timo kleinlaut.

»Sag mich sofort die Nummer von deine Eltern!«, forderte Jutta die Kontaktmöglichkeit zu meinen Erziehungsberechtigten ein, die ich bereitwillig preisgab, aber nicht ohne noch einmal darauf hinzuweisen, dass es »deinen Eltern« heißen müsse, da es sich um ein Possessivpronomen Plural im Dativ handele, was Jutta mit einem Kopfschütteln quittierte. Dazu machte sie ein prustendes Geräusch, das entfernt an einen Bierkutschergaul erinnerte.

Im Wohnzimmer röhrte sie sogleich Gift und Galle in den Hörer, mein verdutzter Vater sicherte umgehend meine Abholung zu, und wenige Minuten später klingelte es an der Tür der Krauses.

Timo schaute mich traurig an, uns war beiden klar, dass es ein Abschied auf nicht absehbare Zeit sein würde. Ich sammelte meine Figuren ein, verstaute sie in meinem Rucksack und ging zur Haustür, an der schon mein Vater wartete, der sich gerade in einem Dialog mit Frau Krause befand.

Sie hatte sich immer noch nicht abgeregt und erläuterte bildreich den Grund meiner Verbannung.

»Ihr Sohn is ja wohl dat Allerletzte, haunse dem mal kräftig watt auffe Buchse. Der glaubt wohl, er wär was Besseres wie ich!«, sagte sie.

Das Gesicht meines Vaters verfinsterte sich, ein paar noch nie da gewesene Falten gruben sich in die Haut um seine Augen, er schaute strafend und im angemessenen Maße empört ... Frau Krause an.

»*Als!* ... Etwas Besseres *als* ich«, sagte er. »Das ist der Komparativ, Frau Krause. Sie wollen ja eine Ungleichheit ausdrücken, also müssen Sie ›als‹ verwenden.« Selten war mein pedantischer Vater für mich ein größerer Held. Ein strahlender Ritter auf einem weißen Ross, im Kampf für gute Sprache mit dem Duden in der Hand.

Heute würde man sagen: Jutta Krause sah aus, als stände sie vor der letzten Dschungelprüfung. Ihr Kopf bekam eine völlig unnatürliche Farbe, und die Tirade an Beschimpfungen, die sie vor dem Zuschlagen der Tür von sich gab, hätte jeden Gangsterrapper zum Erröten gebracht.

»Eine gänzlich unmögliche Frau, Bastian, da hast du nichts zu suchen«, sagte mein Vater, dann musste er lachen.

Hinter der Tür verschwand auch das bleiche Gesicht von Timo Krause. Ein paar Monate später verließ er unsere Klasse und kam in Obhut einer Pflegefamilie.

Er ist heute Deutschlehrer.

Elternsprechtag

Mein Vater war schon die ganze Woche schlecht drauf, aus seiner sonstigen Einsilbigkeit war ein Gemisch aus Grunz- und Stöhnlauten geworden, das man nicht mehr Sprache nennen konnte. Meine Mutter putzte nervös Fenster und schrubbte dabei fast ein Loch ins Glas. Spannung lag in der Luft, es war die Art von Stimmung, bei der man sich als Kind gern in sein Zimmer verzieht und in die heile Welt einer Benjamin-Blümchen-Kassette flüchtet.

Ein Blick auf den Kalender verriet den Grund der apokalyptischen Gemütslage meines Vaters, es war der Tag, den jeder Lehrer heimlich fürchtete: Elternsprechtag.

Elternsprechtag ist für Lehrer das, was für die Kanzlerin eine Pressekonferenz nach der gescheiterten Vertrauensfrage ist. Man muss sich für die Fehler anderer rechtfertigen, sich von allen Seiten Vorwürfe anhören, und man tritt mit allem, egal was man sagt, irgendjemandem auf den Schlips.

Mein Vater hasste das, in einer Stunde würde er wieder auf einem kargen Holzstühlchen vor einer besorgten Mutter sitzen und versuchen, ihr zu vermitteln, warum ihre kleine Prinzessin Jessica, die so klug wie ein Kasten Brause war, die siebte Klasse wiederholen musste. Solche Mütter machten ihr Verhältnis zum eigenen Kind immer besonders deutlich, indem sie das schöne Wort »meine« vor jede Namensnennung klatschten:

»Meine Jessica raucht doch nicht ... So redet meine Jessica doch nicht ... Meine Jessica soll das gesagt haben, das glaube ich nicht!«

Mein Vater schaltete dann in den geistigen Autopilot. Über die Jahrzehnte als Lehrer hatte er ein entsprechendes Notfallvokabular aufgebaut, um den Eltern schonend zu vermitteln, dass ihre Thronfolger bestenfalls zum Briefebeschweren taugten und einer sonnigen Zukunft im Plattenbau entgegenschielten.

»Es gilt einfach Vergleichbarkeit zu bewahren, man muss Bildungschancen schaffen und trotzdem den Ansprüchen der Kinder adäquat entgegenkommen.«

Deutlicher formuliert: »Ihre Tochter ist zu doof zum Türstoppen. Eigentlich stoffwechselt sie in der Schule nur vor sich hin. Die einzige Berufschance, die ich sehe, wäre, dass sie sich später vor große Schaufenster stellt, mit den Armen wedelt und so Vögel vor dem Aufschlagtod bewahrt. Eine Art ornithologische AB-Maßnahme, wenn Sie so wollen.«

Die Mütter brachen dann oft in opernreifen Szenen zusammen. Jessicas lang angestrebtes Medizinstudium (»Sie sieht doch so gerne Blut, Herr Bielendorfer!«) rückte in weite Ferne, und mein Vater bekam den ganzen Zorn der verschmähten Erzeuger ab.

Dann hieß es meist, der Lehrer habe das Kind absichtlich sabotiert, seine Potenziale nicht erkannt und böswillig alle Zukunftschancen verbaut.

Ob solche Eltern auch mit dem Piloten ihres Ferienfliegers über die Route diskutierten?

Ein Jahr zuvor hatte mein Vater sich fast den halben Vormittag mit einer aufgebrachten Mutter herumschlagen müssen, die das Gespräch mit dem denkwürdigen Satz »Wie kommt dat mit dat schlechte Deutsch von den Justin?« eröffnete. Dass Justin des Deutschen nur rudimentär mächtig war, überrascht den geneigten Beobachter vermutlich nur wenig, dem Justin seine Mutter war jedoch schockiert, was sie mit der schönen Wortstafette »Sie machen dem Justin seine Zukunft im Arsch. Watt sind Sie bloß für'n Mensch?« zum Ausdruck brachte.

Dass sich der Justin schon morgens auf dem Schulklo mithilfe einer Wasserpfeife zudröhnte, den Großteil seiner Zeit die Klassenstreber vermöbelte oder gar nicht erschien, war in dem Bewusstseinskosmos der Frau kein Thema.

Eher waren der Lehrer und das ganze Schulsystem schuld an »die schlechte Deutsch«, das sich auch über die ersten drei Klassen Gymnasium nicht verbessert hatte und wegen dem nun eine Versetzung in die eher handwerksorientierte Gesamtschule anstand.

Elternsprechtag war der Tag der enttäuschten Ansprüche, der übertriebenen Erwartungen und der möglichst flauschigen Verpackung von höchst unangenehmen Themen. Selbst das Gespräch mit den Eltern eigentlich sehr guter Schüler konnte unangenehm werden, da diese oft ein gesteigertes Interesse daran zeigten, die wirklich ordentliche Leistung ihrer Kinder ins Genialische zu erhöhen.

Zum Reizwort für alle Lehrer war der Begriff »Hochbegabung« geworden, und der Elternsprechtag war eindeutig der Tag im Jahr, an dem dieses Wort am häufigsten benutzt wurde.

Da hatte irgendein Bildungsforschungsinstitut aus

Wanne-Eickel den ambitionierten Wohlstandseltern ein Dokument ausgestellt, welches den kleinen Maximilian als Heiland einer neuen Bildungselite auswies. Nun stand der Lehrer, oftmals auch mein Vater, vor der Frage, ob der kleine Maximilian einfach nur überdurchschnittlich leistungsfähig war oder ob man sich nicht doch vielleicht schon einen Lehrstuhl in Cambridge vorreservieren lassen sollte?

Dass die Eltern an Zweiteres dachten, versteht sich von selbst, und es ist auch niemandem vorzuwerfen, sein eigenes Kind in einem positiven Licht zu sehen.

Jedoch ist das Etikett »Genie« nicht zwingend der Garant für ein glückliches Leben, und so sollte ein Lehrer stets ausloten, wo zwischen der übertriebenen Erwartungshaltung der Eltern und der nüchternen Wirklichkeit das Glück des Kindes seinen Platz finden könnte.

Besonders gern wird von vielen Eltern auch argumentiert, ihr Kind stehe am Ende des Jahres nur deshalb mit so schlechten Noten da, weil der Schulstoff es »unterfordert« habe und es sich während des Unterrichts langweile.

Das Problem für den Lehrer liegt nun darin, dass er abwägen muss, ob das betroffene Kind wirklich unterfordert ist oder ob es andere Gründe gibt, warum das Kind den Großteil der Zeit so viel Anteil am Unterricht nimmt wie ein schwermütiger Wiederkäuer.

»Und, schon wieder Elternsprechtag?«, rief meine Mutter meinem Vater mit ein wenig Schadenfreude zu. Er wackelte durch unser Haus wie ein Duracellhäschen auf Starkstrom und schlug die Tür mit einem genervten »Jaaaa« hinter sich zu.

Meine erste Liebe

Isabella Calotti schoss ein dicker, grüner Strahl Waldmeistereiscreme aus der Nase, der auf meiner Wange landete und kalt an ihr herunterrann.

Isabella sprang auf, ihr türkisfarbenes Oberteil war über und über bekleckert, sie hustete, als hätte sie gerade eine Waterboarding-Folter durchlitten. Dabei hatte ich nur geredet. Ich hatte viel geredet, so viel, dass Isabella als Antwort nur Brechreiz parat hatte. Ich redete einfach weiter, als wäre nichts passiert, so viel Aufregung war einem Neunjährigen einfach nicht zuzumuten. Vielleicht war auch meine Einladung zu fünfzehn Kugeln Eis einfach zu viel für ihren schmalen Körper gewesen, sie hatte zwar höflich Kugel um Kugel in sich hineingeschaufelt, doch als sich ihr Gewicht fast verdoppelt hatte, blies Isabella die fünfzehn Kugeln einfach wieder heraus, als hätte sie ein Überdruckventil eingebaut.

Ein hübsches Überdruckventil, ist zu bemerken, meine erste Liebe: Isabella Calotti.

Isabella hatte das zweifelhafte Glück, im Kunstunterricht der zweiten Klasse meine Banknachbarin zu sein. So wohnte sie einigen meiner Versuche bei, das moderne Kunstgeschehen zu revolutionieren, indem ich in jeder Unterrichtsstunde etwas zu Papier brachte, das nicht mal im Entferntesten an die Arbeitsaufgabe erinnerte. Irgendwo war bei mir zwischen Hirn und Hand der Informationsfluss abgerissen. Sollte ich einen Vogel malen, kam dabei ein Hund mit fünf Beinen heraus, dessen Nase sich erstaunlicherweise auf seinem Rücken befand und der statt Federn ein Euter hatte. Meine malerischen Missgeburten erzeugten bei Isabella wahrscheinlich Mitleid, und einen besseren Nährboden für die aufkeimenden Gefühle eines dicken Kindes konnte es gar nicht geben.

Sie war winzig klein, hatte Rehaugen und ungebändigtes, schwarzes Haar, das sie stets mit einer türkisfarbenen Spange im Zaum hielt. Alles an Isabella Calotti war türkis, ihre Haarspange harmonierte hervorragend mit ihrem türkisen Oberteil, ihren türkisfarbenen Leggins und ihren ebenso gefärbten Schuhen. Ich war spontan verliebt, vielleicht auch, weil es keine absurdere Paarung gegeben hätte als mich und Isabella, einem feingliedrigen Wesen mit schmalen Gelenken, und mir, einer abgeschminkten Cindy aus Marzahn.

Isabella Calotti, meine erste Liebe, die endete, bevor sie begann, weil ich meine Angebetete ins Koma laberte und sie dabei mit Eis vollstopfte. Wahrscheinlich hätte ich nicht auf meinen Vater und Onkel Willi hören dürfen, dachte ich, während Isabella verzweifelt nach einem Taschentuch suchte.

Ich hätte es besser wissen müssen, das einzige Mal, dass ich Onkel Willi im Umgang mit Frauen erlebt hatte, endete damit, dass die Polizei kam und ihn leicht verstört auf den Rücksitz des Einsatzwagens bugsierte. Meinen Vater und seine Beteiligung an dem Desaster übersah man wie immer, da er ja ein kleines Kind an der Hand hatte und kaum in solch absurde

Vorfälle verwickelt gewesen sein konnte. Doch er war darin verwickelt gewesen, und im Nachhinein war ich mir nicht sicher, ob er die Möglichkeit, dass Onkel Willi bei seinem Flirtversuch in Einzelhaft landen könnte, nicht ernsthaft mit eingeplant hatte.

Wilfried wusste einfach nichts mit Frauen anzufangen, und warum er überhaupt nach einer suchte, erschien selbst mir neunjährigem Pimpf schleierhaft. Vielleicht hatte er im Fernsehen einige dieser obskur glücklichen Medienpaare gesehen, wie sie ihre innige Nähe vor der ganzen Welt demonstrieren und sich dann wenige Monate später wegen »unüberbrückbarer Differenzen« trennten. Onkel Willi erlebte immer nur »unüberbrückbare Differenzen«, bloß der erste Teil der Beziehung kam nie zustande.

So auch bei Gundula Götze, der Abteilungsleiterin *Wissenschaft* eines Traditionsbuchhandels aus der Fußgängerzone. Gundula war ein so unscheinbares Wesen, sie hätte sich im Baumarkt einfach neben die graue Raufasertapete stellen können und wäre dann verschwunden. Nichts an ihr hatte Farbe oder auch nur die kleinste Tendenz zur Spannung, ein menschliches Fernsehtestbild, moderiert von Frank Elstner. Sie war perfekt für Onkel Willi.

Dies musste er auch selbst festgestellt haben, als er wieder einmal ein paar Stunden in der Buchhandlung herumgegeistert war und sich Fachliteratur über Gartenzwerge angeschaut hatte. Gundula Götze war ihm aufgefallen, weil sie so energisch den Warenscanner in die Buchrücken rammte, als wollte sie eine Mastsau aus dem Leben pflocken.

Wilfried stellte sich in die Schlange vor ihrer Kasse und wartete, bis sein Buch namens »Die Geschichte des Gartenzwergs« von Gundula bearbeitet wurde. Sie schlug den Scanner fast durch den Buchrücken, was Wilfried mit einem »Sie machen das aber gut« quittierte. Die anderen Kunden waren nicht so erheitert, dass die frustriert aggressive Gundula ihnen eine Bügelfalte ins Buch kloppte, doch Onkel Willi war entzückt und stellte sich gleich noch einmal an. Dieses Mal kaufte er ein Buch über Meditation für Reizdarmpatienten, welches er einfach von einem Stapel gegriffen hatte. Gundula pflockte erneut, und er stellte sich wieder an. Nachdem er fast den gesamten Buchbereich um die Kasse herum leer gekauft hatte, neigte sich der Arbeitstag von Gundula dem Ende zu und sie registrierte noch immer in keinster Weise, dass der irgendwie eigenartige Mann mit den halb offenen Augen und den Spuckefäden im Mundwinkel vielleicht gar nicht so interessiert an der Literatur über Yoga und Zen-Meditation war.

Am nächsten Tag klagte Wilfried meinem Vater sein Leid und schilderte ihm seinen aufregenden Nachmittag in der Buchhandlung. Er hätte die scannerhackende Gundula wahrscheinlich weniger szenisch eingeführt, wenn er gewusst hätte, welch unheilvolle Kette an Ereignissen er damit in Gang setzte und dass er in der Folge fast im Gefängnis landen sollte – wobei ich bei allem der Augenzeuge war.

Mein Vater hatte eine paradoxe Mischung aus Samaritersyndrom und Teufel in sich, die im Zusammenspiel mit dem leichtgläubigen Wilfried immer wieder Katastrophen heraufbeschwor. Einmal erzählte er Wilfried, dass das Hans-Sachs-Haus, das einzige Veranstaltungszentrum in Gelsenkirchens Innenstadt, für eine unbekannte Summe an Steuergeldern von Christo verhüllt worden sei, weil die Documenta 1989 in Bulmke-Hüllen stattfinde. Nicht nur die Documenta war gelogen, die paar trinksüchtigen Erwerbslosen, die in Bulmke-Hüllen versauerten, brauchten viel, aber keine Kunstausstellung. Nein, auch das Hans-Sachs-Haus war nicht von Christo, sondern von einer Gerüstbaufirma verhüllt worden, die Fassade befand sich ganz einfach in der Renovierung. Wilfried nahm die Sache todernst und ging in Streik, fast einen Monat lang stand er tagsüber in der Novemberkälte und protestierte gegen die Verschwendung von Steuergeldern, während mein Vater sich klammheimlich kaputtlachte und wir Willi zeitweise etwas Hühnerbrühe brachten.

Auf dem gleichen Misthaufen aus Leichtgläubigkeit und Naivität war auch das nächste Projekt meines Vaters gewachsen, das pragmatisch »Frau für Willi« lautete. Mein Vater war sicherlich nicht der richtige Ratgeber, wenn es darum ging, eine Frau kennenzulernen. Zwar war er durchaus nicht unattraktiv (manche behaupten sogar, er sähe Pierre Brice ähnlich, ich würde das bestätigen, allerdings nur von hinten und aus 200 Metern Entfernung), aber er wusste, ähnlich wie Wilfried, nur wenig mit dem weiblichen Geschlecht anzufangen. Ja klar, er hatte meine Mutter rumbekommen und war damit schon weit erfahrener als Wilfried. Trotzdem war mein Vater nicht sehr geschickt im Umgang mit seinen Kolleginnen, und auch der kleine Kreis von Schülermüttern, die ihn klammheimlich anhimmelten, wurde mit dem gleichen rheinländischen Pragmatismus bedacht wie der Rest der Welt.

Wir saßen im strammen Herbstwind im Park, als Onkel Wilfried begann, mir und meinem Vater von Gundula zu erzählen. Sie sei die schönste Frau, die er je gesehen habe, was schon damals auf aufkeimenden

Irrsinn oder eine beachtliche Sehschwäche hindeutete. Zu sagen, Gundula Götze sei schön, war ein ebenso großer Fehlgriff, wie zu behaupten, sich die Hornhaut des Dalai Lama aufs Käsebrot zu hobeln, sei appetitlich.

Willi war verliebt, und immerhin handelte es sich bei dem Ziel seiner Begierde um einen Menschen, und das war, nachdem er meinem Vater einst begeistert einen »Stern«-Artikel gezeigt hatte, in dem eine Frau eine langjährige Beziehung zu ihrem Toaster pflegte, fast schon überraschend.

Gundula sei eindeutig eine »Eins«, wertete Wilfried, er hatte sich irgendwann im Referendariat angewöhnt, alles in Notensysteme einzuordnen, was zwar menschenverachtend, aber irgendwie pragmatisch war. Leider offenbarte er den Betreffenden sein Notensystem auch immer direkt, was nicht selten zum Eklat führte. Bei uns zu Hause am Esstisch hatte er meiner Mutter einmal offenbart, dass ihre Suppe höchstens eine »Vier plus« sei, schlecht gewürzt, mit kloakenartiger Konsistenz und zu wenig Liebe gekocht, um in höhere Wertungsregionen vorzustoßen. Mein Vater würgte fast den Löffel mit herunter und machte Willi hinter dem Rücken meiner Mutter »Kopf ab«-Gesten, aber bildliche Signale wie diese gingen an Onkel Willi gänzlich vorbei. Als meine Mutter nachfragte, was Wilfried mit »Vier plus« meinte, erläuterte er ganz sachgemäß sein Notensystem und schob, um die Situation erfolgreich in einem atomaren Supergau enden zu lassen, noch hinterher:

»Das Gleiche gilt auch für Frauen, du bist beispielsweise eine Drei minus, deine Haut ist von der Sonnenbräune welk geworden und deine frühere Schönheit ist über die Jahre immer mehr verloren gegangen, vielleicht lag es an den Geburten, vielleicht hast du dich auch einfach gehen lassen. So oder so, für höhere Wertungsregionen bist du ungeeignet, Ingrid, ich empfehle plastische Chirurgie«, schlug Wilfried verbal noch ein paar Nägel in seinen Sarg.

Ich war erst neun und musste lachen. Meine Mutter nicht. Erst blieb sie relativ ruhig, aber eine solche Empfehlung von jemandem zu empfangen, der selbst wie eine Mischung aus einem westfälischen Protestschwein und Karl Dall aussah, immer mit offener Hose am Ententeich saß und das Haus nur über das Wohnzimmerfenster verließ, kränkte ihren Stolz doch zu sehr. Der Teller Suppe landete an der Zimmerwand und Wilfried vor der Haustür. Er bekam vorläufig Besuchsverbot, was dazu führte, dass er eine ganze Weile wie ein geprügelter Hund an unserem Gartenzaun wartete, wenn er meinen Vater und mich abholen wollte.

Wir waren schon ein eigenartiges Trio, ein Paranoiker, ein hämisch grinsender Studienrat und ein Zwerg mit einer Mütze, aus der sich zwei pinke Schweineöhrchen hervorschoben. Selbst die Enten schienen uns mit einer gewissen Skepsis zu betrachten, besonders den dicken Mann mit der offenen Hose, der sich vor sie setzte und ihnen das trockene Brot wegfraß.

»Weißt du, Wilfried, wenn du diese Gundula wirklich kennenlernen willst, helfe ich dir natürlich!«, stellte mein Vater mit einem so ungewöhnlichen und wenig vertrauenerweckenden Altruismus fest, dass sogar die Enten kurz schlucken mussten.

»Diese Enten sind auch nur eine Vier, irgendwie plump und dumm«, stellte Wilfried fest. Wir nickten, ich war jedoch nicht sicher, ob die Enten von uns allen nicht womöglich die größte Menschenkenntnis vorzuweisen hatten.

Ein paar Tage später standen wir vor der Buchhandlung, ich hing an der Hand meines Vaters, Wilfried hatte seinen feinsten Anzug angelegt und sah aus wie ein bulgarischer Autoschieber auf Brautschau. Mein Vater nannte uns »Komplizen«, und ich fand das gut, auch wenn ich nicht wusste, was es bedeutete. Es war ein kühler Montagnachmittag, meine Mutter brauchte ihre Ruhe und schickte mich und meinen Vater auf den Spielplatz. Wenn sie gewusst hätte, dass der Tag mit einem Polizeieinsatz enden würde, hätte sie sich vielleicht anders entschieden.

Zuerst betrat ich den Buchladen, so wie es der mehrstufige Masterplan meines Vaters vorsah. Ich nahm zielsicher ein Buch aus dem Regal, präparierte es und stellte mich an die Kasse, an der Gundula Götze die Bücher totschlug. Als ich an der Reihe war, blätterte ich die erste Seite auf, legte das Buch auf die Kasse und zeigte mit meinem kleinen Finger auf die Mitte des Blattes. Dort stand in einer sehr serifenreichen Schrift: »Frau Götze, wollen Sie Ihr wahres Glück finden? Treffen Sie mich vor dem Buchladen um 18 Uhr! Gezeichnet: Der Unbekannte.«

Gundula Götze las die Nachricht, die Worte flossen geradezu durch ihren riesigen Kopf und kitzelten den letzten Rest an Leben heraus, der sich in ihr versteckt hielt. Sie sah den kleinen Jungen mit der Schweinemütze an, und ein Lächeln entstellte ihr Gesicht. Der Junge mit der seltsamen Mütze drehte sich um und ließ das Buch an der Kasse liegen.

Punkt 18 Uhr stand Wilfried vor der Buchhandlung, er hielt eine Rose in der Hand, die langsam im kalten Wind ihren Kopf senkte. Um 18 Uhr schossen die Leute wie getriebenes Vieh aus dem Buchladen, denn in guter westfälischer Tradition waren Kunden ab

Ladenschluss nur noch störender Ballast, der vertrieben gehörte wie Filzlausbefall. Am Ende der Menschenmenge stand Gundula Götze und blickte unsicher aus dem beleuchteten Fenster der Buchhandlung. Die Menschenmenge löste sich schnell auf, und übrig blieb nur noch Wilfried, der dastand, als würde ihm gleich die Ehrendoktorwürde verliehen. Sein blockartiger Kopf war hochrot geschwollen, die Rose in seiner Hand weinte Blütenblätter. Gundula trat durch die Tür, ein leichter Nieselregen setzte ein, ich verbarg mich unter dem Jackenzipfel meines Vaters. Wir standen an einem Mauervorsprung gegenüber.

Komplizen.

Mein Vater hatte Wilfried klare Instruktionen erteilt, was er wie zu sagen hatte. Wichtigstes Element war: »Lass sie nicht zu Wort kommen, erzähl erst mal was, dein Charme macht dann den Rest.« Die Wahrheit war, dass Onkel Willi den Charme eines übernächtigten Lkw-Fahrers hatte, der ein Gesicht auf seine Thermoskanne voller Schweinemett malt. Charme war sicherlich nicht seine Geheimwaffe, also verließ er sich auf den ersten Hinweis meines Vaters und fing einfach an, ohne Unterlass zu reden.

»Frau Götze, wie schön, dass Sie da sind. Mein Name ist Wilfried, Wilfried Schmitt, ich denke Sie kennen mich. Ich möchte Ihnen heute ein Angebot machen, das Sie nicht abschlagen können. Ich liebe Sie, ja wirklich, ich liebe Sie so sehr. Mit welcher ausgenommenen Zärtlichkeit Sie die Bücher kassieren, wie Ihnen immer ein kleines Lächeln bei schlechten Romanen über das Gesicht huscht und wie Sie Ihren Kaffee trinken, schwarz wie der Po eines arabischen Hengstes. Sie sind wirklich eine glatte Eins.«

Gundula Götzes Mund öffnete sich, doch bevor sie

Wilfrieds absurdes Gebrabbel erwidern konnte, holte er einen Gegenstand aus seiner Jackentasche, wegen dem er in jedem amerikanischen Film versehentlich von der Polizei erschossen worden wäre.

»Hier ist das Liebesthermometer, und wie Sie sehen können, steht es derzeit auf ›Brennende Herzen‹, was daran liegt, dass ich es in der Hand halte. Ich würde Sie bitten, dass Sie es auch mal in die Hand nehmen, dann können wir rein empirisch Ihre Gefühle für mich einschätzen.«

Mein Vater musste lachen, als er sah, wie Wilfried mit dem seltsamen Ding hantierte. Er hatte ihm aus einem Scherzartikelgeschäft das »Liebesthermometer« beschafft, weil Willi darauf bestanden hatte. Mein Vater musste sogar so lachen, dass die Jacke verrutschte, die er im Regen über mich gespannt hatte.

Gundula Götze reagierte nicht, wie es Wilfried erhofft hatte, sie verpasste ihm eine schallende Ohrfeige, woraufhin der gläserne Phallus in seiner Hand fast zu Boden fiel.

Wilfried regte sich schrecklich auf, sein roter Kopf schien zu bersten, dann schrie er ihr, bevor sie sich im Buchladen einschloss, laut hinterher:

»Aber Frau Götze, bitte seien Sie doch nicht so, fassen Sie bitte an mein Liebesthermometer.«

Frau Götze aber rief die Polizei, die kurz darauf einen Mann festnahm, der immer noch laut wehklagend vor dem Buchladen stand und mit dem riesigen Dildo in seiner Hand herumfuchtelte.

Mein Vater und ich gaben unsere Komplizenrolle spontan auf und wurden zu Beobachtern von Wilfrieds Verhaftung. Wie er da traurig auf dem Rücksitz saß, immer noch das Liebesthermometer in der Hand, und uns durch die Panzerglasscheiben ansah wie ein Goldfisch im Mixer, das tat sogar meinem Vater leid. Er brüllte gegen das blanke Glas: »Wir besuchen dich, Wilfried!« Bei jedem Zurechnungsfähigen hätte eine solche Aussage Wut hervorgerufen, Wilfried winkte nur und lächelte.

»Das ist nicht gut gelaufen«, konstatierte mein Vater nüchtern, während der Polizeiwagen durch die Fußgängerzone davonholperte. Der Regen wurde stärker, und ich verbarg mich abermals unter seiner Jacke.

Dass das mit Isabella Calotti nicht gut gehen konnte, ist im Nachhinein also keine Überraschung, denn ich war ebenso wie Onkel Willi schlecht beraten: Ausgerechnet auf meinen Vater hatte ich gehört, den Eros der Lehrerzimmer. Er hatte mir den im Nachhinein leicht als völligen Irrsinn enttarnbaren Plan offeriert, ich solle Isabella einfach eine möglichst große Menge Eis kaufen und dann so lange auf sie einreden, bis sie sich freiwillig ergeben würde. Bis auf den minimalen Unterschied, dass aus »ergeben« dann »übergeben« wurde, ging der Plan meines Vaters ja sogar auf.

Ich hatte ihr also fünfzehn Kugeln bestellt und der verdutzten Bedienung siegessicher zugenickt. Dann hatte ich gewartet, bis der riesige Eimer voll Eis angeliefert wurde. Isabella begann, von einer absurden Höflichkeit erfüllt, zu essen, und ich sprach in einem nicht enden wollenden Wortschwall einfach von allem, was mich so beschäftigte.

Da mein Wahrnehmungskosmos mit neun Jahren jedoch relativ beschränkt war, erzählte ich Isabella engagiert, aber erfolglos von meinen Wrestlinghelden, von David Hasselhoff und dem A-Team. Während sie mich anschaute, als würde ich auf Hebräisch über Schlagbohrer philosophieren, hatte ich das Gefühl, sie sei tatsächlich gebannt von meiner Erzählung. Etwa dreißig Minuten und sieben Eiskugeln später sah Isabella Calotti aus, als hätte sie eine Darmspülung mit Tabasco hinter sich. Ihr Gesicht wechselte im Sekundentakt die Farbe, und ihre Mimik war am besten als bizarr zu bezeichnen. Plötzlich, ich redete mittlerweile von meiner Leidenschaft für die »Teenage Mutant Hero Turtels«, die für Mädchen damals ähnlich unnachvollziehbar waren wie heute eine Folge »Sex and the City« für einen albanischen Kartoffelbauern, explodierte mein italienisches Date vor mir und schleuderte eine Soße aus waldmeisterfarbenem Mageninhalt über den Tisch.

Als ich am Abend nach Hause kam, stand mein Vater schon erwartungsvoll im Hausflur und hoffte auf ein positives Fazit meines ersten romantischen Kontakts zur Frauenwelt. Wahrscheinlich hatte er die Hoffnung, ich würde glückstrunken in seine Arme fallen und ihm für seinen genialen Plan danken. Stattdessen passierte ich ihn wortlos und ging mit gesenktem Kopf in mein Zimmer. Kurz bevor ich die Tür schloss, hörte ich ihn abermals resümieren: »Das ist nicht gut gelaufen.« Ich dankte Gott dafür, dass ich anders als Onkel Willi immerhin die Nacht nicht in einer Arrestzelle verbringen musste.

| Name | Klasse | Datum | Blatt |

Der Sportlehrer

Der Sportlehrer leidet berufsbedingt unter einer Art mentaler Vorhautverengung. Das liegt zum einen daran, dass er das einzige Fach unterrichtet, das man vom intellektuellen Anspruch her auch einem Schwarzbrot überlassen könnte, zum anderen daran, dass der Beruf »Sportlehrer« das Sammelbecken für alle ist, die wegen sadistischer Neigungen von der Fremdenlegion abgelehnt worden sind.

Wo die anderen, der humanistischen Bildung verschriebenen Kollegen eher versandete Späthippies sind, ist der Beruf des Sportlehrers die Auffangstation für geistige Kleingärtner, die in ihrer Freizeit Tauben züchten, Miniatur-Schlachtschiffe nachbauen und CDU wählen. Der Sportlehrer an sich leidet im Schulbetrieb unter der dauernden Angst, wegen seines intellektuell wenig fordernden Fachs belächelt zu werden. Zu Recht.

Das Erscheinungsbild von Sportlehrern ist relativ einheitlich, die meisten tragen neonfarbene Ballonseidensportanzüge, die großzügig ihren feisten Leib umspannen. Dieser ist leicht daran zu erkennen, dass er in den letzten 30 Jahren vermehrt damit beschäftigt worden ist, die sportlichen Leistungen anderer zu kritisieren, anstatt selbst kritikfähige Übungen vorzumachen. Komplett mit einem Paar dunkelblauer Adiletten schlappen die Sportlehrer durch die Schule wie eine Gruppe Rehapatienten ans Kurbuffet.

Der andere Teil der Sportlehrer ist eine Sondergruppe, die besonders in den letzten 20 Jahren gewachsen ist, seitdem die Vorgaben des Schulministeriums immer mehr dahin gingen, das Alibizweitfach des Sportlehrers (meist Geschichte oder Erdkunde, zwei bemerkenswert sportferne Fächer) zu einem richtigen Schulfach umzuformen. Diese Lehrer treten

Name	Klasse	Datum	Blatt

meist in ihrer Alltagskluft auf, oft etwas zu kurze Wrangler-Jeans und Tommy-Hilfiger-Poloshirts.

Leider musste ich in meiner Schulzeit immer dem ersteren Typ an Sportlehrer ausgesetzt sein, dem ehemaligen Elitesöldner, der aus jeder Völkerballstunde einen Kampf auf Leben und Tod machte.

Er hieß Schmitz, war drahtig und sehnig wie ein Körperweltenplastinat und hatte vergleichbar wenig Herz und Verstand.

Wo andere eine Ansammlung verweichlichter, dicker Kinder und ein schlecht aufgehängtes Volleyballnetz sahen, sah Herr Schmitz ein miniaturisiertes Schlachtfeld, das als Vorbereitung auf die erbarmungslose Alltagswelt dienen sollte.

Turnbeutelvergesser, Beckenrandschwimmer und Blauefleckenhaber hatten in dem abstrusen Mikrokosmos seines Wirkens genauso wenig Platz wie ich, das lebende Plunderteilchen, das durch jede der jährlichen Turnprüfungen mit einer »Rolle vorwärts« und einer gnädig verhängten »Vier minus minus« gerutscht war.

Da stand ich nun, das speckige Bindeglied zwischen Mensch und Herrentorte, meine kleine Teenietitte zeichnete sich unheilvoll unter meinem T-Shirt ab, auf dem eine Banane in Sportschuhen »Fit and Fun for Fitness« forderte.

Ich trug eine Leggins in Altrosa, die meine Mutter wahrscheinlich viele Jahre zuvor während der Schwangerschaft in der Hoffnung auf ein Mädchen gekauft und nun an mir recycelt hatte. Vor mir lag eine graublaue Sportmatte, hart wie Gießbeton, und nicht weit darüber tat sich die Nemesis eines jeden dicklichen Zwölfjährigen auf: die Reckstange.

Silbern und unheilvoll glänzte sie mir entgegen, in der

| Name | Klasse | Datum | Blatt |

Ferne sah ich mehrmals das grüne Notausgangsschild aufblinken.
Es roch wie in jeder Sporthalle, der beißende Geruch käsiger Socken mischte sich in der kalten Luft mit dem klammen Gestank von Magnesiumpulver und blanker Angst, meiner blanken Angst.
Ein dummer Spruch hatte mich hierhin geführt, ich hatte Herrn Schmitz' kaninchenhodengroßen Kopf als Verwahrstation für Medaillen bezeichnet und ihn damit eindeutig nicht zum Lachen gebracht.
Dafür bestrafte er nicht mich, sondern gleich die ganze Klasse mit einer Turnübung. In seiner Welt sollte das wohl das Gruppengefühl stärken, in meiner Welt führte es dazu, dass ich auf der Todesliste der größten Soziopathen unserer Schule unvermittelt nach oben schnellte.
Jeder einzelne meiner wenigen Muskeln spannte sich bis zum Zerbersten, Blut umspülte kalt mein Hirn, der Schweiß schoss wie ein Güterzug aus jeder Pore meines Körpers. Ich stand am Scheideweg, vom Loser zum Goalgetter. Ich musste nur mit aller Kraft hochspringen, den Schwung des Anlaufs nutzen und dann eine sechsfache Rolle um die Reckstange machen. Am Ende der sechsten Drehung würden die Zentrifugalkräfte meinen teigigen Leib auf eine so große Geschwindigkeit gebracht haben, dass ich nur die Umklammerung lösen müsste, um anschließend mit einem doppelten Salto dem Erdboden entgegenzugleiten. Die Mädchen meiner versammelten siebten Klasse würden in einem spontanen Sturm der Begeisterung ihren ersten Eisprung bekommen, die Jungs sich in Embryonalstellung auf dem Turnhallenfußboden zusammenkauern und mein Sportlehrer einem schockbedingten Herzinfarkt erliegen.

Name	Klasse	Datum	Blatt

Es ist wohl nicht nötig, zu erwähnen, dass die Wirklichkeit etwas anders aussah. Mit der Grazie einer Pofalte rannte ich schreiend auf die Reckstange zu, griff an ihr vorbei und versenkte sie tief in meinem Speckbauch. Ich drehte mich einmal um die eigene Achse, ließ genau am unteren Scheitelpunkt der Stange los und fiel wie ein nasser Sack auf die Betonplatte unter mir. Dann furzte ich einmal laut, bevor ich die Besinnung verlor.

Germany twelve points!

Die Bundesjugendspiele

Befürworter der Bundesjugendspiele argumentieren, die Veranstaltung habe durchaus eine Existenzberechtigung, da leistungsschwache Schüler mit ihrer Hilfe fernab des schulischen Alltags einmal ein Erfolgserlebnis feiern könnten. Übersetzt heißt das: »Das Kind ist zwar doof wie drei Meter Feldweg, kann aber weit springen, also gebt ihm die Medaille!«

Für mich waren die Bundesjugendspiele immer der Anlass für öffentliche Schmach, seit meiner ersten Teilnahme in der Grundschule verfluchte ich diesen Tag. Auch auf dem Gymnasium gab es sonst kaum eine Gelegenheit, die so viele Möglichkeiten bot, ausgiebig zu versagen. Nicht nur eine, gleich eine Handvoll Disziplinen gaben mit Blick auf meinen Körper, der eher wie eine menschgewordene Puddingbrezel wirkte, Anlass zur Sorge. Ich war überdurchschnittlich groß, überdurchschnittlich breit und überdurchschnittlich beschissen in jeder Art von Sport. Ich warf wie eine Vierjährige, sprang so weit wie eine Oma in seniler Bettflucht, und beim Laufen schleuderten die Zentrifugalkräfte mein teigiges Speckbäuchlein hin und her wie einen Pizzafladen. Außerdem gab es kaum einen Sportanzug in meiner Größe, der nicht das Attribut »entwürdigend« verdiente hätte und von meinen Eltern nicht mit einem herzhaften Lachen belohnt worden wäre. Einmal druckte mein Vater sogar ein Bild von mir im Sportanzug auf eine seiner Neujahrsgrußkarten und setzte den Satz »Im nächsten Jahr wird alles besser« darunter.

Die Bundesjugendspiele waren eine Farce für dicke Kinder wie mich. Einmal im Jahr bekam man die verbriefte Bestätigung, eine arme Wurst zu sein, immer in Form eines blanken Stück Papiers, auf dem statt »Du kannst nix und bist blöd« einfach »Teilnehmerurkunde« stand.

»Teilnehmerurkunde« war sowieso der euphemistischste Begriff aller Zeiten, warum bekam man eine Urkunde, wenn man einfach nur »da« gewesen war. Anwesenheit ist keine Leistung, man bekommt ja auch keinen Pokal dafür, dass man geboren wird oder mit dem Bus nach Hause fährt. Auf dem billigen Vordruck stand immer krakelig mein Name mit Filzstift in ein freies Feld eingetragen, meist hatte der Sportlehrer, der mich mit fast schon bemerkenswertem Engagement verachtete, ihn sogar falsch geschrieben. Da stand dann »Sebastian Bielendörfer« oder »Bastian Bielefeld«. Ich war also noch nicht einmal ein Teilnehmer, nein, mein Beisein in der Veranstaltung war nicht einmal die Erwähnung meines Namens wert.

Natürlich gab es auch höhere Ehren als die schnöde Teilnehmerurkunde, anderen Kindern winkten die zweifelhaft benannte »Siegerurkunde« oder, in Einzelfällen, sogar die persönlich vom Bundespräsidenten unterschriebene »Ehrenurkunde«.

Eigentlich traurig, dass das einzige Dokument in einer gesamten Schullaufbahn, das vom Bundespräsidenten signiert wird, eine Bestätigung darüber ist, dass man einen Klops aus Leder über 30 Meter geschleudert hat. Ich hätte mich gefreut, mal unter einer besonders guten Deutschklausur zu lesen: »Sehr gut, Bastian, vielen Dank für die tolle Klausur, weiter so! Dein Richard von Weizsäcker.« Nichts da, weder der Bundespräsident noch die restlichen Zuschauer der Veranstaltung schienen sonderlich viel für mich übrig zu haben.

Besonders fürchtete ich den Staffellauf. Bei den anderen Disziplinen bestand zwar auch die Gefahr, als Vollhorst dazustehen, beim Staffellauf zog man aber gleich noch den Zorn aller Mitläufer auf sich. Der Staffelstab war ein glänzendes, dildogroßes Metallstöckchen, an dem die zerplatzten Hoffnungen von Generationen von Schülern klebten, die Handabdrücke von meinen vielen erfolglosen Vorgängern.

Obwohl man die Bundesjugendspiele immer im Sommer veranstaltete, pisste es im Regelfall wie aus Eimern, nach einer halben Stunde stand der Sportplatz knietief unter Wasser und die paar Elternpaare, die ihren Kindern zujubeln wollten, hatten sich durchnässt mit ihren dösigen Fähnchen unter ein Vordach gestellt. Meine Eltern erschienen in sicherer Erwartung meiner Blamage von vornherein nicht, und ich hätte es ihnen gern gleichgetan.

Vor dem Termin erkrankte ich wie auf Kommando an einer Menge exotischer Krankheiten. Ich suchte mir die entsprechenden Begriffe aus diversen Lexika heraus, am besten waren immer Krankheiten, deren Diagnose äußerst schwierig und deren Symptomatik maximal mehrdeutig war. Doch weder meine Imitation trockener Lepra mit Spielknete noch meine am Glühlampenrand auf Fieberhöchstmaße geschraubten Thermometerwerte hielten meine Eltern davon ab, mich zur Teilnahme zu zwingen.

So stand ich da, der Regen prasselte auf mein knabenbebustes Leibchen herab, als wollte Gott mich anpinkeln, und meine welligen Haare lagen angeklatscht an meinem Kopf wie der Damenbart der Queen.

Nur noch wenige Sekunden konnte es dauern, dann würde Ingo Holzmann, ein Junge, der zwar auch unsportlich und unansehnlich war, aber das stille Glück hatte, in beiden Dimensionen von mir übertroffen zu werden, mir den Staffelstab überreichen. Ich sah ihn schon am grauen Horizont der rotsandigen Laufbahn erscheinen. Seine Wangen labberten wie pinke Airbags an seinem Gesicht auf und ab, seine picklige Stirn erinnerte stark an die klobige Masse von Puffreis, und sein Kopf sah aus, als würde er bald platzen.

Neben ihm lief Julian Schlender, der Klassenschönling, ein guter Sportler, ein guter Schüler und bei allen Mädchen sehr beliebt. Kurz gesagt, ein Riesenarschloch. Schlender war deutlich schneller als das plumpe Häufchen namens Holzmann, und er erreichte die Staffelübergabe einige Sekunden früher. Nun lag es an mir, ich musste die verlorenen Sekunden wieder gutmachen, Schlender überholen und das erste Mal in meinem Leben einen sportlichen Wettbewerb gewinnen. Holzmann streckte mir prustend den Staffelstab entgegen, ich griff zielsicher an dem nassen Stück Metall vorbei und packte mit voller Wucht in Holzmanns mickriges Säckchen, das von einer blauen Adidas-Sporthose verhüllt war. Der Staffelstab fiel klirrend zu Boden. Nicht nur, dass das Wettrennen damit eindeutig gelaufen war, ich hatte auch den armen Ingo Holzmann in aller Öffentlichkeit beinahe entmannt. Er fing abrupt an zu weinen und schnaufte dabei wie ein Frettchen, das sich an einer toten Ente verging.

Anstatt den Staffelstab noch aufzuheben und Julian Schlender hinterherzurennen, trat ich das dämliche

Stück Metall über den halben Sportplatz. Schade, dass es dafür keine Disziplin gab, die Entfernung hätte keiner geschlagen.

Bundesjugendspiele – Weitsprung

Fein säuberlich harkte der Adjutant des Sportlehrers kleine Rillen in den Sand, als handelte es sich um einen riesigen Zen-Garten für Grenzdebile. Doch dieser Sand hatte nichts Entspannendes, keine Esoteriktante massierte hier ihre Gehirnwellen, nein, es war ein unbarmherziger Treibsand, in dem alle Hoffnungen der jungen Menschen verschluckt wurden. Nebenbei roch der alte, moddrige Quarzstreusel nach Lulu und Schweißfüßen, schon unzählige Schüler hatten ihren verschwitzten Po über die grundierte Oberfläche gestreift, vergängliche Male eines früheren Wettbewerbs hinterlassen.

Zehn Meter lang war die Fläche, auf der sich Könner von Versagern trennten. Weltrekordler überwinden in einem Sprung fast neun Meter der graugelben Masse, ich war schon froh, wenn ich nicht gleich auf dem ersten Meter statt meines Pos den Abdruck meines Gesichts in den Sand fräste.

Der Himmel lag wie braunes Backpapier über dem Sportplatz, und trotz des ständigen Nieselregens, der den Sand zu einer trüben, zementartigen Suppe verdünnte, schwitzte ich wie Reiner Calmund beim Sonntagsbrunch.

Ich hatte so was noch nie gekonnt, und es war auch gegen sämtliche Gesetzmäßigkeiten der Natur, dass massige Lebewesen sonderlich gut springen können sollten, jedenfalls hatte ich noch nie ein Nashorn fidel hopsend die Flucht ergreifen sehen. Und so war auch mir die Flucht nicht vergönnt, ich sah nur die hohlen Augenlöcher Herrn Schmitz', seinen starren Blick, der die Linie fixierte, die nicht übertreten werden durfte. In der wartenden Menge meiner Mitschüler, die teilnahmslos betrachteten, wie der kleine Fetti sich gleich lächerlich machen würde, sah ich das Gesicht meiner Angebeteten, der Göttin des Lichts, Hannah Sommer. Hannah Sommer war so makellos, dass die anderen Mädchen neben ihr wie Statistinnen wirkten, gecastete Durchschnittstypen, damit Hannahs ausnehmende Schönheit noch mehr zur Geltung kommen konnte.

Ich hatte noch nie mit Hannah Sommer gesprochen, lediglich im Kunstunterricht wäre es einmal fast zum Kontakt gekommen, weil mir die grüne Wasserfarbe ausgegangen war und sie neben mir saß. Anstatt sie anzusprechen, hatte ich jedoch nur gegluckst wie eine Legehenne beim dicksten Ei ihres Lebens. Spontane Asthmaanfälle kamen bei den meisten Frauen nicht gut an, auch bei Hannah Sommer nicht. Sie setzte sich um, während ich spuckend und röchelnd den halben Tisch mit Wasserfarbe zukleisterte. Das war kein guter Anfang. Ich hatte nicht gerade das Fundament einer keimenden, jungen Liebe gelegt, eher hatte ich wie ein hustender Hefekloß jegliche Möglichkeit zu einem späteren Kontakt aus der Welt gewalzt.

Nun stand sie da, wie ein aus Meerschaum geschnitzter Engel inmitten einer Umgebung aus Durchschnittlichkeit. Ich musste es schaffen, Hannah Sommer sollte statt des verwirrten Asthmatikers den Spitzensportler in mir sehen.

An deutschen Schulen hat man keine Schreckschusspistolen als Startzeichen, nein, in der entmilitarisierten Zone »Sportplatz« gibt es immer einen Streber, der das Holzbrett zusammenklatschen darf. Natürlich war es der Zen-Gärtner Julian Schlender, der Lieblingsschüler von Herrn Schmitz und dessen geheimer Ziehsohn, der diese Aufgabe übernahm. Denn Herr Schmitz liebte das knallende Kommando so sehr, dass er auch beim Weitsprung nicht darauf verzichten wollte.

Ein dumpfes Klatschen hallte über die weite Leere des Sportplatzes und verfing sich in den Ästen von den paar schrumpeligen Bäumen am Rand.

Ich lief los, mit jedem Meter sah ich die weiße Linie des Absprungs näher kommen, bei jedem Schritt schlug mein Kopf zeitverzögert hin und her, ich nahm langsam Geschwindigkeit auf. Ich passierte meine Mitschüler, die wie ein hämischer Gospelchor jeden meiner Schritte im Takt beklatschten, allen, auch mir, war klar, dass jetzt Geschichte geschrieben wurde.

Ich sprang ab, katapultierte mich in ungeahnte Höhen und riss vorschriftsgemäß meine Beine nach oben, um meinen Körper wie ein Blatt Papier in der Mitte zu falten.

Houston, we have a lift off. A fat kid is flying.

Ich schob meinen Kopf der kalten Luft entgegen, winkelte ihn an und sah zwischen meinen Beinen die Landebahn aus Sand dahinziehen. Dann sah ich Schmitz' überraschte Fratze, mit offenem Mund staunte er, wie weit der Junge, der so lange um seine Gunst gerungen hatte, wirklich springen konnte.

STOP! Warum konnte ich Schmitz überhaupt sehen, er stand doch bei der Absprunglinie, einige Meter hinter mir?

Houston, we have a problem. The fat kid is coming down.

Ich hatte mich in der Luft gedreht, eine unfreiwillige Rolle gemacht und mich wie ein Schlangenmensch verbogen, mein Kopf zeigte gerade nach unten, mein Arsch direkt in den Himmel, als wollte ich blasphemisch Gott grüßen.

Ich schrieb wirklich Geschichte – noch nie hatte sich ein Teilnehmer der Bundesjugendspiele beim Weitsprung so schwer verletzt. Ich landete auf meinem Hinterkopf, rieb einen Abdruck meiner Frisur für die Ewigkeit in den Sand und kam exakt bei der neuen Bestmarke für Siebtklässler zum Stillstand: 4,98 Meter.

»Bestmarke«, murmelte ich, bevor der Schmerz mir völlig die Sinne nahm.

Das Letzte, was ich hörte, bevor ich in Ohnmacht sank, war die Stimme meines Sportlehrers Schmitz:

»Uuuuuuuuuund übertreten«, schrie er.

Die Schmach geht weiter: Schwimmunterricht

Ich war nicht nur an Land, sondern auch zu Wasser komplett inkompetent, jedenfalls dachte das meine Schwimmlehrerin Frau Morrig. Der wöchentliche Schwimmunterricht, den wir seit der fünften Klasse unter ihr erdulden mussten, hatte dem normalen Sportunterricht voraus, dass es noch mehr Gelegenheiten zur öffentlichen Entwürdigung gab. Jede Stunde Schwimmunterricht war wie eine Einladung, jede unserer körperlichen Unzulänglichkeiten noch einmal in voller Gänze vorzuzeigen. Schon der Sportunterricht reichte eigentlich, um die Schwächen meines schlaffen Pennälerleibs zu offenbaren, im Schwimmunterricht wich jedoch die letzte schützende Hülle, das zu enge Oberteil und meine purpurnen Leggins wurden von einer noch stärker unterdimensionierten Dreiecksbadehose im Batikdesign ersetzt. Ob es wirklich Batik war oder das aggressive, chlorhaltige Wasser einfach nur die Farben aus allem heraustrieb, was den Fehler beging, in ihm zu baden, lässt sich wohl nicht mehr nachvollziehen. Es wäre jedoch vorstellbar, dass die fiese Chemiebrause nicht nur die Farbe aus meiner Hose, sondern auch aus der Haut, den Haaren und den Lippen von mir und meinen Mitschülern trieb. Wir standen alle entkleidet und entwürdigt am Beckenrand, die Haut wie Milchglas ausgebleicht, und zitterten vor dem bitterkalten Wasser, aus dem nur die ledrigen Köpfe einiger Senioren wie wackelnde Steine hervorragten.

Der Ort des Geschehens war das Zentralbad Gelsenkirchen, eine Schwimmanstalt, deren nüchterner Name nur von ihrer nüchternen Wirklichkeit übertroffen wurde. In dem Ambiente dieser eiskalten Einrichtungskatastrophe fühlten sich wahrscheinlich nicht einmal die Fußpilzerreger wohl. Vom Boden bis zur Decke in 20 Metern Höhe weiß gekachelt, machte das Zentralbad beim Betreten den Eindruck, als könnte hier jeden Moment eine Wagenladung altersschwacher Kühe zersägt werden. Stattdessen warteten aber nur die erbarmungslosen Adleraugen von Frau Morrig auf uns, eine Wagenladung unwilliger, schwimmunfähiger Schüler.

Frau Morrig war ein wenig wie der böse, verhärmte Zwilling meines Sportlehrers Schmitz, sie lachte nie, stattdessen kam immer, wenn eines der Kinder mal wieder hilflos auf den Beckenrand zustrampelte, nur ein metallisches, kühles Husten. Frau Morrig war dreimalige Seniorenweltmeisterin im 50-Meter-Kraulen, nebenbei hielt sie wohl auch den Rekord für die meisten filterlosen Zigaretten pro Stunde. Sie war der lebende Beweis, dass nicht nur männliche Sportlehrer Sadisten waren. Ihre Haut war einem gelben Pergament gewichen, aus dem ein paar stumpfe Zähne der Welt kalt entgegenbleckten. Wie sie ihre sportlichen Leistungen zustande brachte, obwohl ihre Lunge vermutlich mehr Teer enthielt als Helmut Schmidts Scheitel, bleibt wohl auf ewig ihr Geheimnis. Frau Morrig war so verbittert und kalt, vielleicht hatte der Krebs einfach keine Lust auf sie. Wenn sie ein Herz hatte, dann war es eine schwarze Wurzel aus Nikotin und Kaffeesatz, die sich wie die Hand des Teufels in ihrer Brust festkrallte.

Das Unheil eines jeden Schwimmunterrichts begann in den Umkleidekabinen, in denen ein trüber Dunst aus Bohnerwachs, billigem Deodorant und Chlor wie unter einer Käseglocke gefangen hing. Kein Junge in der unfertigen Phase zwischen zehn und 18, während derer sein Körper eigentlich wöchentlich zu einer neuen Abstrusität mutiert, hat Lust, sich vor anderen auszuziehen, erst recht nicht im fahlen Licht einer einsamen Neonleuchte, unter der selbst Naomi Campbell wie eine Wasserleiche wirken würde. Jeder von uns klappte seine Spindtür als Sichtschutz zur Seite, versuchte sich dahinter von seiner Kleidung zu befreien und in die Badesachen zu schlüpfen.

Der einzige Junge, dessen Glied nicht mehr wie ein verkümmerter Rest Nabelschnur an den Körper gepappt war, Thomas Moorenbecker, zeigte dies auch stolz und zog sich immer in der Mitte des Raums um, während alle anderen beschämt und unzufrieden über die eigene Unfertigkeit ihre Köpfe in die Spinde steckten. Da in den Spinden meist ähnliche Lichtverhältnisse herrschten wie in einem Maulwurfspo, war der

Versuch, sich fast blind aus- und anzukleiden, meist von absurden Choreografien gekrönt. Alle wackelten wie eine Gruppe Königspinguine mit dem Kopf im Spind hin und her, manche fielen um, andere blieben stehen und bewahrten sich einen Rest Würde. Ich gehörte zu der ersten Gruppe.

Der einzige Lichtblick nach dieser Ankleidungskatastrophe bestand darin, dass wir auf die Mädchen trafen, deren Anblick im Universum eines Dreizehnjährigen, in dem Mädchen eine widersprüchliche Position einnahmen, eine kurze, stille Freude erregte. Alle Jungs aus unserer Klasse, außer diesem verdammten Thomas Moorenbecker, befanden sich am Scheideweg vom Kind zum Mann, der Körper war eine Großbaustelle, das Fertigstellungsdatum lag noch in weiter Ferne, man stellte gerade die ersten Gerüste auf das Fundament. Klapprig schoben sich zu lange Arme aus den Hühnerbrüsten, Andeutungen eines schwarzen Damenbärtchens umspielten die Oberlippen mancher muslimischer Mitschüler, und die meisten von uns hatte der Stimmbruch schwer gezeichnet, es klang, als würde eine schwerhörige Blaskapelle einen Song von Metallica in unseren Kehlen proben.

Wir hassten die Mädchen, weil sie anders waren, sie interessierten sich nicht für Fußball, Autos und schon gar nicht für Wrestler. Und sie waren größer als wir.

Na ja, eigentlich interessierte ich mich auch nicht für Fußball und Autos, selbst Wrestling hatte seine Faszination verloren, außerdem war ich der einzige Junge, der größer als die Mädchen war. Ich hatte aber über die Jahre gemerkt, dass es besser war, so zu tun, als würde man Interessen mit den anderen teilen. Meine Scheinidentität verlangte zwar, dass ich mich wöchentlich auf dem Laufenden hielt, wer gerade in der Bundesliga Tabellenführer war, doch das war immer noch besser, als täglich gehänselt zu werden. Wöchentlich reichte mir.

Frau Morrig stand schon wie ein Obelisk am Beckenrand, ihr kurzes, stumpfes Haar schoss wie Unkraut aus ihrem Kopf, sie hielt ihren besten Freund in der Hand, die Stoppuhr. Dieses blanke Stück Plastik entschied über die Zukunft, über Noten, ja über das ganze weitere Leben. So war es jedenfalls in unseren Köpfen, Frau Morrig war Vertreterin der These, dass Angst Macht bedeutet, und sie machte uns wöchentlich wirklich große Angst, wenn sie ihren zweiminütigen Anfangsmonolog hielt.

»So meine Lieben, schön, dass ihr wieder alle da seid, heute wollen wir Turmspringen üben, wir beginnen bei einem Meter, dann zwei Meter und zum Abschluss fünf Meter. So ist das Leben auch, erst beginnt ihr mit kleinen Herausforderungen, dann folgen größere, und am Ende schafft ihr selbst die größten Ziele. Und wie im Leben ist es auch jetzt so, dass die, die es nicht schaffen und meinen, sie könnten sich auf den Erfolgen der anderen ausruhen, keine Chance haben und nicht weiterkommen werden. Ganz einfach, wenn ihr hier nicht alles gebt, wenn ihr im Leben nicht immer alles gebt, dann geht ihr als grauer Durchschnitt in der Masse unter. Die Menschen wollen keine Verlierer oder den Durchschnitt, ihr werdet einfach an den Rand gedrängt werden, durchgekaut und ausgespuckt. Anscheinend habt ihr das Prinzip ja schon verstanden, sonst wärt ihr nicht auf dem Gymnasium. Das ganze Leben ist ein Wettkampf, ein Wettschwimmen, keiner interessiert sich für den Zweiten, nur der erste Platz zählt, und genau das erwarte ich von euch: dass ihr den ersten Platz erreicht. Denkt einfach immer daran, dass ihr sein müsst wie ein Milky Way, das ist so leicht, es schwimmt sogar auf Milch.«

Die Ansprache hätte auch gereicht, um eine Horde Wikinger in Kampfeslust zu versetzen, vor den paar mülltonnengroßen Gestalten, die Frau Morrig bibbernd in der klirrenden Kälte der Schlachthofatmosphäre gegenüberstanden, wirkte die Nummer einfach nur maßlos überzogen. Besonders der letzte Satz, den sie wahrscheinlich auf einem Pädagogiklehrgang der Volkshochschule Bielefeld gehört hatte, passte so gar nicht in ihre sonstige romantisch verklärte Schlachtenphilosophie. Vielleicht wurde Frau Morrig von der Süßwarenindustrie geschmiert, vielleicht dachte sie auch, dass wir Kinder Gleichnisse, die sich auf aktuelle Werbespotslogans bezogen, besser verstehen würden. Ich hatte längst mit allen Wettkampfgedanken abgeschlossen, ich hatte nie irgendeinen Wettkampf gewonnen, und ehrlich gesagt hätte ich es, selbst wenn ich gekonnt hätte, auch nicht gewollt. Dieses ganze Strampeln für eine dösige Medaille und einen feuchten Handschlag der toten Hand Frau Morrigs, das war es nicht wert, wenn, dann hätte ich höchstens die Mädchen beeindrucken wollen. Das wäre bei meinem Anblick allerdings selbst bei sportlichen Höchstleistungen schwer geworden, über meinem kleinen Badehosendreieck zeigten sich schon die ersten Anzeichen meines späteren Wohlstandbauchs, und da, wo die anderen sportlichen Jungs wenigstens ihr Rippenxylophon zeigen konnten, befand sich bei mir nur blasse Haut, schlaff über den Körper geworfen wie ein fleischfarbener Schlafsack. Schwimmen lag mir eigentlich von allen Sportarten am meisten, hier waren meine offensichtlichen Defizite, dass ich riesig, ungelenk und dezent fett war, am besten abgepuffert.

Es gab einige, denen es bedeutend schlechter ging, Moritz Piepenkötter, zum Beispiel, ein Junge, dessen winziger Körper von einem riesigen Kopf gekrönt wurde, auf dem eine Frisur Platz fand, die wohl von einem blinden Hinterhofbarbier im Suff kreiert worden war. In Wirklichkeit verpasste Moritz' Mutter, eine tiefgläubige Frau, die mit einem Küster verheiratet war, der ein so ernster Mann war, dass er Lachen als Krankheit empfand und sich im stillen Kämmerlein manchmal selbst ohrfeigte, ihm regelmäßig diesen Haarschnitt. Moritz war rein optisch eine Mischung aus Prinz Eisenherz und dem schielenden Löwen Clarence, wobei er sich mit Letzterem nicht nur den Haarschnitt, sondern auch die Fehlstellung der Augen teilte, weshalb er unentwegt auf die Spitze seiner weit vorragenden Nase starrte. Alles in allem eine arme Wurst. Wo andere wie ich noch die Hoffnung hatten, durch den Messias Pubertät wenigstens etwas Männlichkeit geschenkt zu bekommen, würde Moritz für den Rest seines Lebens unter seinem Silberblick, dem Wasserkopf und den Auswirkungen seiner streng christlichen Erziehung leiden, in der Spaß unter Strafe stand und die eigentlich wie ein Petrischale für Irrsinn war.

Trotz alledem war Moritz ein netter Kerl, er war so entstellt, dass selbst die meisten Klassenschönlinge ihn in Ruhe ließen. Ebenso wenig wie sie seine Feinde waren, waren sie dann allerdings auch seine Freunde. Moritz hatte Angst vor Wasser und vor Höhe, was in Anbetracht der Tatsache, dass er gleich aus einer beachtlichen Höhe in einen Bottich voll Wasser springen sollte, zu einem bemerkenswerten Heulkrampf führte.

Ich absolvierte die Sprünge relativ gelassen, Frau Morrigs Radar der Unbarmherzigkeit hatte noch nicht registriert, dass ich bei allem, was ich tat, nur halbe Kraft fuhr, dass jeder Zug durchs kalte Wasser mir eigentlich leichter fiel, als ich angab, und dass ich ganz bewusst lieber Zweiter wurde als Erster. Ich wollte einfach nicht im Fokus dieser seelischen Trümmerhalde stehen, ich wollte von Frau Morrig nicht bemerkt und am Ende noch zur Teilnahme an Schwimmwettbewerben gezwungen werden.

Moritz kraxelte die bierkastenhohe Steigung zum Einmeterbrett hoch, als würde er gerade ohne Sauerstoffgerät den K2 besteigen. Seine Storchenbeine wackelten, die kleine Beule in seiner Hose schrumpfte auf Molekülgröße, und seine aschfahle Haut wechselte ihren Ton in ein vornehmes Königsblau. Der Junge hatte nicht nur Furcht, nein, er hatte das Maximum an Angst, das man einem so zerbrechlichen Figürchen wie ihm überhaupt zumuten konnte. Moritz wandte seinen Kopf in jede Richtung der Schwimmhalle, es wirkte, als würde er einem Kolibri folgen, der betrunken Schlangenlinien flog. Die restliche Schwimmklasse ging in monotones Klatschen über, halb teilnahmslose Anfeuerungsgeste, halb Erwartung, dass der verbaute kleine Junge dort oben gleich explodieren würde vor Angst.

Dann sprang er, und die wenigen Kilogramm, die sein schmaler Körper auf die Waage brachte, schnitten nicht durch die Luft, nein, er schwebte wie eine menschgewordene Decke die anderthalb Meter bis zur Wasserfläche hinab, die ihn dann mit einem spröden »Plopp« verschlang. Dasselbe passierte auf dem Dreimeterbrett, Frau Morrigs starrer Blick harrte wie ein Raubtier auf Moritz' blanker Brust, sein Atem ging steil auf und ab, bevor er sich schreiend in die Tiefe stürzte und dabei seine Nase zuhielt.

Dann folgte der Fünfmeterturm, und auch wenn die Steigerung der Höhe noch einmal dieselbe war, schien sich irgendetwas an Moritz Piepenkötters Bewusstsein geändert zu haben. Da, wo ihn vorher noch Trotz und ein wenig Hoffnung zum Absprung bewegt hatten, war jetzt blanke Panik in seinem Gesicht. Irgendwann auf den metallenen Leitersprossen war offenbar die Grenze überschritten worden, die Moritz sich und seinem zerbrechlichen Selbstbewusstsein zutraute.

Jetzt stand er da oben, schob sein Gesicht zwischen seine Hände und weinte bitterlich, sein Schluchzen prallte an den kahlen Wänden der Schwimmhalle ab und vervielfachte sich zu einem hohlen, toten Echo. Meine Mitschüler, deren Geheimrezept zur Ermutigung anderer einfach die Erhöhung des Klatschrhythmus war, riefen jetzt einfühlsam: »Spring, Moritz, spring!«

Doch Moritz sprang nicht, es war ganz offensichtlich, dass seine Angst soeben seinen Mut erdrosselt hatte und nun langsam dabei war, ihn ganz in Beschlag zu nehmen.

Frau Morrig schritt nicht ein, sie hätte hochklettern können, um das kleine, entmutigte Bündel Rotz und Wasser dort herunterzuholen, doch sie hielt es wohl für angebrachter, noch einmal ihr Riegelmantra zu wiederholen.

»Moritz, keine Angst, es passiert schon nichts ... Denk immer an das Milky Way, wie leicht es ist, es ist so leicht, es schwimmt sogar auf Milch. Sei wie das Milky Way, Moritz!«

Ich weiß nicht, ob ich zu viel Wasser geschluckt und

mir dabei die Gehirnzellen gechlort oder ob das eiskalte Wasser irgendetwas in mir geweckt hatte, jedenfalls sprang ich plötzlich auf, mein schwammiger Körper begann dabei im Takt des Klatschens der anderen zu schwingen. Dann watschelte ich zu Frau Morrig, riss ihr die bescheuerte Stoppuhr aus der Hand und schmiss sie auf den Kachelboden, wo sie zu einem Sammelsurium von Schräubchen und Glasteilen zerbarst.

Das Klatschen verstummte, die Zeit stand für einen Moment still, nicht nur weil ich gerade die Uhr getötet hatte.

Dann fing ich an zu schreien und beendete meine Karriere als Schwimmstar, bevor sie jemals ausreichend von mir verhindert worden war. Seit ein paar Wochen, vielleicht war es die Pubertät, vielleicht hatten die Jahre des Fastfood und Privatfernsehens auch mein Angstempfinden zersetzt, war ich von einer eigenartigen Furchtlosigkeit getrieben.

»Frau Morrig, das ist doch der letzte Mist hier, sehen Sie denn nicht, dass Moritz Angst hat? Wir haben alle Angst, Angst vor Ihnen, Ihren Ansprachen und Ihren absurden Weltvorstellungen. Das Leben ist kein bescheuerter Wettkampf, es geht nicht darum, Erster zu sein und am Ende auf dem Treppchen zu stehen. Es geht darum, alles so zu schaffen, wie man es kann, das Beste zu geben, das man hat. Und wenn man nicht mehr hat, dann hat man eben nicht mehr.

Und hören Sie endlich mal mit Ihrem blöden Milky Way auf, nur weil das auf Milch schwimmt, müssen wir das nicht, außerdem ist das hier nicht Milch, sondern ein eiskaltes Klärbecken ... Milky Way ist so leicht, das schwimmt sogar auf Milch ... Scheiße schwimmt auch auf Milch, und jetzt? Sollen wir jetzt alle so leicht wie Scheiße sein?«

Frau Morrig feindete mich mit ihren leeren Augen an, als würde sie gerade exhumiert. Ich konnte nicht feststellen, ob eines meiner Worte zu ihr vorgedrungen war, wenn es so war, ließ sie es sich nicht anmerken.

Plötzlich erschallte neben uns ein lautes Klatschen. Moritz Piepenkötter hatte es gewagt, war ins Ungewisse gesprungen und nun unter einer Decke aus blauem Wasser verschwunden.

Als er auftauchte, brachen meine Mitschüler in frenetischen Jubel aus, Moritz grinste, als wäre er gerade zum Kanzler gewählt worden, und selbst Frau Morrig, wahrscheinlich von mir ein bisschen bräsig geredet, rang sich ein kleines Lächeln ab.

Leider hatte Moritz seinen neuen Mut nicht seinem Schließmuskel mitgeteilt, kurz nachdem sein Kopf aus dem blauen Beton hervorschoss, tauchte neben ihm sein persönliches Milky Way auf. Geräuschlos und braun glitt das Stück Lendentorf am Beckenrand vorbei, passierte ein paar Seniorenschädel, die angeekelt untertauchten, und verschwand in einer Filterritze. Moritz hatte vor Glückseligkeit ins Becken geschissen.

Das Musikfest

»A one, a two ... a three and go«, zählte Herr Remser an, bei jedem Wort schwang sein fettiger Scheitel im Takt, der früher einmal Rebellion bedeutet haben mochte, jetzt aber nur noch nach Schuppenshampoo roch.

Das »Orchester« setzte ein, Fabian Schmitt orgelte eine Tonfolge auf dem Keyboard, die im besten Fall Durchfall auslöste, Johanna Stemmberger, ein Mädchen mit dicken Oberarmen, trötete auf ihrem Horn, und Julian Weltling begann seine Geige zu foltern, er sägte das Ding fast durch, bevor auch nur ein Ton erschallte. Zum Abschluss setzte David Hoffmann an der Trompete ein. Das Dargebotene wäre nur mit gutem Willen noch als Körperverletzung durchgegangen. Eigentlich war es Mord, Mord am Instrument, Mord am guten Geschmack und Mord an der Musik. Es klang wie eine orchestrale Aufforderung zum Dschihad oder die gelungene Vertonung einer Vorhautentfernung.

Herr Remser sprang während der Darbietung konstant auf und ab, sein Taktstock zuckte wie eine Wünschelrute hin und her und schien das Einzige zu sein, was diese geigende Kastrationskapelle überhaupt noch in Schach hielt. Was für ein Lied gerade gespielt wurde, ließ sich allein dem Programmheftchen entnehmen, das Herr Remser und Frau Remser-Büttiger in Heimarbeit angefertigt hatten und in dem euphemistisch die »Sensationen« des heutigen Abends angepriesen wurden.

Herr Remser leitete jetzt schon zum zwölften Mal unser alljährliches Musikfest, und bisher war der Abend immer mehr oder weniger im Chaos geendet. Warum er sich diese Tortur für Ohren und Hirn über einen solch langen Zeitraum immer wieder antat, ist wohl nur damit zu erklären, dass er zu der idealistischsten aller Lehrergruppe gehörte: Er war mit Leib und Seele Musiklehrer.

Der Ablauf des heutigen Abends war eisern geplant und strukturiert. Zuerst spielte das Schulorchester unter Remsers Leitung ein paar Stücke von Smetana, danach sollte eine Band auftreten, die sich den passenden Namen »The Shitties« ausgesucht hatte. Wir waren gerade bei der Moldau angekommen, an der Stelle, wo im Original die malerische Landschaft umschrieben wird, die der Fluss auf seinem Weg durch Böhmen durchfließt. Das Dargebotene klang jedoch eher wie die musikalische Verlaufsbeschreibung eines Müllkippenrinnsals.

Die Eltern der Orchestermitglieder lächelten den musikalischen Dünnpfiff trotzdem stolz weg, manche dirigierten sogar mit ihren Fingerspitzen mit. Der Rest des anwesenden Publikums wurde entweder sofort taub oder zeugungsunfähig. Der gemeinsame Blick auf die Uhr, Gesten der Bekreuzigung, beginnendes Schielen und ähnliche Symptome waren bei einigen Zuhörern zu verzeichnen, dieses Konzert war für Schwangere und Säuglinge definitiv ungeeignet.

Im Zentrum dieser Apokalypsenpolka stand Herr Remser, zu Recht mit dem Rücken zum Publikum, und war sagenhaft stolz auf seine Musiker. Der geneigte Leser mag jetzt vermuten, dass Herr Remser wohl von Musik so viel verstand wie Kojak von Haarschnitten, doch weit gefehlt. Herr Remser war ein begnadeter Musiker, er spielte jedes der Instrumente, die vor den Augen des Publikums der Vernichtung zugeführt wurden, mit bewundernswerter Brillanz, selbst aus der Triangel streichelte er noch mehr Töne, als der Klavierknödler Fabian Schmitt aus seinem gesamten Keyboard.

Nachdem das Schulorchester von einer Welle der klatschenden Entgeisterung getragen den Saal verließ, fand der nächste Programmpunkt statt: die »Shitties«. Die Band spielte, so hatte es Herr Remser im Programmheft vermerkt, »heiteren Progressivrock mit sozialkritischen Untertönen«.

Was auch immer sie Herrn Remser bei den Proben als ihr »Programm« vorgestellt hatten, hier beim Musikfest gab es nun eindeutig die Uncut-Version für Hartgesottene. Das Quartett war nicht angetreten, um Zuschauerherzen zu sammeln, vielmehr ging es darum, dem versammelten Bildungsbürgertum mal den Spiegel der Sozialverwesung vorzuhalten.

Moritz Brandstetter betrat in seinem Ramones-T-Shirt die Bühne, die Augen nur schemenhaft unter einem Wust an Haaren erkennbar, und murmelte seine Begrüßung: »Dieser Song geht an euch Wohlstandsmütter und Establishment-Menschen, wir sind die Shitties, und das nächste Stück heißt ›Fickt das System‹«.

Was folgte, kann durchaus als Traktat zur Spaltung der Gesellschaft angesehen werden. Jeder im Saal wurde von den Shitties in diesem achtminütigen Gewaltstück persönlich beleidigt, ob es jetzt die Eltern in den karierten Hemden waren, die zu Hause eine Armee aus Billy-Regalen und Nadelholzmöbeln stehen hatten und nun mit einem Camcorder das Flötenspiel von Torben und Ole festhalten wollten, oder der dickliche Chefarzt mit dem Businesslächeln, der seiner Johanna versprochen hatte, er werde auf jeden Fall dabei sein, wenn sie die Nationalhymne auf der Bratsche intonierte. Jeder bekam seine musikalische Darmspülung verpasst. Auch für detaillierte Diffamierungen des Lehrkörpers blieb den Shitties noch Platz in ihrem Opener. Jedem Lehrer wurde genau eine Zeile purer Verachtung gewidmet, der Direktor verbrannte in Gedanken wahrscheinlich schon Moritz Brandstetters Abiturzeugnis.

Der Refrain, »Ihr seid alle vergiftet«, klang wie eine charmante Aufforderung zum Gruppensuizid und ließ einige der Eltern nervös auf ihre halb ausgetrunkenen Becher mit Fruchtbowle starren. Die Eltern der Shitties, selbst offensichtlich Mitglieder dessen, was Kulturwissenschaftler die »bildungsnahe Mittelschicht« nennen, senkten ihre zuvor herausgeholten Kameras und saßen mit offenen Mündern da.

Dass die Veranstaltung nicht damit endete, dass sich Moritz Brandstetter mit einem Eimer Tierblut übergoss, war nur Herrn Remser zu verdanken, der vorsorglich den Vorhang auf die Bühne fallen ließ, als Moritz sich anschickte, seine Hose zu öffnen.

Jetzt konnte nur noch eine Geheimwaffe helfen, um dieses Desaster in einen knappen Sieg nach Punkten zu verwandeln. Herr Remser belohnte die Zuhörer mit ein paar Minuten Pause, während im Hintergrund die Shitties noch ein paar wahllose Beschimpfungen gegen den Vorhang warfen, die wie ein dumpfes Klopfen beim Publikum ankamen.

Nach einiger Zeit schob sich der Vorhang wieder zur Seite und dahinter kam nun ein Wesen zum Vorschein, das verdächtig nach einem ganzkörperenthaarten Samson aus der Sesamstraße aussah. Es stand allein im fahlen Scheinwerferlicht, die Silhouette seines Körpers ragte als turmhoher Schatten an der Wand hinter ihm empor, der salzige Geschmack eines Gladiatorenkampfes lag in der Luft.

Dann öffnete das Wesen seinen Mund und tauchte den gesamten Saal in einen solch samtigen Klangteppich, als hätte man die Wände mit purer Glückseligkeit gestrichen.

Das Wesen war ich, der Missing Link zwischen Quarkspeise und Knabenbusen, ein gelebtes Plädoyer für alle Randgruppen, das Kind, dem die Einsamkeit jeden Monat Bekennerschreiben schickte.

Mein Auftritt war überraschend, denn ich war seit meiner Kindheit mit einer bemerkenswerten Talentfreiheit gesegnet gewesen, mein einziges Talent war vielleicht, dass ich zu nichts Talent hatte. Ich war sportlich wie ein Mettbrötchen, und auch meine künstlerischen Fähigkeiten waren eher unterentwickelt. Ich konnte eigentlich nichts, aber das richtig. Hätte es einen Guinnessbuch-Eintrag für das umfangreichste Scheitern gegeben, wäre daneben ein Foto von mir abgedruckt gewesen, wie ich mir gerade fast ein Brotmesser ins Auge rammte. Ich war wie das Negativ eines Gewinners, der undeutliche Schatten des Unglücks, und egal was passierte, man durfte davon ausgehen, dass ich immer nur knapp überlebte, um die Schmach meiner Niederlage noch auskosten zu können.

Ich war 14 Jahre alt, hatte nie eine Prügelei gewonnen, nie ein Mädchen bekommen, und auch meine Eignung als Orchesterpianist war sehr fraglich.

Eigentlich hatte Herr Remser während der ersten Musikstunden sofort erkannt, was für ein grobmotorischer Halbaffe da in der ersten Reihe in geistiger Agonie herumdümpelte, und mich folgerichtig mit dem einzigen Instrument ausgestattet, mit dem die Gefahr der Selbstverletzung relativ gering war: Klanghölzer. Diese bräunlichen Buchenfurnierstäbchen sahen ein wenig wie Nashornzäpfchen aus und gaben bei jedem Zusammentreffen den gleichen, dumpfen Klopflaut von sich, den sonst nur die Schulschläger auf meiner klopsigen Schädelplatte erzeugen konnten. Während die anderen Kinder mit Flöten, Gitarren, Geigen und Posaunen ausgestattet wurden, stand ich, der Klangholzvirtuose, in der letzten Reihe und machte zu »Alle Vögel sind schon da« genau drei Mal ein hohles »Klock«. Das war entwürdigender als mein Schulbesuch in Pumucklunterhose.

Auch meine kurze Teilnahme an der Saxofon AG war nicht von Erfolg gekrönt gewesen. Erst kauften meine Eltern mir für unvorstellbare 200 Mark ein gebrauchtes Saxofon, hörten sich geschlagene drei Wochen an, wie ich Laute irgendwo zwischen Nutzviehschlachtung und Kleinkindexorzismus erzeugte, und gaben mir dann noch einmal 200 Mark, damit ich versprach, das Saxofon nie wieder anzufassen.

Doch in meiner eigentlich universalen Unfähigkeit verbarg sich ein Talent, und Herr Remser hatte es durch Zufall entdeckt. Ich konnte singen. Entgegen meiner eigentlichen Stimmlage, die mit ihrem Lispeln und dem zu hohen Tonverlauf immer klang, als wollte ein Kastrat Kermit den Frosch imitieren, hatte ich eine glockenklare Singstimme. Wenn ich das »Ave Maria« anstimmte, wurde dem Priester warm unter dem Talar und der Organist fiel vom Stuhl.

Herr Remser betrachtete mich für diesen Abend als seine Geheimwaffe, seine VI-Rakete zur Stimmungsrettung, falls alles, so wie er es von den vorherigen Musikabenden gewohnt war, schieflaufen würde.

Nun stand ich da und fing todesmutig an zu singen. In der ersten Reihe konnte ich hinter den aufragenden Videokameras schemenhaft meine Eltern erkennen, meine Mutter hatte ihre Hände betend unters Kinn geschoben, mein Vater unterstrich die einzelnen Sätze im Programmheft und suchte nach Rechtschreibfehlern.

Ich sang »Let it be« von den Beatles, die generationsübergreifende Hymne, den kleinsten gemeinsamen Nenner aller Musikhörer. Das kalte Licht des Spotlights umschloss mich, und in meinen Schuhen stand vor Aufregung der Schweiß. Doch mein Gesang war perfekt. Jeder Ton saß, mein Timbre war makellos, die wochenlangen Proben ließen sogar vergessen, dass mein Englisch hundsmiserabel war.

Und dann plötzlich passierte es, mein alter Freund, das Versagen, war zurückgekehrt und griff mit seiner kalten Hand in meine Brust. Ich wollte gerade aus voller Kehle den Refrain intonieren, als meine Stimme auf und ab zu wabern begann. Das »Let it be« entwich meiner Kehle als astreiner Hirschpaarungslaut.

Mit einem lauten »Hchrrrröm« entleerten sich meine Stimmbänder, als würde ich den gesamten Songkatalog der Beatles auf einmal nachrülpsen. Nichts war mehr übrig von der glockenklaren Reinheit meiner Singstimme. Meine Mannwerdung hatte mich plötzlich und unerwartet auf stimmlicher Ebene eingeholt, nachdem sie zuvor in keinem anderen Teil meines Körpers während der Pubertät auch nur eine Stippvisite vorgenommen hatte. Meine Stimmbänder bekamen ein Säurepeeling, und das mal wieder zum ungünstigsten Moment.

Die angenehme Stille der Begeisterung verwandelte sich in eine beklemmende Geräuschlosigkeit, als hätte sich gerade die Kanzlerin bei der Neujahrsansprache eingenässt. Ich stand immer noch im Scheinwerferlicht, und das Publikum starrte mich an, die Hosenträger zerschnitten meinen Knabenbusen zu einer Hügellandschaft aus welkem Fleisch, meine Eltern versuchten sich hinter ihren Programmheften unkenntlich zu machen.

Als einer der Schüler »Let it be, heißt *Lass es sein, Bielendorfer*« brüllte und damit den Gedanken des Publikums Ausdruck verlieh, taten meine Eltern etwas, für das ich ihnen heute noch dankbar bin. Sie applaudierten.

Entgegen der sonstigen Stimmungslage, die irgendwo zwischen Kriegsgebietsempfinden und Weltuntergang pendelte, taten meine Eltern so, als wäre nichts geschehen und mein Auftritt zumindest in den Grenzen des Zumutbaren geblieben. Der Rest des Saals verstummte, vielleicht, weil ein wenig Mitleid mit dem dicken Jungen aufkeimte, vielleicht auch, weil ein wenig Mitleid mit den Eltern des dicken Jungens aufkeimte.

»Super, Bastian, Bravo«, grölte mein Vater der allgegenwärtigen Schockstarre entgegen. Dann schob er beide Finger zum Pfeifen in den Mund und produzierte einen erbärmlichen Schischlaut, der wie der sanfte Furz eines Nutzviehs klang.

Wenigstens ist Musikalität erblich, dachte ich, lächelte meinen Eltern zu, verneigte mich und stieg von der Bühne hinab in Richtung meines Karriereendes als Sängerknabe.

| Name | Klasse | Datum | Blatt |

Der Kunstlehrer

Die Spezies Kunstlehrer ist in zwei Lager gespalten: in die nüchternen Analytiker, die so viel Erregungspotenzial haben wie ein Sack voll Bauschaum und am liebsten den ganzen Tag geometrisch korrekte Gebäude zeichnen lassen würden – und in die exotischen Paradiesvögel, die im Sari zur Schule kommen, in der Schulpause meditieren und den Schülern so viel Raum zur Selbstentfaltung geben, dass es ihnen fast schon unheimlich wird.

Unser Kunstlehrer Herr Freke ließ seinen apathischen Blick über das Blatt Papier schweifen, seine hängenden Lider ließen nur einen kleinen Spalt frei, durch den er das Ergebnis meiner Bemühungen abtastete.

»Für ein siebenjähriges Kind wirklich ganz ansprechend. Die Farbgestaltung der Landschaft ist realitätsnah, die Weiden sind grün, der Himmel blau, die Sonne gelb. Die Bäume wirken recht plastisch, du hast dir wirklich Mühe gegeben und sogar einzelne Blätter gemalt. Der Sonne hast du ein fröhliches Gesicht gezeichnet, die Abmessungen des Hundes im Verhältnis zur Landschaft stimmen, sehr schön. Nur weißt du, was mich stört, Bastian?« Herr Freke stellte mir seine Frage mit genau der reizlosen Attitüde, mit der er der Welt schon seit Anbeginn seiner Dienstzeit gegenüberstand.

Ich schüttelte den Kopf. »Was denn?«

»Dass du nicht sieben, sondern vierzehn Jahre alt bist, und deshalb gibt's eine Fünf plus.«

Er warf mir die Zeichnung, an der ich die letzten zwei Stunden gesessen hatte, auf die zerfurchte Oberfläche des Lehrerpults.

Mit gesenktem Kopf ging ich zu meinem Stuhl zurück, setzte mich und murmelte leise »Arschloch«.

Name		Klasse	Datum	Blatt

Herr Freke konnte es nicht gehört haben, schreckte jedoch trotzdem einen Augenblick auf und durchfuhr unruhig den Raum, bevor er als Nächstes die Zeichnung eines meiner Klassenkameraden zerriss.

Herr Freke war seit der fünften Klasse mein Kunstlehrer und hatte mich wohl am Ende des Schuljahres immer mit einer Gnadenvier bedacht, weil selbst ihm mit der Zeit klar geworden war, dass der Junge, der da bemüht über Stunden auf seinem Tisch an neuen Kunstwerken bastelte, einfach nicht mehr Potenzial hatte. Ich malte wie ein Schimpanse. Mit den Füßen. Und verbundenen Augen.

Herr Freke war ein besonders lustloses Exemplar der Spezies Kunstlehrer, die Jahre, in denen er dadaistische Zeichnungen von Sonnenuntergängen und blutbesudelte Linoleumschnitte beurteilen musste, hatten ihn schwer gezeichnet. Seine Stunden eröffnete er prinzipiell mit der Interpretation eines Gemäldes, das über einen wackligen Overheadprojektor an die graue Klassenzimmerwand projiziert wurde. »Und jetzt bitte eure Einschätzung zu diesem frühen Werk van Goghs«, forderte er seine Schüler zur Mitarbeit auf. Besonders bei moderner Kunst führten die Deutungsversuche der Schüler (O-Ton Jan Winkler: »Das ist Spongebob, wie er in einem Eimer voll Ketchup badet«) oft zu gesteigerter Heiterkeit im Klassenzimmer. Nur Herr Freke lachte nicht, weil ihm sein Humor irgendwann mal während einer langen Autofahrt verloren gegangen war. Herr Freke lachte nie, jedenfalls nicht in der Schule, was man ihm bei den teilweise desaströsen Schmiereien, die er zu bewerten hatte, nicht einmal übel nehmen konnte.

Name			Klasse	Datum	Blatt

Als Herr Freke in Rente ging, um fortan zu Hause mit dem Overheadprojektor seine Familie zu quälen, kam jene zweite Ausprägung der Spezies Kunstlehrer vom Sternbild Andromeda in unser Klassenzimmer geschwebt. Sie hieß Hilde Dolde-Lacroix und erinnerte in ihren goldenen Seidengewändern und dem feuerroten Haar ein wenig an eine explodierte Currywurst. Nicht nur Frau Dolde-Lacroix´ multinationaler Doppelname war außergewöhnlich, auch sie selbst schien der Menschheit im Verhältnis zum bodenständigen Herrn Freke ein wenig entschwebt zu sein. Als sie das erste Mal den Klassenraum betrat, trug sie einen Walkman mit umgehängten Kopfhörern und sprang freudig erregt aufs Lehrerpult zu. Diese Mary Poppins auf LSD bot ganz allgemein einen großen Kontrast zu den ansonsten eher schlaffen Pädagogen, bei denen jede Bewegung wie ihre letzte wirkte.

Frau Dolde-Lacroix war über und über mit Schmuck behängt, jede ihrer Bewegungen schickte ein leises Klirren durchs Klassenzimmer. Ihr fiel wohl auf, dass wir sie mit einiger Verwunderung ansahen, auch weil wir uns nicht sicher waren, ob wir versehentlich im Tantra-Seminar der Volkshochschule Gelsenkirchen gelandet waren.

»Ach, ihr schaut auf meine Ringe«, missinterpretierte sie unser Starren. »Das sind Stimmungsringe, die zeigen immer an, wie ich mich gerade fühle. Heute fühle ich mich gemischt, also haben alle eine andere Farbe!«

Obwohl Frau Dolde-Lacroix mit einer Stimme gesegnet war, die klang, als hätte sie die letzten dreißig Jahre mit Oskar aus der Tonne altes Laub geraucht, war sie eine erheiternde Abwechslung. Erstens fand sie, dass Schulnoten nur »hilflose Kategorisierungsversuche eines autoritären Systems«

Name	Klasse	Datum	Blatt

seien, zweitens machte sie eigentlich keinen Unterricht, sondern empfahl uns, dass wir uns selbst finden und das Ergebnis zu Papier bringen sollten. Währenddessen trank sie selbst gezogenen Kombucha aus einer Bambusschale und las die »taz«.

Natürlich musste sich auch Frau Dolde-Lacroix zumindest oberflächlich den Gepflogenheiten eines deutschen Gymnasiums beugen, deshalb ging ein entsetztes Ächzen durch die Klasse, als sie einmal unseren Selbstfindungsprozess unterbrach und den verhassten Overheadprojektor aus der Versenkung holte.

»So, heute interpretieren wir mal ein paar Gemälde. Was ist das?«, fragte sie aufmunternd und zeigte uns das Bild einer Waldlandschaft, inklusive röhrendem Hirsch in der Mitte.

»Ein Hirsch im Wald«, meldete sich Bernhard Lochmann, der Klassenstreber, der die Angewohnheit hatte, auch rhetorische Fragen zu beantworten.

»Richtig, sehr gut Bernhard, das ist eine Eins«, lobte Frau Dolde-Lacroix und zeigte mit freudig erregt rotglühenden Stimmungsringen auf Bernhard.

»Was kann es denn noch sein?«, fragte sie überflüssigerweise, denn eigentlich war ja schon alles gesagt.

»Ein Hühnchen«, versuchte es Yilmaz aus der letzten Reihe, ohne aufzuzeigen. Es war wohl als Scherz gemeint gewesen. Entweder das, oder wir hatten die letzten vier Jahre, ohne es zu wissen, einen blinden Türken in der Klasse gehabt.

»Auch richtig!«, sagte Frau Dolde-Lacroix. Jetzt war es bewiesen: Wir hatten, ohne es zu wissen, eine blinde Kunstlehrerin.

»Der Hirsch röhrt, das Huhn gackert, das sind beides

Name	Klasse	Datum	Blatt

Geräusche, also richtig, lieber Yilmaz, das gibt auch eine Eins«, ordnete Hilde den Schwachsinn in anderen Schwachsinn ein (wir waren mittlerweile auf ihren Wunsch hin zum »Du« übergegangen). Bernhard Lochmann betrachtete seine Note nun in einem anderen Licht und blickte betreten auf sein Pult.

Und so ging es weiter. Hilde akzeptierte jede Deutung. Mein »Kilimandscharo im Sonnenuntergang« wurde genauso mit einem »Sehr gut« geadelt wie das »Spaghetti mit Pommes frites« von Jens Richter, der damit die erste Eins seiner gesamten Schullaufbahn erhielt, wie er danach stolz verkündete. Glückwunsch.

Bildungsreise für Hartgesottene

»Liebe Familie, in diesen Sommerferien fahren wir nach Russland!« Mein Vater erhob sein Glas mit Apfelsaft, als hätte Honecker gerade eine neue Rekordleistung des Kombinats für Mastsauhaltung bekannt gegeben. Ich kaute weiter lustlos auf meinem Sojaschnitzel und war froh, als meine Mutter die berechtigte Frage stellte:
»Warum denn Russland, Robert?«
Ja wirklich, nach diversen kulturgetränkten Aufenthalten in einem Ein-Sterne-Hotel in Venedig und dem Abklappern jeder noch so entlegenen Hallig der deutschen Nordsee, schien nun ein neuer Tiefpunkt der Urlaubsplanung erreicht. Es war das Jahr 1997, das postkommunistische Russland hatte noch den Gefrierbrand des Kalten Krieges zu verkraften, und in meinem Kopf spielte sich eine Horrorvorstellung ab, wie sie wohl jeder durchschnittlich phantasiebegabte Fünfzehnjährige entwickelt hätte: Ich sah mich zahnlosen Bettlern und bewaffneten Straßenpatrouillen ausgeliefert und fürchtete mich schon jetzt vor selbst gebranntem Kartoffelschnaps aus Benzinkanistern. Russland ist bis heute nicht das klassische Ausflugsziel des Pauschaltourismus, und Mitte der Neunzigerjahre war es das noch weniger. Bevor irgendjemand Einspruch erheben konnte, zog mein Vater eine Straßen-

karte von Russland aus dem Regal. Sein Finger deutete auf einen riesigen, grauen Fleck: Moskau. Dann glitt sein Finger hinab, an Tula, Kursk und Lugansk vorbei, passierte Millionenstädte, von denen man in der westlichen Welt noch nie etwas gehört hatte, und blieb bei einem stecknadelgroßen Punkt ungefähr 4000 Kilometer tiefer stehen.

»Schachty«, las ich laut vor. Meine Mutter verdrehte die Augen und wollte schon aufstehen, als mein Vater anfing, uns die Vorzüge dieser entlegenen Kolonie des russischen Großreiches zu erläutern.

»Ja, richtig, Bastian, Schachty, unsere Partnerstadt. Die bedeutendste Stadt der ehemaligen UdSSR hinsichtlich der Versorgung mit Bodenschätzen. Direkt am wunderschönen Donezbecken im Oblast Rostow.«

»Erblast Rostock ... was ist das denn?«, fragte ich in stiller Erwartung seiner erzürnten Antwort. Insgeheim hatte ich nämlich gehofft, endlich einmal wie andere Familien in einem Robinson-Club im ägyptischen Hurghada von einer Schar von Animateuren genervt und glückliches Opfer eines Sonnenstichs zu werden.

Aber wenn Lehrer Urlaub machen, tun sie das immer unter Berücksichtigung ihres Bildungsauftrags, und so ähnelten unsere Ferienreisen immer den Dokumentationen des Discovery Channel. Da wurden im holsteinischen Museum Seemannsknoten gelehrt oder der Eiffelturm kunstvoll von unten fotografiert, weil eine Aufzugsbenutzung 20 Franc pro Kopf gekostet hätte.

Der spezielle Bildungsauftrag meines Vaters begann meist schon vor Urlaubsbeginn, es wurde erläutert, geplant und eine genaue Reiseroute abgesteckt. Kein Meter des Weges sollte zurückgelegt werden, ohne dass zuvor die Besichtigung einer seltenen Baumart oder eines historisch bedeutsamen Toilettenhäuschens geplant worden wäre. (»Hier soll sich schon Goethe bei seiner Kutschfahrt nach Thüringen erleichtert haben, Bastian«). Auch bei der Russlandplanung (ich nannte sein Unterfangen insgeheim den »Russlandfeldzug«) fing mein Vater schon früh damit an, uns in die Geschichte des ehemaligen Weltreiches einzuführen.

»Nicht Erblast Rostock, sondern Oblast Rostow, Bastian. Oblast ist ein Verwaltungsbezirk in Russland, also eine Föderationseinheit mit gering ausgeprägter Autonomie. Der derzeitige Präsident von Russland ist übrigens Boris Jelzin, der erste demokratisch gewählte Präsident des Landes.« Dass sich die Region in der akuten Zersetzung durch Oligarchen, Großgrundbesitzer und verbrecherischen Banden befand, die auch den letzten Eimer voll Tafelsilber unter sich aufteilten, verschwieg er bei seinen Ausführungen. Mein Vater, empathisch wie immer, hatte unseren Einspruch bereits vorausgeahnt und einen kleinen Vortrag samt laminierter Schaubilder vorbereitet. Flugs aus dem Arbeitszimmer herbeigezaubert, schaute uns vom ersten Plakat eine relativ detailgetreue Zeichnung eines weißhaarigen Mannes mit roter Säufernase an.

»Boris Jelzin habe ich hier mal dargestellt, vielleicht erkennt ihr ihn ja«, erläuterte mein Vater, als wären wir im Bildungsfernsehen. Ich hielt mich mit Kommentaren vorerst zurück – ich war ja schon froh, wenn wir nach seinen Ausführungen keine Klausur über das Thema schreiben mussten. Außerdem kannte ich den Mann nicht, wobei er mir von der Zeichnung spontan sympathisch war. Fröhlich sah er aus, mein Vater hatte sogar seine herzigen Säuferbäckchen rot koloriert. Meine Mutter musste lachen, sie hegte wohl noch immer die Hoffnung, mein Vater mache einen Scherz.

»Aber warum denn Russland, Robert?«, fragte sie daher erneut.

»Na ja, wegen der Delegation, Ingrid! Die Schule hat doch derzeit einige Austauschschüler aus Schachty aufgenommen, und von denen ist auch extra eine Delegation mit ranghohen Würdenträgern angereist.« Der ranghohe Würdenträger Boris Jelzin starrte uns von seiner laminierten Pappe besoffen an, während Vater seiner Begeisterung über das schulische Völkerverständigungsprojekt kaum mehr Herr wurde.

»Außerdem sind wir herzlich eingeladen worden, mein Freund Sergej wird uns in Schachty beherbergen.«

»Wer ist denn jetzt auf einmal dieser Sergej?«, wollte meine Mutter wissen – und allmählich dämmerte ihr anscheinend, dass es sich bei der Sache ganz und gar nicht um einen Scherz handelte.

»Sergej Lokosimov, mein guter russischer Freund. Er ist derzeit zu Besuch in unserer Schule, einige seiner Schüler durfte ich schon kennenlernen, alles sehr bemerkenswerte junge Leute.«

Wie mein Vater das »bemerkenswert« betonte, machte meine Mutter und mich stutzig. »Bemerkenswert« ist ein ziemlich wertfreier Begriff. Ein Mann, der sich eine brennende Cervelatwurst in die Nase schiebt und dann die Nationalhymne auf der Blockflöte spielt, kann als »bemerkenswert« gelten, Einstein oder Stephen Hawking aber ebenso.

»Und was sollen wir da?«, nörgelte ich. Ich war gerade fünfzehn geworden, und pünktlich zu meinem

Geburtstag war meine Kein-Bock-Haltung in Totalverweigerung und ein dauerhaftes »Leckt mich doch alle mal am Arsch!« umgesprungen.

»Schön, dass du das fragst!«, ignorierte mein Vater völlig meinen vorwurfsvollen Ton und besann sich darauf, seinen Vortrag mit weiteren Folien zu illustrieren. Er benahm sich, als wollte er Nerventonika an senile Senioren verhökern.

»Schachty hat so viel zu bieten, zum Beispiel die Nachbarstadt Rostow, eine riesige Metropole, der noch der Atem der Vergangenheit aus jeder Pore quillt.«

Obacht: Meist ist es nicht gut, wenn die größte Attraktion einer Stadt darin besteht, in der Nähe einer anderen, vermeintlich besseren Stadt zu liegen, dachte ich.

Die blumige Metaphorik meines Vaters hatte ganz offensichtlich verschleiern sollen, dass er sich den abgelegensten Winkel Russlands ausgesucht hatte, in dem schon die Geburt eines Eselchens ein Medienereignis war. Aber das wurde uns allen leider erst klar, als wir drei Wochen später am Flughafen das Flaggschiff der russischen Fluglinie »Aeroflot« bestaunen durften. Das, was mein Vater uns dort als »Musterbeispiel sowjetischer Ingenieurskunst« präsentierte, sah aus, als hätte man es gerade aus einem Aeronautikmuseum in die Vorhalle des Düsseldorfer Flughafens geschoben.

Sergej Lokosimov quittierte unsere schockierten Gesichter nur mit einem Schmatzen. Bis zum heutigen Tag bin ich mir nicht sicher, ob der Mann, den mein Vater uns damals als seinen guten Freund Sergej vorstellte, überhaupt so hieß, geschweige denn, ob es sich wirklich um einen russischen Lehrer oder vielmehr um einen schwer verspäteten russischen Spion handelte, der sechs Jahre nach Mauerfall noch nicht die Devisen für seine Rückreise zusammengekratzt hatte. Sergej Lokosimov war kein Mann großer Worte, eigentlich war er gar kein Mann von Worten, alles, was er sagte, setzte sich aus Schmatz- und Nuschellauten zusammen. Sergej wirkte mit seinem dicken braunen Bart und der Fellmütze ein wenig so, wie sich deutsche Senioren in Anlehnung an Ivan Rebroff den modernen Russen vorstellten.

Die Tupolew war entgegen der sonstigen fliegerischen Gegebenheiten der Neunzigerjahre nicht mit Turbinen, sondern mit Propellern ausgestattet. Sergej schmatzte uns dazu gleich wieder eine Erklärung, die er mit einer hackenden Handbewegung illustrierte. Mein Vater übersetzte das, was er verstand, obwohl ich mir selbst heute noch nicht sicher bin, ob mein Vater überhaupt russisch spricht oder einfach nur versucht, Sinnzusammenhänge zwischen Phonetik und Mimik des Betroffenen zu deuten.

»Sergej sagt, dass diese Flugzeuge nicht abstürzen können. Selbst wenn ein Vogel ins Triebwerk fliegt, würde ihn der Propeller einfach kleinhacken.« Sergej machte, während mein Vater übersetzte, weiter seine Guillotinengeste, und ich stellte mir eine Graugans vor, die geschreddert an uns vorbeiflatterte. Sergej hätte auch mit Fackeln jonglieren oder mit einem Revolver in die Kabinendecke schießen können, mulmiger hätte uns nicht mehr werden können.

»Ich würde mir auch dann Sorgen machen, wenn nix ins Triebwerk fliegt«, murmelte meine Mutter und kniff meinen Vater dabei in den Arm.

Ich stand einfach nur daneben und war in meine totale Ablehnung von wirklich allem vertieft.

Ground Control to Major Thomacz

Als wir nach mehreren Stunden endlich auf die Gangway gelassen wurden, waren wir schon zu müde, um uns darüber zu sorgen, warum die Mechaniker, die an den Propellern herumschraubten, so lautstark fluchten.

Das Innere des Flugzeugs empfing uns in der Gestalt einer Messe für moderne Wohnungseinrichtung aus dem Jahr 1972. Das gesamte Innere war braun, die Sitze, die Wände, der Boden, selbst die Uniformen der Stewardessen orientierten sich an dieser Farbwelt. Es sah aus, als hätte ein Riese das Flugzeuginnere als Latrine benutzt.

Sergej klopfte an die Decke des Innenraums und nuschelte etwas dazu, dann lachte er und hustete. Mein Vater verstand ihn anscheinend nicht und zog als Antwort nur die Augenbrauen hoch. Vielleicht verstand er ihn ja doch, sein Gesichtsausdruck nahm jedenfalls an Besorgtheit zu.

Die anderen Fluggäste rekrutierten sich größtenteils aus russischen Familien, einem orthodoxen Priester, der ein wenig wie der Weihnachtsmann des Ku-Klux-Klans aussah, und einigen älteren Frauen, die sich schon beim Betreten des Flugzeugs unablässig bekreuzigten. Wir waren weithin als die einzigen Touristen erkennbar, auch wenn wir keine knatschgelben Schwimmreifen und Sonnenschirme bei uns trugen.

Undeutlich tönte die Begrüßung des Kapitäns durch die kleinen Bordlautsprecher, zu verstehen waren nur die Worte »Dusseldoof« und »Rostow«, der Rest ging im Lärm der anspringenden Propeller unter oder war schlicht deshalb nicht zu nachzuvollziehen, weil der Mann nur russisch sprach. Es war wohl nicht nötig, eine englische Begrüßung anzubieten, der Überschuss an russischen Muttersprachlern war eindeutig. Die Stewardessen trugen als Farbklecks passend zu ihren braunen Kostümen kleine rote Mützen, die wie gefaltete Servietten aussahen. Zu meiner Überraschung waren diese Frauen alle von ausnehmender Schönheit – hatte man vielleicht die russische Garde von »Victoria's Secret« in die Reste der altkommunistischen Bekleidungsindustrie gesteckt?

Neben uns nahmen zwei dicke Mütterchen Platz, das graue Haar stilecht zum Dutt gebunden. Beide schwangen sie ihren Rosenkranz wie eine Peitsche ums Handgelenk und lugten dabei immer wieder zu dem orthodoxen Priester hinüber, ob dieser ihre offensichtliche Frömmigkeit auch gebührend wahrnahm.

Als mein Vater seinen zugewiesenen Platz gefunden hatte, die Sitze waren nur in kyrillischer Schrift gekennzeichnet, stellte er umgehend fest, dass er sechs Reihen hinter meiner Mutter und mir platziert worden war. Als er sich setzte, gab das »Musterbeispiel sowjetischer Ingenieurskunst« mit einem lauten Knarzen nach. Der Sitz brach unter seinem Hintern einfach entzwei, die Rückenlehne klappte nach hinten und fiel samt dem Kopf meines Vaters auf den Schoß eines dicken Mannes mit Schnurrbart, der gerade stöhnend im Bordkatalog stöberte. Dann knarzte es ein zweites Mal, und eine gelbe Rettungsweste drückte sich unter dem Sitz und dem weiter absackenden Hintern meines Vaters hervor. Es sah aus, als würde er das Equipment zur Notwasserung gebären. Erschrocken sprang unser Mister Völkerverständigung vom Schoß des dicken Mannes und wurde sogleich von einem stoisch dreinblickenden Flugzeugmodel zu einem neuen Sitz geführt, diesmal direkt hinter uns. Sergej wandte sich um und sagte das erste und einzige Mal auf der Reise etwas, das ich verstand: »Hahaha ... Robert Schlappstick ... hahaha!«

Dann lachte er und klatschte in seine Schaufelbaggerhände.

Um die Flugzeit zu überbrücken, zeigte das Bordkino eine russische Daily Soap. Die Schauspieler waren sogar schlecht, wenn man kein Wort verstand, alle agierten so überzogen, als würde am Set als Ersatz für das im Westen übliche Catering nur gemeinsam an der Klebstofftube geschnüffelt. Was ich trotz der fehlenden Übersetzung eruieren konnte, war, dass es sich um eine Art »Dallas« auf Russisch handelte, es ging wohl ums Ölgeschäft, und die Sendung hatte sogar einen Verschnitt von J. R. Ewing zu bieten. Im Gegensatz zu Larry Hagman war dieser Ölmogul allerdings zahnlos, und er äußerte sich ausschließlich durch ein diabolisches Lachen, das immer wieder blitzartig in die Dialoge der anderen Schauspieler zwischengeschnitten wurde. Er sah ein wenig wie eine Mischung aus Ulrich Wickert und Saddam Hussein aus. Beängstigend.

Die gezeigte Szene spielte sich in etwa so ab: *Bemerkenswert schöne Frau mit schlechten Zähnen tritt durch eine Tür, die offensichtlich aus bemaltem Styropor besteht. Dahinter sitzt ein Mann mit Cowboyhut, braun gebrannt, auch schlechte Zähne.*

Sie sagt etwas, das hier nur phonetisch wiedergegeben werden kann.

Frau: »Umoro hredsch myljama dor!«

Frau fängt an zu heulen. Spielt schlecht.
Muskulöser Mann mit Cowboyhut steht auf und nimmt sie in den Arm. Spielt noch schlechter.
Mann: »Glagolet durak slebesch dorikint ...«
Bevor der Mann zu Ende sprechen kann, wird Saddam Wickert hineingeschnitten, hinter ihm brennt ein Feuer und er lacht teuflisch, es fehlt eigentlich nur, dass er einen Hundewelpen stranguliert. Frau sagt noch mal etwas, was sich nicht einmal phonetisch wiedergeben lässt. Cowboy lacht.
Szene Ende.

Sergej zeigte auf den bierdeckelgroßen Fernseher und lachte. Eigenartiger Humor. Mein Vater lachte auch, er hatte nichts verstanden, aber sah wohl eine Chance zur Völkerverständigung.

Diese Serie brachte fast meine Augäpfel zum Bluten, genervt machte ich Kaugummiblasen, die am Punkt ihrer maximalen Ausdehnung zerplatzten. Ähnlich wie der dicke Mann, auf dessen Schoß mein Vater kurz vorher gelandet war. Er hatte mittlerweile das Bordrestaurant leer gekauft und biss gerade genüsslich in ein Brötchen, das mit einer gelben Paste gefüllt war, die zu den Seiten herausschoss.

Sergej bestellte für uns alle Krimsekt. Die Flasche wurde direkt an unserer Sitzreihe geöffnet, der Korken löste sich mit einem müden »Pfff« vom Flaschenhals und die drei Reihen direkt hinter uns begannen zu klatschen. Ich bekam auch ein Glas gereicht, mein Vater versuchte, mir die Puffbrause wieder wegzunehmen, doch Sergej drückte seine Hand zur Seite und hob drohend den Zeigefinger. Langsam begann ich ihn zu mögen. Meine Mutter stürzte den Sekt herunter, aus ihrer alltäglichen Nervosität war ein fatalistischer Chor der totalen Verzweiflung geworden, und der Sekt legte eine warme Decke der Sorglosigkeit über ihre angespannten Schultern.

Es war Essenszeit. Serviert wurden zwei Gerichte. Hähnchen und Leber. Meine Eltern bestellten einvernehmlich Hähnchen, ich verzichtete, weil ich seit ganzen zwei Wochen überzeugter Vegetarier war. Mein Vater deutete auf mich und wiederholte mehrmals »kein Fleisch« auf Russisch. Die Stewardess stellte mir ein Tablett mit gekochter Leber hin und sagte, der Übersetzung meines Vaters zufolge:

»Ist kein Fleisch, ist Eingeweide.«

Ich musste fast brechen. Um die gute Stimmung nicht völlig zu killen, würgte mein Vater unter den wachenden Blicken Sergejs die ganze Portion Leber wie ein Reiher herunter.

Auch sein eigenes Essen entpuppte sich als Herausforderung. Sein Hähnchen war mit Nelken gespickt, der wanstige Vogelleib wirkte wie eine pickelige Handgranate, die bei der Detonation wahrscheinlich das halbe Flugzeuginnere in einen feinen Fettfilm gehüllt hätte.

Plötzlich wurde das ganze Flugzeug von einem Ruckeln erfasst, die Hühnergranaten fielen fast vom Teller, auf den Bildschirmen setzte zur Beruhigung ein Film über Delfine ein, die fröhlich aus dem Wasser sprangen. Delfine? Der Pilot schnurrte etwas aus dem Lautsprecher, da ich kein Russisch verstand, vermutete ich, dass er sagte: »Da wir alle dem unausweichlichen Tod entgegenrasen, wollen wir Sie in den letzten Sekunden vor dem Aufschlag noch ein wenig mit heiteren Meeressäugern unterhalten. Sehen Sie mal, wie die Delfine springen, toll!« Die beiden alten

Frauen zu unserer Linken begannen ihre Rosenkränze wie Kettensägenblätter über die Handrücken schleifen zu lassen. Hardcorebeting. Das Licht fiel zeitweise aus, und zum Glück lachte uns von den Fernsehern nicht mehr der diabolische Saddam Wickert an, denn vermutlich wäre das selbst für das ruhige Gemüt meines Vaters eine Prise Apokalypse zu viel gewesen.

Geistesgegenwärtig wollte er die einsetzende Missstimmung durch ein paar Informationen auflockern, das funktionierte auf Klassenfahrten schließlich auch. Er klopfte mir auf die Schulter und sagte: »Das dort ist eine Gebetsschnur, das russisch-orthodoxe Äquivalent zum Rosenkranz, schau mal da, Bastian.«

Aufgrund des fallenden Gemütspegels meiner Umgebung spürte auch ich langsam ein kleines Unwohlsein und suchte den Blick meiner Mutter. Sie schaute mich ganz ruhig an und sagte mit samtiger Stimme: »Alles in Ordnung, mein Schatz, spiel ruhig weiter.«

Ich vertiefte mich in meinen Gameboy und bekam fast nicht mit, wie der linke Propeller aussetzte, was Sergej mit einer Wiederholung seiner Guillotinengeste quittierte. Er sah aus, als wollte er das Triebwerk zum Anspringen bringen, indem er immer stärker und schneller in seine Handfläche schlug. Als das nicht funktionierte, zog er seinen Sitzgurt fester.

Die meisten hätten wohl Todesangst gehabt, ich verließ mich einzig und allein auf die stille Ruhe meiner Mutter, die immer noch wie ein Obelisk auf ihrem Sitz ausharrte und so tat, als würde sie über das Fernsehprogramm lachen.

Die alten Frauen falteten die Hände, der orthodoxe Priester brüllte irgendwelche unverständlichen Beschwörungsformeln, und der Servierwagen schoss in Höchstgeschwindigkeit an unserer Sitzreihe vorbei.

Die Zeit schien stillzustehen, das wild umherwackelnde Flugzeug beschrieb eine enge Linkskurve und fing sich dann plötzlich. Auf einmal herrschte Stille. Der Sturm war vorbei, das »Musterbeispiel sowjetischer Ingenieurskunst« setzte fast lautlos zum Landeanflug auf den Flughafen Rostow an.

Als wir aufsetzten, brandete eine Welle aus Beifall und Jubelschreien durch die uralten Flugzeuginnereien, wir waren dem kalten Griff der Katastrophe noch einmal entschlüpft. Selbst die Stewardessen, deren betoniertes Lächeln ebenso stramm angelegen hatte wie ihre hautengen Kostüme, erlaubten sich ein Seufzen.

Meine Mutter nahm in aller Ruhe ihre Jacke aus dem Handgepäckfach, reichte mir meinen Rucksack und verließ dann in Tiefenentspannung die Tupolew. Das ist vielleicht meine prägnanteste Erinnerung an die Liebe meiner Mutter, ein Gedächtnisdestillat, das mir von dieser Situation geblieben ist. Als wir auf die Gangway stiegen, fiel sie nämlich plötzlich auf die Knie, und die Maske der Ruhe, die sie für mich aufgesetzt hatte, zerbrach in einem Sekundenbruchteil. Die Tränen der Erleichterung schossen aus ihren Augen. Erst da wurde mir, der ich immer noch gebannt meinen Gameboy umklammert hielt, klar, wie viel Überwindung es sie gekostet haben musste, mir das Gefühl zu geben, alles sei in Ordnung, während unsere Maschine wie ein Sonnenstrahl dem Erdboden entgegenraste. Nach ein paar Minuten, selbst mein Vater war von dem Gefühlsausbruch meiner Mutter überrascht und schloss sie in die Arme, hatte sie sich wieder gefangen und unsere lehrreichen vierzehn Tage in der Fremdheit der russischen Pampa konnten beginnen.

Familie auf Russisch

Erst aber sollte eine vierstündige Odyssee durch das Flughafengebäude folgen. Die übrigen Fluggäste, die eindeutig russischer Herkunft waren, wurden von den Flughafenbeamten mit einem kurzen, zustimmenden Nicken bedacht, während wir als Westdeutsche und damit ehemalige Klassenfeinde erst einmal unter Generalverdacht standen. Der einzige Grund, warum uns nicht wirklich jeder Angestellte des Flughafens mit einem Gummihandschuh ins Poloch fasste, war, dass sich Sergej lauthals ereiferte, und als das nichts nützte, einfach jeden zweiten Beamten bestach.

Hinter den Kontrollen wartete schon Sergejs Familie darauf, uns in Empfang zu nehmen. Wobei der Begriff »Familie« auf Russisch einen etwas weiteren Personenkreis zu umfassen schien als auf Deutsch. Bei unseren russischen Gastgebern bildete sich das Empfangskomitee aus fünf Generationen von Lokosimovs, von der neugeborenen Oxana bis zur greisen Babuschka Maja, auf deren faltigem Körper ein noch faltigeres Gesicht mit zwei hellwachen Knopfaugen thronte. Außerdem waren alle Onkel, Tanten, Neffen und Cousinen, Schwager, Schwippschwager, Nachbarn sowie ein paar handverlesene Bekannte angereist. Insgesamt mussten es wohl an die hundert Leute sein, wobei manche wohl einfach umstehende Flughafengäste waren, die sich den Besuch aus dem weit entfernten Deutschland genauer anschauen wollten. Alle hielten ein kleines Geschenk in der Hand, das uns dann wild händeschüttelnd überreicht wurde.

Nach einem Marathon an Begrüßung, Umarmung, Kneifen in die speckige Wange und nochmaligem Tätscheln aller Gliedmaßen war meine Familie gänzlich in einen Wust aus Geschenkpapier versunken, und jedes Präsent musste unter den wachenden Augen des jeweiligen Familienmitglieds geöffnet werden. Mitten in der Ankunftshalle des Flughafens! Am Ende hatten wir den halben Konsumapparat des ehemaligen Ostblocks vor uns ausgebreitet. Es gab Unmengen an zärtlich verpackten groben Leberwürsten, Teekochbestecken, selbst gestickten Kochlappen und Matrjoschka-Puppen. Außerdem gab es Unmengen an Kartoffelschnaps, also Wodka, wobei auch ich einige an mich adressierte Flaschen unter dem Geschenkehaufen ausmachen konnte. Mein Vater versuchte schon gar nicht mehr, sie mir zu entreißen, der drohende Zeigefinger von Sergej wartete in Bereitschaftshaltung. Dann provozierte mein Vater den ersten Beinahe-Eklat unseres Ankunftstages, indem er unsere Mitbringsel aus Deutschland (die zwar nicht ausreichen würden, um alle Familienangehörigen zu versorgen) ebenfalls den Gastgebern gleich überreichen wollte. Das war, wie man es in der bilderreichen Sprache dösiger Society-Redakteurinnen nennen würde: das »ultimative No-Go«. So als würde Paris Hilton vor den Augen der Weltöffentlichkeit auf den Rasen des Weißen Hauses scheißen. Der gesellschaftliche Untergang. Dem Gastgeber in Russland ein Geschenk mitzubringen ist eigentlich eine Selbstverständlichkeit, ebenso selbstverständlich ist es aber auch, dass dieser die freundliche Geste des Gegenübers erst einmal mit aller Kraft ablehnt. Da wird mit den Armen gewedelt, das Gesicht zu einer lächelnden, aber bestimmten Grimasse verzogen und das Geschenk mit der ausgestreckten Hand zum Gast zurückgeschoben. Auf diese Ablehnung muss der Gast nun mit einer noch stärkeren Bestimmtheit reagieren, das Geschenk mit noch größerer Kraft in die Hände des Gastgebers schieben und das Ganze mit einem Ausfallschritt und einer Umarmung komplettieren.

Mein Vater dagegen, in solcherlei Ritualen völlig ungeübt und durch die deutsche Eigenart geprägt, Geschenke immer mit einem Kopfnicken und Höflichkeitslächeln entgegenzunehmen, nahm das verpackte Exemplar eines Bildbands über Gelsenkirchen wieder zurück und schob es in seine Reisetasche (wahrscheinlich mit dem Gedanken, es irgendwann an Weihnachten an die bucklige Verwandtschaft zu verschenken). Die Mienen aller Anwesenden verfinsterten sich, sogar Babuschka Maja formulierte etwas, das zumindest von der Intonation her nach einer Verfluchung klang, so im Sinne von: »Dein Erstgeborenes soll Hörner und Schwanz haben.«

Dem Erstgeborenen selbst, also mir, gelang die Völkerverständigung deutlich besser, alle minderjährigen Neffen und Nichten scharten sich um mich und meinen Gameboy, der in meinen Händen spannend piepste und tutete.

Der rostige Laster, mit dem wir und der Geschenkehaufen abtransportiert wurden, bröckelte dann beim Einsteigen fast auseinander. Sergej machte wieder die Guillotinengeste, die mir in diesem Zusammenhang doch leicht übertrieben erschien. Der Zusammenprall mit einer Ente hätte vollkommen ausgereicht, um den Wagen zu zerreißen.

»Vorsicht, hier viel Räuber«, warnte uns Sergej beim Einsteigen in das Gefährt und klopfte seinem Neffen Ivan auf die Schulter. Der ballte seine Fäuste und holte unaufgefordert eine riesige Handfeuerwaffe aus dem Handschuhfach, die sattsam glänzte. Leider sei die

Waffe zu klein, da könne man im Ernstfall nicht viel anrichten, deshalb verstaue er sie lieber wieder im Handschuhfach, nuschelte Ivan, der neben seiner Scharfschützenausbildung anscheinend auch ganz passabel Deutsch gelernt hatte.

Ivan erschien uns wie ein schweigsamer, schießwütiger Verrückter. Dieses Missverständnis sollte sich in den nächsten Tagen auflösen. Ivan war ganz und gar nicht schweigsam.

Wir fuhren Richtung Schachty, eine Unzahl verwitterter Plattenbauten säumte unseren Weg.

Als wir Sergejs Haus erreichten, das recht verloren in die Landschaft geworfen wirkte, stand Darth Vader vor der Tür. Ehrlich, Darth Vader ohne Lichtschwert und Helm, dafür aber mit außergewöhnlich viel Technik um den buckligen Leib geschnallt. So wirkte Opa Alexej jedenfalls auf mich. Der alte Mann winkte vor dem kleinen Backsteinhäuschen, trug einen schwarzen Bademantel und zog einen blinkenden Automaten hinter sich her, der auf dem unebenen Boden unsicher vor und zurück wackelte. Als wir ausstiegen, schloss der dunkle Lord sofort seine Arme um mich, wobei seine Atemmaske beschlug und ich nur sein unstetes Röcheln hören konnte. Alexej war Sergejs Vater und mein Zimmergenosse für die nächsten Tage, wie ich direkt beim Betreten des Hauses mitgeteilt bekam. Er war einer der unzähligen Minenarbeiter von Schachty gewesen, die sich in den goldenen Fünfziger- und Sechzigerjahren ihre Gesundheit tief unter der Erde ruiniert hatten, und wahrscheinlich war er einer der wenigen Privilegierten im Ort, die es sich leisten konnten, einen Kasten mit sich zu führen, der sie am Leben hielt. Jedenfalls halbwegs, Alexej schaute eigentlich einen Großteil der Zeit drein, als würde er schon vor der Himmelspforte stehen. Er bekam nur seinen blinkenden Beatmungsautomaten einfach nicht über die Schwelle gezogen. Überraschenderweise stellte sich das Großmütterchen Mamita Maja später noch als seine Mutter heraus, ein weiterer Hinweis, dass die Frau alt genug war, um beim Letzten Abendmahl gekellnert zu haben.

Das Haus wirkte von außen durchschnittlich groß, war aber innen so mit Wandteppichen zugehängt, dass man nur gebückt stehen konnte. Im Fernsehen lief eine russische Musiksendung, das Publikum des russischen Musikantenstadels hatte man anscheinend komplett auf Crystal Meth gesetzt. Eine Frau mit viel zu kurzem Rock und viel zu weitem Dekolleté ballte eine Faust in Richtung Zuschauer und litt dann tränenreich unter schlimmem Singdurchfall, ihr Köper verschwand in einem Wust aus Kunstnebel, während alle dem Menschen bekannten Instrumente gleichzeitig drei verschiedene Folkloremelodien spielten. Dann kam ein russischer Moderator, der aussah, als hätte man Ilja Richter mit einem Opossum gepaart und der inmitten seiner Moderation ganz unvermittelt lossang, während schlagartig Bilder von Tieren und Sonnenaufgängen hineingeschnitten wurden. Auch unsere russischen Gastgeber schienen einer gewissen Gefühlsduselei nicht abgeneigt – anders war es nicht zu erklären, dass Opa Alexej bei unserer Begrüßung vor Freude weinte. Der leicht biederen deutschen Seele meiner Eltern waren solche Gefühlsausbrüche nicht geheuer, ich hingegen war es gewohnt, dass die Leute weinten, wenn sie mich sahen.

Dann gab es erst mal einen kleinen Begrüßungswodka, stilecht aus einem Fünf-Liter-Kanister, der griffbereit unter dem Wohnzimmertisch stand. Sergej klärte meine Eltern nach dem ersten Schluck darüber auf, dass die Stationen unseres Urlaubs schon generalstabsmäßig durchgeplant seien. Für jeden Tag gebe es eine andere, kulturelle Besonderheit. Morgen werde Ivan den Anfang machen und eine seiner beliebten Fremdenführungen durch die örtliche Hauptstadt Rostow anbieten, er sei nämlich Touristenführer, ja sogar der bekannteste und bestbezahlte Touristenführer der ganzen Region.

»Das stimmt, der Bechanteste«, brummte Ivan, er saß etwas krumm auf einem zu kleinen Stuhl. Sein Deutsch war zwar akzentschwanger, aber deutlich verständlicher als das von Sergej. Meine Eltern beäugten den Mann, der ein paar Stunden zuvor noch stolz seinen Revolver aus dem Handschuhfach gekramt hatte, und mein Vater erkundigte sich, ob denn die von Konstantin Andrejewitsch Thon erbaute Christus-Geburts-Kathedrale auf unserer Route liege?

»Auch ...«, grummelte Ivan und verstummte. Über die restlichen Ausflugsziele schwieg er sich aus, meine Mutter warf meinem Vater erneut einen fragenden Blick zu.

Egal, es wurde nachgeschenkt. Mein Vater hielt in einem verzweifelten Versuch seine Hand über das Glas, was Opa Alexej wohl nur als Segnungsversuch des eigenen Selbstgebrannten interpretierte, weshalb er das Glas zur Belohnung randvoll machte.

Wir waren noch nicht wirklich angekommen, und meine Eltern schienen langsam aber sicher schon ordentlich einen sitzen zu haben. Ich bekam heimlich unter dem Tisch von Opa Alexej Wodka in mein

Colaglas gekippt. Mamita Maja öffnete ihren beachtenswert zahnlosen Mund und setzte tanzend zu einem russischen Volkslied an. Im Gegensatz zur deutschen Fehlannahme, russische Folklore würde nur aus »Kalinka, Kalinka« in Endlosschleife bestehen, verwöhnte uns Oma Maja mit einer halbstündigen Ode über ihr Vaterland, zu dessen Refrain jeweils der gesamte Familienclan einstimmte. Zwischendurch durfte jeder Tischgast einen kurzen Toast ausbringen, und auch wenn wir kein Wort verstanden, schienen es doch alles sehr gefühlvolle Begrüßungen zu sein. Als die Reihe der gegenseitigen Lobpreisung bei meinem Vater angekommen war, blieb dieser erst einmal ruhig sitzen und versuchte sich vor seiner Pflicht zu drücken. Doch als sich gemeinschaftlich ein finsterer Schatten über die Gesichter unserer Gastgeber legte, zwickte ihn meine Mutter in die Seite. Er sprang auf und formulierte die denkwürdige Worthülse:

»Ähm, äh, liebe Freunde, lieber Sergej, lieber Alexej, wird sind, ähm, sehr geehrt von so viel Gastfreundschaft und Aufmerksamkeit ... ähm, ja sind wir wirklich, ähm, sehr ja ...«

Plötzlich war es so still, man hätte einen Maulwurf fünf Meter unter der sibirischen Tundra furzen hören können. Der ganze Ansatz seiner Rede war für unsere Gastgeber sehr untypisch. Mein Vater stand da wie ein Kaktus am Nordpol, Opa Alexej hustete, Sergej schaute fassungslos, als hätte mein Vater gerade die russische Flagge verbrannt. Alle klatschten und lächelten, doch es legte sich der fade Geschmack der Schmeichelei über ihr Verhalten. Dann gab es erst mal einen Wodka zur Stärkung, denn der zurückhaltende deutsche Gast war weder in Tränen ausgebrochen, noch hatte er seine Arme ausgebreitet und ein Familienmitglied vor Freude zerquetscht, eine unglaubliche Enttäuschung.

Babuschka Maja fing wieder an zu singen, bis die Tapete sich löste, und die ganze Familie Lokosimov stieg beim Refrain mit ein. Mein Vater schaute mich strafend an, also sangen wir mit, zum Glück ging unsere dadaistische Nachahmung des Russischen mit Lalala-Lauten im Gemisch der Stimmen unter.

Als die Lokosimovs ihren Choral beendet hatten, ging erneut eine Runde Wodka durch die Reihen, die Aufnahmefähigkeit unserer Gastgeber schien unsere erheblich zu übersteigen. Anders ließ es sich nicht erklären, dass mein Vater mittlerweile anfing, ein wenig zu schielen. Erneut wurden ein Trinkspruch und eine sehr inbrünstige Begrüßung durch die Gastgeber ausgebracht.

Das Gleiche wurde auch von meinem Vater erwartet, der nach dem zwölften Begrüßungsschnaps so voll war wie eine Haubitze aus Ostpommern. Deshalb fiel es ihm nun wohl deutlich leichter, etwas Passendes zu formulieren:

»Liebaaa Serjeeej, liebaaaa Alexej« (er deutete mit dem Finger auf unsere Gastgeber, 30 Sekunden lang, ohne ein Wort zu sagen), »für mich und meine Frau Ingridaa« (meine Mutter lag mit dem Kopf auf dem Wohnzimmertisch und schnarchte), »und für unseren Sohn Bastian, ist es eine grooooße Ehre, hier im tschönen Mütterchen Russland zu Gast zu sein ... es ist so tschööön hier!«

Dann hob er sein Wodkaglas und rief fern irgendeines Sinnzusammenhangs: »Russia, Germany, super, super, twelve points!«

Das war genau die gefragte Menge irren Schmalzes,

nach dem unsere Gastgeber gegiert hatten, alle fingen an zu klatschten und prosteten sich fröhlich zu.

Der restliche Abend lief dann nach dem bekannten Muster weiter, nur dass ich ab 21 Uhr keinen Alkohol mehr bekam, was mir nicht nur willkürlich, sondern auch sehr unfair vorkam.

Wo gesägt wird, da fallen Beine

Als ich am nächsten Morgen die Augen öffnete, sah ich zwei flattrige Gestalten in meinem Schlafzimmer umherwandeln. Unscharf und schemenhaft liefen sie scheinbar ziellos durch den Raum und gurrten meinen Namen. Es waren meine Eltern, erstaunlich früh aus Alexejs Kanisterkoma zurückgekehrt und mit dem Kopfschmerz ihres Lebens veredelt.

Alexej war auch schon wach, sein Lungenautomat spielte ein Medley von Scooter, bis er ihn mit einem beherzten Schlag auf den Deckel wieder zur Räson brachte. Während er meinen Eltern dann etwas trübe Brühe in die Kaffeetassen goss, sprang die Wohnungstür auf und Ivan trat krachend ein. Er trug eine Anglerhose und Gummistiefel, was uns aber erst auffiel, als er seine Arme wie eine Reuse um uns legte und uns mit einem lauten »Komm, komm, davai, davai!« aus der Wohnungstür schob. Ich hatte mir nicht mal die Zähne geputzt, und meine Eltern, gerade erst frisch aus dem Delirium gepellt, machten mit ihren ungekämmten Haaren und der herunterhängenden Gesichtshaut den Anschein sehr missmutiger Muppets.

Augenblicke später bugsierte uns Ivan in einen alten Transporter, das speckige Leder der Sitze war an manchen Enden aufgeplatzt, graugelber Schaumstoff quoll daraus hervor. Erst als wir in dem Gefährt Platz genommen hatten und der Motor röhrend ansprang, bemerkte ich, dass uns zwei weitere Personen gegenübersaßen, die uns mit glänzenden Gesichtern anschauten. Der Mann trug ein T-Shirt, auf dem ein wasserköpfiges Alien mit seinem Finger auf den Betrachter zeigte und auf dem in ausgewaschenen Filzlettern »You should believe« stand. Er hatte eine riesige Kamera umgeschnallt und kaute auf einem Müsliriegel, den er anscheinend dringend benötigte, denn sein Körper war so klein, dass man das Bedürfnis bekam, ihm umgehend einen Zugang zu legen. Die Frau neben ihm hatte die Waden eines afrikanischen Wasserochsen und war ähnlich behaart. Ihr Kopf war zum Zerbersten dick, und auch sie kaute auf einem Müsliriegel herum, während ihre rote Brille mit jeder Kaubewegung auf und ab wackelte.

»Das sind Dschäff und Donner, aus Amerrika«, klärte uns Ivan auf. Meine Eltern bemühten ihr eingerostetes Englisch und tauschten ein paar Höflichkeitsfloskeln aus. Jeff und Donna kamen aus Iowa im Mittleren Westen, wozu meinem Vater nur einfiel, dass es dort 100 Schweine pro Bewohner gab. »Donna hat ihre 100 Schweine sicherlich schon gegessen«, flüsterte ich meiner Mutter zu, und sie musste lachen.

Jeff war Ingenieur, Donna arbeitete am Schalter einer Fluglinie. Kein Vergleich zu den Victoria's-Secret-Models von Aeroflot, dachte ich, während langsam das Haus der Lokosimovs am Horizont verschwand. Mein Vater hatte einen Reiseführer aus seiner Tasche geholt und spickte die nächsten paar Kilometer unserer Fahrt mit uninteressanten Details über die nichtexistente Landschaft, während Ivan auf dem Frontsitz saß und rauchte.

Lehrer zu sein, ist kein Beruf, sondern Berufung, sagte mein Vater oft und machte dies auch zu seiner goldenen Lebensregel. Ohne Didaktik kam kein Urlaub mit ihm aus, nicht mal eine Fahrt über die A40 wurde ohne geschichtliche Hinweise und Anekdoten durchgeführt. »Die A40 wurde ursprünglich schon 1926 gebaut, jaja, da staunst du, Bastian, nicht wahr.«

Eine Lasterfahrt durch die geschichtsträchtige Ebene des Don-Deltas sollte da keine Ausnahme machen: »Da drüben seht ihr den größten Fluss der Region, meine Lieben, den Don. Der Don ist insgesamt 1870 Kilometer lang und mündet im Asowschen Meer«, bebilderte mein Vater den silbrigen Streifen, der in der Entfernung eine lange, baumlose Ebene durchkreuzte.

»Aha«, sagte meine Mutter gelangweilt, eigentlich waren wir schon froh, wenn mein Vater keinen ellenlangen Monolog über die Herkunft des Husumer Protestschweins hielt, wie er es bei der Besichtigung eines Bauernhofs an der dänischen Grenze mal getan hatte.

»Was heißt denn hier ›Aha‹, dieser Fluss ist von prägender wirtschaftlicher und geschichtlicher Bedeutung, Ingrid«, empörte sich mein Vater. Meine Mutter war immer noch verkatert und übellaunig, sie zog sich ihre Kappe tief unter die Augen und murmelte eine Beschimpfung, die mein Vater bewusst ignorierte.

»Ivan, können wir uns das Flussufer mal anschauen«, fragte er und deutete mit dem Finger aus dem Sehschlitz des Transporters. Ivan jedoch hatte Besseres mit uns vor und blickte sich nur kurz um, spuckte ein genervtes »Späääter« in den Laderaum und gab Gas.

Eine Ewigkeit später – ich war inzwischen weggenickt, die Nacht neben Alexejs Inhalatorjukebox war kurz und unruhig gewesen – wachte ich auf.

Die Klappe des Lasters öffnete sich quietschend,

zuerst sprangen Dschäff und Donner heraus, was die Stoßdämpfer mit einem zufriedenen Ächzen kommentierten. Mein Vater krabbelte ebenfalls aus dem Gefährt, schaute sich um, orientierte sich und stieg wieder ein.

»Ist wohl nur eine Pinkelpause, hier ist nichts«, sagte er knapp, doch hinter ihm rief Ivan unüberhörbar: »Rooobert«.

Ein paar Bäume und eine kleine, verlassen wirkende Hütte lagen vor uns in der Steppe. Sonst nichts. Es sah ein wenig aus wie das frühere Urlaubsziel eines Kolchoseführers, mittlerweile im Zustand der akuten Zersetzung.

Jeff und Donna begannen aufgeregt umherzulaufen. Ihr Fotoapparat klickte im Sekundentakt, die unscheinbare Szenerie wurde in das milchige Licht unzähliger Kamerablitze getaucht.

»Sehr verehrte Damen und Herren, sehr verehrte Gäste von Chikatilo Tours, Sie stehen hier vor dem Haus, in dem Andrej Chikatilo seine weltbekannte Serie begann ...«, spulte Ivan routiniert seinen Text herunter.

Wieder klickte der Fotoapparat, Jeff und Donna liefen durch die trostlose Kulisse und bekamen sich vor Begeisterung kaum ein. Die beiden Amerikaner verstanden zwar offensichtlich kein Wort, schienen aber mehr über diesen gruseligen Ort zu wissen als wir.

Mein Vater stemmte die Hände in die Hüften und fuhr mit seinem Blick die lange, ereignislose Ebene ab, die sich vor uns auftat, in einiger Entfernung konnte man die spitze Silhouette der Großstadt Rostow erkennen.

»Was denn bitte für eine Serie?«, erkundigte ich mich leise bei meiner Mutter, die ihren Kopf aus der

Ladeklappe des Lastwagens streckte und dem Blick meines Vaters über die gähnende Leere des Terrains folgte.

Es ging eindeutig nicht um das russische Flugzeug-Dallas, hier war weit und breit kein Ölimperium, keine Luxusvilla zu sehen, auch kein Saddam Wickert, der diabolisch vor einem Höllenfeuer lachte.

»In diesem Haus begann Andrej Chikatilo die Mordserie, die ihn der Welt als ›Schlächer von Rostow‹ bekannt gemacht hat«, moderierte Ivan munter weiter.

»Mordserieeee?«, kreischte meine Mutter aus der offenen Ladeklappe.

»Mordserie?«, murmelte mein Vater nachdenklich. Allmählich wurde ihm klar, dass die Christi-Geburts-Kathedrale von Thon heute wohl nicht auf der Route lag.

»Ja, insgesamt 52 Opfer ... besser als Chanibal Läkter«, dialektierte Ivan lächelnd und stapfte durch den schlammigen Boden vor der Hütte. Deswegen also die Gummistiefel.

Jeff machte im Hintergrund Fotos von der absurd dicken Donna, die wie ein menschgewordener Mett-Igel auf der brüchigen Veranda der Hütte posierte.

Wir waren auf einem Horrortrip mit einem irren Russen und zwei amerikanischen Katastrophentouristen gestrandet, langsam sehnte sich wahrscheinlich selbst mein Vater nach der sengenden Hitze eines ägyptischen All-inclusive-Urlaubs.

»Ingrid, bleib sitzen, wir machen da nicht mit«, wies er unwirsch meine Mutter an und setzte sich wieder auf die Ladefläche des Lasters.

»Ivan, wir möchten heim!«, brüllte er unserem Guide zu, während der immer noch auf dem matschigen Untergrund umherlief und sein Programm herunterspulte.

»Aber Sie haben noch nicht gesehen, wo Chikatilo gesäääägt hat!«

»Was hat der?«, fragte meine Mutter im schrillen Ton einer zu schnell drehenden Schallplatte. »Gesäääägt hat er, die Opfer ...«

»Wir wollen heim, SOFORT«, bellte mein Vater jetzt sehr laut und nachdrücklich, unsere erste kulturelle Exkursion in Russland war eindeutig als gescheitert zu erklären. Selten hatte ich meinen Vater so entrüstet und bestimmt gesehen, Völkerverständigung war nicht mehr das Ziel. Erstaunlich mutig gegenüber jemandem, der einen Revolver in seinem Handschuhfach hatte, dachte ich und tat weiter so, als würde ich nichts mitbekommen.

Ivan blieb erst regungslos vor der Lastertür stehen, schnalzte einmal mit der Zunge und verengte seine Augen zu dunklen Schlitzen.

»Aber liebe Bielendorfers, seien Sie kein Durak, ist alles schon bezahlt ...«

»HEIMWÄRTS«, brüllte mein Vater erneut. Donna und Jeff wurden wieder eingeladen und beschwerten sich in ihrem fiesen Südstaatendialekt, der klang, als hätten sie einen kompletten Brotlaib im Mund. Ivan stieg verärgert in den Laster, schlug knallend die Tür zu und fuhr los. Jeff und Donna kauten wieder Müsliriegel und zeigten meiner Mutter Fotos von ihren früheren Ausflugszielen, die sicher nicht im Neckermann-Katalog auftauchten. »Thats the place where Jeffrey Dahmer tortured people with Acid«, quäkte Donna begeistert und zeigte auf ein Foto einer verwahrlosten Wohnung. Meine Mutter nickte pikiert.

Ivans Wut stillte aber nicht seine Redefreudigkeit:

»Liebe Bielendorfers, eines aber noch zu Schluss. Raten Sie, was Chikatilo von Berruf warr!« Er schien noch immer bemüht, uns den Schlächter von Rostow schmackhaft zu machen.

»Sportlehrer!«, entschlüpfte es mir. Nach Jahren mit Teilnehmerurkunde und zu engen Leggins war Sportlehrer wirklich die einzige Berufsgruppe, der ich das Zersägen von fünfzig Menschen zutraute.

Ivan drehte sich um, schaute mich das erste Mal an diesem ganzen Tag mit einem winzigen Funken der Verunsicherung an und sagte: »Respekt! Sie haben klugen Jungen, Herr Bielendorfer. Sonst sagen immer alle Metzger oder Politiker.«

Am nächsten Morgen blieben meine Eltern lange liegen, zwar bereitete Alexej wieder seinen Leichenweckerkaffee zu, doch sie verharrten bis zur Mittagszeit auf dem muffigen Sofa und stellten sich schlafend. Als Sergej von der Schule heimkam, versuchte er die Ereignisse des Ausflugs mit ihnen zu besprechen, aber mein Vater verklausulierte seine Wut so weit, dass Sergej annahm, seine Gäste wären über den Schock hinweg. Ivan, diese joviale Mischung aus Borat und Norman Bates, hatte inzwischen versprochen, mit uns wirkliche kulturelle Kernziele zu besuchen und nicht auch noch den anderen Ausflug zu machen, den er üblicherweise seinen amerikanischen Gästen anbot. Mein Vater zeigte sich in so weit beruhigt, als dass wir nun endlich auch diese beknackte Christi-Geburts-Kathedrale zu sehen bekommen sollten.

Als wir endlich dort ankamen, gähnten meine Mutter und ich um die Wette, schöne Kirche, allerdings hatte mein Vater sich nach wenigen Minuten schon so weit in die Geschichte des Gebäudes eingearbeitet, dass man annehmen konnte, er hätte sie selbst in Auftrag gegeben. Da wurden einzelne Madonnendarstellungen verglichen, die Flöten der riesigen Orgel auf ihre Funktionstüchtigkeit abgeklopft und fachmännisch die Beschaffenheit des Bodenmaterials erläutert. Selbst Sergej war von den vielen Fragen meines Vaters überfordert, meine Mutter überlegte kurz, einen Schwächeanfall vorzutäuschen, hatte dann aber doch zu viel Angst vor den russischen Krankenhäusern.

So hatte ich mir meinen Sommerurlaub nicht vorgestellt. Ich wollte doch nur ein paar Palmen, ein bisschen Strand und frittiertes Essen bis zum Brechdurchfall! Stattdessen bekam ich einen Pädagogenvater im Kulturmodus, eine Mutter, die zeitweise haarscharf am Nervenzusammenbruch entlangschrappte, und einen Reiseführer mit Waffentick und Kohlsuppe. Ich nahm mir vor, es meinem Vater heimzuzahlen. Dass sich sehr bald eine Gelegenheit dazu bieten würde, wusste ich jedoch noch nicht.

Die Armee der Lazarettschwestern

Der Tag der Rache war schon wenig später gekommen. Wir waren in Schachtys Bildungskaderschmiede zu Gast, deren Räumlichkeiten vor dem Fall des Eisernen Vorhangs wahrscheinlich eine Borschtschfabrik beherbergt hatten. Mein Vater stellte sich hinter das Lehrerpult und setzte seine Miene für staatstragende Reden an das Volk auf. Das Volk bestand in diesem Fall aus 16 Nachtwagenschaffnern und 17 Lazarettschwestern aus der Zarenzeit, jedenfalls waren das die ersten Assoziationen, die mir beim Anblick der russischen Schüler kamen. Alle trugen zum Festtag unseres Besuches ihre ehemaligen Schuluniformen aus der Sowjetzeit. Die Jungen hatten dicke Filzanzüge an, die Mädchen trugen schwarze Kleider mit weißer Spitze und riesige cremefarbene Bommel auf dem Kopf, die an Baisertörtchen erinnerten. Es sah ein wenig so aus, als wäre ein Bataillon Bergmänner mit Folkloretänzerinnen aus dem Schwarzwald zur Blitzhochzeit genötigt worden, der ganze Klassenraum war mit Lametta und glitzernden Girlanden bedeckt, in ihrer Mitte standen ich und mein Vater wie zwei graue, archaische Obelisken.

Mein Vater hielt eine Rede auf Russisch, die Kinder nickten synchron wie betrunkene Wackeldackel zu jedem Wort, das er sprach. Sergej Lokosimov stand an der Seite und schaute die Klasse ermahnend an. Das, was mein Vater dort zum Besten gab, schien sehr erheiternd zu sein, nach jedem Satz fing die Klasse an zu klatschen und zu lachen, vielleicht lag es auch daran, dass Sergej stets das passende Signal gab, indem er selbst anfing zu lachen und zu klatschen, wenn mein Vater einen Satz beendet hatte.

Während des Völkerverständigungsmonologs fiel eine Girlande fast lautlos von der Wand, das brüchige Gemäuer war kaum in der Lage, eine Heftzwecke zu halten. Ein kühler Wind pfiff durch die undichten Fensterrahmen, auf dem Boden lagen Teile der Deckenverkleidung, alles wirkte trotz der betonten Festlichkeit sehr marode. Sergej versuchte diesen Umstand zu kaschieren, indem er sich vor das riesige Loch stellte, welches in der Klassenraumwand klaffte.

Die russischen Schüler erinnerten nur entfernt an ihre deutschen Pendants, bis auf die grundsätzliche Gewaltenverteilung (Lehrer spricht, Schüler sollen zuhören) war nicht viel vom deutschen Schulsystem wiederzuerkennen. Anders als die auf den Stuhlbeinen kippelnden und gelangweilten Schüler aus meiner Heimat saßen diese hier wie stocksteife Puppen da, die Hände auf dem Tisch gefaltet und den Tornister einheitlich rechts neben dem Stuhl platziert.

Mein Vater war von so viel Zuspruch durch die Schüler selbst wohl etwas verunsichert – obwohl ich kein Wort von dem verstand, was er da mit ausladender Gestik von sich gab, merkte ich, dass seine Stimme zitterte.

Es war der vorletzte Tag unseres Russland-Urlaubs, meine Eltern sahen nach weiteren heiteren Saufgelagen bei Mamita Maja inzwischen leicht ramponiert aus. Mein Vater hatte Augenringe und war unrasiert, meine Mutter erinnerte eher an Iggy Pop als an eine deutsche Grundschullehrerin. Auch an mir hatten die 14 Tage Survivalurlaub Spuren hinterlassen: Mein ganzer Körper war mit Blessuren übersät, weil ich bei einem Jagdausflug mit Sergej und Ivan eine Böschung heruntergerollt war. Immerhin hatte ich so die armen Schweinchen verjagt, die sonst im undurchdringlichen Dickicht eines russischen Nadelwalds vor Ivans absurd großer Flinte gestanden hätten.

Jedenfalls war die Stimmung auf dem Marianengraben angekommen, ich hatte die Kommunikation zu meinen Eltern, die sich sowieso nur noch mit Ächzlauten verständigten, fast komplett eingestellt und hätte mich am liebsten den Rest der Zeit auf dem Klo eingeschlossen und auf den Abflug gewartet.

Leider gab es noch diesen letzten Programmpunkt. Sergej hatte mich und meinen Vater als deutsche Delegierte eingeladen, seine Arbeitsstelle zu besuchen, und natürlich sollten wir dort möglichst viel (dem interkulturellen Austausch dienend) von unserer deutschen Schule erzählen.

Ich hatte meinem Vater am Vorabend erklärt, dass ich mich lieber live im Samstagabendfernsehen einer Darmspülung unterziehen würde, als auch nur drei Sätze über mein Leben als deutsches Schulkind abzugeben. Er hatte wohl schon Ähnliches erwartet und deshalb ein Gedicht über deutsche Schulen verfasst, welches ich den hoffentlich gnädigen Schülern vortragen sollte.

Ich hatte mit Selbstmord gedroht und versucht, mich im Wodka zu ertränken, was dazu führte, dass meine Mutter an mein Pflichtgefühl und meinen Familiensinn appellierte. Als sie merkte, dass an beidem bei mir ein eklatanter Mangel herrschte, nahm sie meine Hände und bat mich von Herzen, meinem Vater den Gefallen zu tun, damit dieser Albtraum von einem Urlaub endlich ein friedliches Ende nahm.

Ich willigte ein, doch als ich sah, was mein Vater unter dem Einfluss von Alexejs selbst gebranntem Synapsentod zusammengedichtet hatte, wollte ich mich selbst am liebsten gleich wieder auf die Suche nach dem Kanister machen.

Auf dem kleinen, sorgfältig und leserlich beschriebenen Zettel stand allen Ernstes folgende Strophe:

Gepriesen sei die Tüchtigkeit
Des Lehrers große Tugend
Er fördert wie kein anderer
Die Zukunft uns'rer Jugend.

Der Schüler kann ihm dankbar sein
Für all sein edles Streben

Der Lehrer gibt, der Schüler nimmt
Und lernt auch so fürs Leben.

Das klang ja eher nach einer Pädagogenlobpreisung aus einem Peter-Alexander-Film von 1956 als nach zeitgenössischer Dichtung! Ich lehnte ab und bot an, mir lieber vor versammelter Mannschaft einen Eimer Curryketchup über den Kopf zu gießen, das würde auch zu Heiterkeit führen und war nur halb so blamabel.

Nach einer Nacht des Bittens und Flehens meiner Mutter, die immer noch den Familienfrieden in Gefahr sah, war ich mir sicher, dass das Konzept des familiären Friedens nicht meinen Frieden mit einschloss. Ich sagte zu, auch weil meine Eltern mir für die Zukunft einen Urlaub an einem karibischen Sonnenstrand versprachen. Ich wäre mittlerweile selbst mit FKK-Ferien auf Usedom zufrieden gewesen.

Und dann stand ich da und hielt meinen kleinen Schmierzettel in der Hand, die russischen Schüler sahen mich gespannt an. Mein Vater kündigte mich wortreich als seinen Sohn an, und eigentlich war ich schon froh, wenn er mich nicht wieder mit Oskar Matzerath oder dem Sams verglich. »Hier ist er nun, mein Sohn Bastian«, rief mein Vater und breitete seine Arme aus, als käme jetzt das Nilpferd und fräße einen Kohlkopf.

Ich trat vor, verbeugte mich steif und sah meinen Vater an, der sich stolz neben Sergej postiert hatte. Dann begann ich, meine eigene Version der Deutsch-Russischen-Völkerverständigung vorzutragen …

> Moskau, Moskau
> Wirf die Gläser an die Wand
> Russland ist ein schönes Land
> Ho Ho Ho Hey!
>
> Wodka, Wodka
> Lehrer, die sind gerne stramm
> Weil der Schüler gar nichts kann
> Ha Ha Ha Hey!
>
> Schule, Schule
> Lehrerkind sein, das ist doof
> Lebenslänglich Pausenhof
> Ho Ho Ho Hey!

Eine eigenartige Stille setzte ein, fast wie bei unserem Beinahe-Absturz in der russischen Tundra. Anscheinend war Dschinghis Khans deutsche Ostblockhymne niemandem hier ein Begriff. Gut, es fehlte zwar die Hintergrundmusik und statt einer tanzenden Truppe in Karnevalsgewändern stand nur ein Junge mit Knabenbusen und zu kurzem T-Shirt vor der Klasse, aber rein textlich hatte ich die Nummer sicher rübergebracht. Meinem Vater waren meine kleinen Änderungen offensichtlich aufgefallen, er schaute mich wütend an, als wäre aus dem Karibikurlaub gerade Strafdienst im Gulag geworden.

Plötzlich sprang Sergej von der Wand ab und brach in frenetischen Jubel aus, die Kinder fingen auch an zu applaudieren, als hätte ich gerade meisterhaft den Faust gegeben. Anscheinend hatte keiner außer uns beiden etwas von meinen Tiraden verstanden, Sergej klopfte mir stolz auf den Rücken, während ich immer noch dastand wie bei der Musterung.

Er schob mich neben meinen Vater, der mich weiterhin mit versteinerter Miene ansah und wahrscheinlich überlegte, wie er meinen Großeltern in Deutschland erklären sollte, dass ihr Enkel nicht aus Russland zurückgekehrt war.

»Gar nicht schlecht, oder?«, murmelte ich leise, während ein Mädchen mit einer Balalaika den Raum betrat. Mit der absurd großen Folkloregitarre sah sie aus wie Schlumpfine am Kontrabass.

»Ich rede nie wieder ein Wort mit dir, so eine Blamage«, gurrte mein Vater böse. »Es hat doch eh kein Mensch was verstanden«, versuchte ich meine kleine Improvisation zu entschuldigen.

»Ich habe es verstanden ...«, sagte mein Vater dann und schwieg.

Doswidanja, Mütterchen Russland

Mein Vater hielt sein Wort, er sprach wirklich nicht mehr mit mir. Jedenfalls nicht mehr an diesem Nachmittag. Als wir zu meiner Mutter zurückkehrten, spielte sie gerade ein russisches Trinkspiel mit Ivan und Alexej: Alle drei hatten einen Bierdeckel an den Kopf geklebt, sie lachten und amüsierten sich köstlich. Ganz im Gegensatz zu mir und meinem Vater, wir kehrten schweigend und mit einem verunsichert wirkenden Sergej im Schlepptau heim. Meine Mutter merkte recht schnell, dass mit unserem Auftritt etwas schiefgelaufen war, mein Vater verlor aber bis zum Tag unseres Abflugs kein Wort darüber.

Als der letzte Tag unserer Reise anbrach, kamen noch einmal alle Lokosimovs zusammen, die Fahrt zum Flughafen erfolgte wieder in einer Kolonne, und diesmal saßen wir ganz an der Spitze im Wagen bei Ivan. Er hatte einen Blumenstrauß und ein kleines Plastikbrautpaar auf die Motorhaube geklebt.

»Die chatten nix anderes«, lächelte er uns zu und begann damit, die nächsten 60 Kilometer konstant zu hupen. Nicht nur das immer noch andauernde Schweigen meines Vaters füllte den Innenraum des Wagens mit einer gewissen Tragik, irgendwie waren uns dreien die Lokosimovs trotz oder vielleicht sogar wegen ihrer vielen Schrägheiten ans Herz gewachsen. Opa Alexej hatte für unsere Abreise extra seinen Lungenautomaten auf den Rücksitz hieven lassen, er weinte schon vor Rührung, bevor wir überhaupt unsere Sachen im Kofferraum verstaut hatten.

Als wir am Flughafen ankamen, wartete die gleiche Propellermaschine auf uns, die uns vor zwei Wochen fast zu Feinstaub zermahlen hätte. Sergej drückte uns beim Abschied das Blut aus dem Hirn, es herrschte ein Gefühl ehrlicher Trauer darüber, dass die Gäste, die so oft mit ihren fremdländischen Gepflogenheiten (zum Beispiel Grünkohl nicht mit Zucker zu essen) überrascht hatten, jetzt schon wieder gehen mussten.

Sogar bei mir und meiner Mutter flossen ein paar Tränen, mein Vater gab das Maximum an Ergriffenheit von sich, das ein deutscher Beamter äußern konnte, und räusperte sich mehrmals sehr intensiv.

Mamita Maja strich mit ihren welken Händen über mein Gesicht und murmelte ein paar russische Abschiedsformeln, während auch ihren Knopfaugen kleine Tränen entflossen. Vielleicht freute sie sich auch nur, dass mir in der Zeit unseres Aufenthalts trotz ihrer anfänglichen Verwünschungen keine Hörner und kein Schwanz gewachsen waren.

Als die Maschine schließlich klappernd abhob und

in den klaren Himmel des russischen Nirgendwo entschwebte, sah mich mein Vater an und sprach zum ersten Mal wieder mit mir.

»Sag mal, wusstest du eigentlich, dass Leslie Mandoki von der Gruppe Dschinghis Khan in Ungarn geboren ist?«

»Ja, Papa, das wusste ich – was meinst du, wessen Plattensammlung mich auf die Idee mit dem Gedicht gebracht hat?«

»Na«, grunzte er versöhnlich. »Dann haben die Besuche bei Easy Records ja doch was zu deiner Erziehung beigetragen.«

Ich nickte, und wir überlebten, allen Wahrscheinlichkeiten zum Trotz, den Heimflug von dieser zugegebenermaßen ziemlich lustigen Bildungsreise.

Jesus in der Pubertät

Die Pubertät traf mich mit der Gewalt einer Kanonenkugel in die Leiste. Plötzlich und unvermittelt setzte meine Reifung ein und verformte meinen gedrungenen Kinderkörper in einen dicken Ast, an dessen Seiten viel zu lange Gliedmaßen hervorschossen.

Da Gott sich wohl entschieden hatte, jede einzelne Plage der Menschwerdung an mir auszuprobieren, bekam ich neben meiner Dicklichkeit, Kurzsichtigkeit und diversen orthopädischen Zivilisationserkrankungen jetzt auch noch Akne. Die Pusteln entstellten mich in einem Maß, dass selbst meine Eltern nur noch mit Mitleid in mein Gesicht schauen konnten. Als hätte ich meinen Kopf auf eine Landmine gehauen, waren Stirn und Wangen über und über mit Pickeln bedeckt. Ich rieb mich mit verschiedenen Tinkturen ein, die meine Mutter bei ihrem Haus- und Hofhomöopathen requirierte, aber das führte nur dazu, dass ich glänzte wie ein frischer Honigschinken aus der Supermarktauslage.

Meine Chancen bei Frauen sanken abermals, in diesem Zustand hatte das andere Geschlecht so viel Zuspruch für meine Avancen, als wäre ich ein buckliger Henker mit Zahnfäule. Erst war ich dauerhaft heiser gewesen, was zwar jegliche Singstimme erfolgreich vernichtet hatte, aber mir wenigstens akustisch die

Anmutung eines Erwachsenen verlieh, jetzt kam der Aknefluch. Ein Blick in den Spiegel reichte aus, um mir diese Annahme zu bestätigen: Ich sah immer noch aus wie eine halbgare Brühwurst, meine bleiche Haut überlagerte das Skelett wie ein fleischfarbener Putzlappen, Bartwuchs setzte auch nicht ein.

Eines Morgens wachte ich auf, und meine Gesichtshaut sah aus wie die eines genesungsfernen Patienten für trockene Lepra. »Klingone«, murmelte ich mir selbst zu und war überrascht, wie schnell auch meine Klassenkameraden auf diesen doch relativ kreativen Einfall kamen. Klingonen, die äußerst übellaunige Rasse aus dem Universum des Raumschiffs Enterprise, waren das serientechnische Ebenbild zu den jungen Liberalen: Sie waren schon in frühster Jugend Arschgeigen mit Hautproblemen, und auch später wollte kaum noch jemand etwas mit ihnen zu tun haben. Außerdem haben Klingonen, mit Verlaub, eine Scheide auf der Stirn.

Selbst meine Lehrer kommentierten meine Gesichtskirmes mit einem trockenen Lächeln. Ich war selbst im Vergleich zu den vielen Generationen von verpickelten Zahnspangenträgern, die sie über die Jahre schon bespaßt hatten, noch eine Art Absurdum, eine Sammelstelle für körperliche Fehlerhaftigkeit, die sie jede Woche mit einem neuen Auswuchs überraschte.

Schließlich erklärte mir sogar Onkel Willi, dass die knappe »Vier«, die er meinem Aussehen bisher gegeben hätte, angesichts der massiven Verschlechterung der Umstände nicht zu halten sei. Leider sei ich jetzt bei einer »Fünf«: sexuell versetzungsgefährdet. Das baute mich auf.

Nach ein paar Wochen der öffentlichen Scham entschied ich mich daher für einen Besuch beim Hautarzt, der sich meiner Bitte um Hilfe wegen der Beamtenkrankenkasse meiner Eltern auch sofort annahm.

Schon beim Betreten der Praxis wurde mir meine Ausnahmestellung bewusst, den Sprechstundenhilfen, allesamt Frauen mit einem Hang zur optischen Würdelosigkeit, fiel fast gemeinschaftlich der gemalte Lidstrich von der nussbraunen Stirn.

Unser Haushautarzt Dr. Spiecher betrachtete meine sonderbare Epidermis durch eine absurd große Lupe und lächelte mich dann durch das Vergrößerungsglas an wie ein alter Kugelfisch. »Pubertätsbedingte Akne«, attestierte er und stellte mir ein Rezept aus.

Überraschend. Etwas weniger vorhersehbar als die Diagnose des Doktors war sein Vorschlag zur Behandlung. »Vorsicht, mit dem Medikament ist nicht zu spaßen. Sie dürfen während der täglichen Einnahme weder Alkohol zu sich nehmen noch irgendwelche anderen Betäubungsmittel.«

»Wie lange muss ich das denn nehmen?«, fragte ich zögerlich, und mir schwante schon, dass er jetzt »mehrere Wochen« sagen würde.

»Ach, nur sechs Monate, dann ist der Spuk vorbei«, erwiderte er nüchtern und schob mir das Rezept über den Mahagonitisch.

Sechs Monate? Ich war kurz davor, 16 zu werden, und die einzige Möglichkeit, Partyabende als einsames Dickerchen zu überstehen, war die, dass man sich mit Alkopops zugoss. Anders waren der mich umgebende Frohsinn und die aufkeimende Geschlechtsreife der andern nicht zu ertragen. Ich spielte grundsätzlich nur den Zaungast und gab zwischendurch hin und wieder eine süffisante Bemerkung von mir, die dann von allen erwartungsgemäß ignoriert wurde.

Wenigstens bei meinen Eltern führte mein Klagelied von der ewigen Abstinenz zu viel Heiterkeit. Mein Vater las den dreiseitigen Beipackzettel laut vor und unterstrich mit rotem Textmarker, was er für besonders außergewöhnlich hielt.

»Trockenes Hautbild, Abschuppung, spröde Lippen, Nasenbluten, Harnröhreneffekte ...«

»Infekte ... es sind Infekte«, korrigierte meine Mutter.

»Ist doch völlig egal«, meinte mein Vater und las weiter aus der endlosen Liste der kleinen und großen Grausamkeiten vor, die mich möglicherweise erwarteten.

Um es gleich vorwegzunehmen, ich bekam sie alle. Nebenbei befahl sich mein Körper, der Liste noch ein paar neue Nebenwirkungen hinzuzufügen, sodass ich nach den ersten Wochen auf Ruraxilin zwar immer noch aussah wie frisch mit dem Mähdrescher gebürstet, dazu aber wenigstens noch unter Verstopfung und Keuchhusten litt.

Die schlimmste Nebenwirkung von allen sollte sich aber erst am Ende meiner Genesungsphase zeigen. Es war an einem Mittwoch in der sechsten Stunde bei Frau Zippert, unserer Religionslehrerin.

Meine Eltern hatten aus mir schon früh einen zweifelnden Agnostiker gemacht, ich glaubte nichts, was ich nicht persönlich gesehen hatte, das galt für den Yeti genauso wie für den lieben Gott oder die Mondlandung. Auch wenn ich aufgrund meiner absurden Dämlichkeit oft nah daran gewesen war, die Existenz meines Schöpfers persönlich zu überprüfen, hatte ich immer knapp genug überlebt, um meinen familiär bedingten Atheismus aufrechterhalten zu können. Trotzdem war ich immer ziemlich gut gewesen in Religion, in der Grundschule ebenso wie auf dem Gymnasium. Vielleicht lag es an der erzchristlichen Orientierung meiner Großeltern mütterlicherseits, die wohl mehrmals während meiner Ferienbesuche versucht haben, mich ohne Wissen meiner Eltern notzutaufen, und die vor dem Schlafengehen immer »Oh Haupt voll Blut und Wunden« sangen, anstatt mir ein Pixiebuch vorzulesen. Der ganze Gottglauben ging mir ab, die Stories vom gierigen Zöllner Zachäus oder dem Erzengel Michael könnte ich aber heute noch im Halbkoma runterleiern.

Meine Religionslehrerin Frau Zippert war ein eigenartig freudloses Wesen, das schlimmer nach Kölnisch Wasser roch als ein Kegelausflug vom Altersheim. Frau Zipperts Alter war wegen ihres sonderbaren Kleidungsstils, der irgendwo zwischen Miss Marple und Uschi Blum schwankte, schwer zu schätzen. Ich denke, sie war zwischen 20 und 70 Jahren alt. Frau Zipperts Mimik saß straffer als das Toupet von Elton John, unter den Schülern machte das Gerücht die Runde, sie würde sich, wenn sie mal lachen wollte, in ein eigens gegrabenes Loch im Keller legen und dann spöttisch husten. Ihre braunen Haare standen trotz akkurater Trimmung immer von ihrem bleichen Schädel ab, es wirkte ein wenig, als wäre eine Katze auf ihrem Kopf verstorben und festgewachsen.

Seit Frau Zippert bei einem Klassenausflug mal einen Schüler, der laut »Scheiiiiße« rief, ermahnt hatte, das »braune Wort« nicht zu sagen, nahm sie eh keiner mehr ernst. Das braune Wort. Pffft. Außerdem hatte Frau Zippert eine Angewohnheit, die ihre Nähe für die meisten Menschen zu einer wahren Belastungsprobe machte. Sie atmete laut, sehr laut. Die kleine, schmale Frau Zippert schnaufte mit jedem Atemzug wie ein Mastochse, der versuchte, eine Kokosnuss zu kacken. Woher diese Eigenschaft kam, war allen ein Rätsel, vielleicht war Frau Zipperts respiratives Gewaltschnaufen der unbewusste Ausdruck einer unterschwelligen Frustration, die sich über die Jahre ihres ereignislosen Daseins auf diesem Planeten angestaut hatte. Vielleicht hatte sie als Kind auch einfach mal versucht, sich eine Madonnenstatue in die Nase zu stecken. So oder so, Frau Zippert röhrte bei jedem Atemzug den halben Klassenraum zusammen, und manchmal, wenn sie grunzend wie ein Hammerwerfer die Luft einsog, sah ich ein paar Mädchen in der ersten Reihe ängstlich ihre Schreibblöcke festhalten. Frau Zippert mochte mich, denn im Gegensatz zum Rest meiner Mitschüler, für die Jesus und das Alte Testament ungefähr so interessant waren, wie ein zweistündiger Film über Chlorbleiche von Toilettenpapier, zeigte ich wahres Interesse am Unterrichtsstoff, arbeitete aktiv mit und durfte, da ich nun einmal der einzige Motor des Unterrichts war, trotz meiner Konfessionslosigkeit teilnehmen. An diesem Mittwoch in der sechsten Stunde nun stellte ich Frau Zipperts restliche Zurechnungsfähigkeit auf eine harte Probe. Nach Monaten als Kirschstreusel hatte ich endlich wieder die Züge eines Menschen angenommen. Die Rückgabe einer Klausur war geplant, und ich hatte ein ungewöhnlich gutes Bauchgefühl. Das gleichmäßige Schnaufen von Frau Zippert drang durchs Klassenzimmer, während sie mit gespitztem Mund die Reihen abschritt und einem Schüler nach dem anderen sein persönliches Urteil offenbarte. In den meisten Fällen war es vernichtend, Thomas Moorenbecker hatte in seiner Klausur besonders eindrücklich die Rolle von Martin Luther King bei der Bekämpfung der Ablasspraxis in der katholischen Kirche betont, ein anderer hatte den Sohn Gottes »Juzus« genannt.

Frau Zippert legte die vernichtenden Klausuren regungslos hin, in dem Fernsehtestbild ihrer Seele konnte ein schlechter Klausurdurchschnitt schon lange keinen Tornado mehr entfachen. Als sie vor mir stand, sah sie auf meine Klausur, nickte einmal wohlwollend und legte mir eine glatte Eins hin. Plötzlich veränderte sich die Starre ihres Gesichts, ihre geraden Mundwinkel verbogen sich abwärts, und über ihre faltige Stirn fiel eine Furche, die wie eine endlose Arschritze aussah. Ihre Pupillen fingen an zu zittern, ihr verdorrter Leib geriet in eine unaufhörliche Schwingung. Ich drehte mich um und schaute, ob vielleicht der Klassenraum in Flammen stand. Doch alles war in Ordnung. Dann merkte ich, dass auch die anderen Schüler mich mit größter Skepsis anstarrten. Ein dunkelroter Tropfen rann auf meiner Nase herab und platschte auf die vor mir liegende Klausur. Auf meiner Stirn prangte tatsächlich ein daumengroßes Loch, von dem aus sich eine Blutspur quer über mein Gesicht zog. Frau Zippert sah mich völlig gebannt an, dann bekreuzigte sie sich und rieb an dem kleinen Silberkruzifix, das sie immer bei sich trug.

Entgegen Frau Zipperts erster Vermutung, waren aber weder der Teufel noch Juzus oder der Heilige Geist in mich gefahren, nein, mein Stigma war vielmehr die finale Nebenwirkung von Ruraxilin. Spontane Blutungen der oberen Hautschichten. Ich erinnerte mich, wie mein Vater die Nebenwirkung rot unterstrichen hatte.

Frau Zippert starrte mich immer noch an. Anstatt sich allerdings auf mich zu stürzen und mir den Teufel auszutreiben, bewegte sie sich geräuschlos rückwärts, schüttelte mechanisch den Kopf und verließ, immer noch mir zugewandt, den Klassenraum. Es war das letzte Mal, dass ich Frau Zippert gesehen habe, sie ließ sich berufsunfähig schreiben und wurde später an eine neue Schule versetzt. Die anderen Schüler waren seit diesem Vorfall zwar immer noch nicht meine Freunde, ich genoss aber die nächsten Jahre das Ansehen, ganz im Alleingang eine Lehrerin von der Schule vertrieben zu haben. Eine durchaus positive Nebenwirkung von Ruraxilin.

| Name | Klasse | Datum | Blatt |
|------|--------|-------|-------|//
| Der Lateinlehrer | | | |

Kommen wir nun zu einer Spezies Lehrer, deren Beschreibung ein besonderes Fingerspitzengefühl verlangt, dem Lateinlehrer. Das Selbstvertrauen des gemeinen Lateinlehrers speist sich einerseits zwar daraus, dass er ein besonders altehrwürdiges und klassisches Fach unterrichtet, ist andererseits aber auch stark davon angekratzt, dass sein Lehrgegenstand in etwa die gleiche Alltagsnähe und Relevanz hat wie das Erlernen des Morsealphabets oder der Schädelvermessung. Der Lateinlehrer lebt ständig in der Grauzone zwischen selbst empfundener Wichtigkeit der lateinischen Sprache (»Allein schon für die humanistische Bildung, mein Kind!«) und dem aufkeimenden Bewusstsein, dass man ebenso gut Hirschpaarungslaute oder Klingonisch lehren könnte. Als Reaktion auf diese innere Dissonanz versucht sich der Lateinlehrer im Schulalltag durch das Tragen von Filzjacken-Cordhosen-Kombinationen in Taubenkotdunkelgrün zu tarnen und so die vierzigjährige Dienstzeit in der Lauerhaltung eines Kieselsteins einfach auszusitzen. In der Zwischenzeit wird auf Lehrerseite dekliniert und konjugiert, was das Zeug hält, während auf Schülerseite eher malträtiert und defloriert wird. Der Lateinlehrer hangelt sich mit dem andauernden Bewusstsein der eigenen Obsoleszenz durch den Schuldienst, was eigentlich den Sportlehrern gut zu Gesicht stehen würde, von diesen aber (leider!) so nicht empfunden wird. (Warum das so ist, erkläre ich später.)

Den Hinweis der Schüler, dass Latein »so tot wie Napster« sei, überhört der nicht gerade technikaffine Lateinlehrer gern, ebenso wie die Frage, warum in »Ben Hur« und »Gladiator« denn kein Latein gesprochen werde, wenn die Sprache doch so bedeutsam sei?

Name	Klasse	Datum	Blatt

Eigentlich wäre es sinnvoller, Jugendliche in der Mammutjagd und der Wartung von Gaslaternen zu unterrichten, anstatt jahrelang über eine Sprache zu dozieren, die höchstens bei einer Berufung in den Vatikan noch vonnöten ist. Natürlich muss erwähnt werden, dass viele Hochschulfächer, allen voran Medizin und Theologie, das Latinum voraussetzen, allerdings ist auch hier in der alltäglichen Praxis die wirkliche Verwendung der lateinischen Sprache fraglich. Als mögliches Beispiel für die Alltagsfremde der lateinischen Sprache sei folgendes Gespräch zwischen einem Arzt und seinem Patienten als Beispiel gegeben:

Der junge Assistenzarzt Ingo Hullermann, gerade aus dem lateingeprägten Medizinstudium entlassen, klärt Herrn Göller, 72, gerade aus dem jahrelangen Vollrausch entlassen, über ein akutes medizinisches Problem auf.

Dr. Hullermann: »So, Herr Göller, nach eingehender medizinischer Diagnostik muss ich Ihnen mitteilen, dass Sie an Steatosis hepatis leiden.«

Herr Göller: »Watt?« (Dreht sich eine Zigarette, speichelt hustend das Filterblättchen ein und wirkt im Gesamten leicht genervt.)

Dr. Hullermann: »Es ist so, Sie müssen gewisse Modifikationen Ihrer Lebensweise dulden, wenn Sie diesen Morbus gut überstehen und rekonvaleszent werden wollen.«

Herr Göller: »Watt is Doktor? Ich versteh nix!« (Herr Göller hustet gelben Rotz, der die Konsistenz von Theodor zu Guttenbergs Haarpomade hat.)

Schnitt. Hier endet die Praktikabilität der lateinischen Sprache.

Name	Klasse	Datum	Blatt

Dr. Hullermann: »Okay, alter Junge, wenn Sie nicht mit dem Saufen aufhören, sind Sie, mit Verlaub, am Arsch.«
Herr Göller lässt die Kippe fallen und bekommt Schnappatmung.

Unter der Cordrüstung des Lateinlehrers, die von einem leicht schmuddeligen Stoppelbart und Postbotenledermokassins komplettiert wird, schlummert (insbesondere im Vergleich zu anderen Pädagogen, die sich ja eigentlich dauerhaft innerberuflich paaren, was wiederum die vielen Lehrerkinder erklärt) außergewöhnlich oft ein Single. Lateinlehrer sind statistisch signifikant oft alleinstehend, was wahrscheinlich auch daran liegt, dass es neben Atomphysik und Informatik kaum ein Themengebiet gibt, das Frauen so zielsicher bis ins Wachkoma langweilt.
Wenn es dann doch zu Verbindungen kommt, bewahrheitet sich wieder die alte Regel, dass berufsinterne Verpaarung meist die höchsten Erfolgsaussichten hat. Wie auch Mediziner und Juristen haben Lehrer die Tendenz, sich hauptsächlich im Kollegium zu verlieben. Dies untermauert nicht nur die alte Binsenweisheit »Gleich und Gleich gesellt sich gern«, sondern führt auch zu manch erheiternder Episode, wenn man Lehrer dabei beobachtet, wie sie versuchen, sich an Vertreter anderer Berufsgruppen ranzumachen.
Ungelenk wie ein Königspinguin, der ein Shetlandpony besteigen will und vor der fremden Spezies steht, doof guckt und sich fragt, wie er da bloß jemals hochkommen soll, sind auch Lehrer in der Beziehungsanbahnung gegenüber fremden Berufsgruppen so locker wie Gießbeton. Es passt einfach nicht, der fremde Geruch des potenziellen Opfers, der so gar nicht an Kaffeesatz, frisches

Name	Klasse	Datum	Blatt

Kopierpapier und Filterzigaretten erinnert, die fremden Bewegungen, die ohne erhobenen Zeigefinger auskommen und auf den belehrenden Duktus verzichten, schließlich das fehlende Wissen über den Feind, den gemeinen Klassenfeind, den Schüler, ohne das der Lateinlehrer niemals durchs Leben kommen würde. Worüber soll man da schon reden? Kommunikation in Beziehungen reduziert sich über die Jahre immer auf das Wesentliche, und es gibt nun mal nicht viele Schnittpunkte zwischen einer entnervten Mathematiklehrerin und einem Orthopäden, der alltäglich schlaffe Seniorengelenke zum Einrasten bringt.

Unser Lateinlehrer Herr Fischer war ein Paradeexemplar eines Lateinlehrers, das feiste Wohlstandsbäuchlein immer unter grob gehäkelten Pullundern verborgen, auf denen sich rote Rentiere auf ewig wie irre im Kreis drehten. Herr Fischer ernährte sich eigentlich nur von Bananen, was ihn im Zusammenhang mit seiner wuchernden Körperbehaarung (manchmal war man sich nicht sicher, ob das noch Pullunder oder schon Oberkörper war) zu einer Art Missing Link zwischen Primat und Oberstufenpädagogen machte. Wegen seiner leicht feuchten Aussprache verlangte es den Schülern der ersten Reihe doch einiges an Mut ab, ohne Regencape eine ganze Unterrichtsstunde durchzustehen. Die Bananenstücke flogen bei seinen häufigen Monologen manchmal meterweit in den Klassenraum, gierende Tauben wackelten vor den Fenstern auf und ab und hätten sich zu gern auf Herrn Fischers Hinterlassenschaften gestürzt. Die lateinische Sprache ist so schon nicht arm an S-Lauten, besonders gefürchtet waren jedoch die Unterrichtsstunden, in denen Herr Fischer über »Scipios Feldzug« berichtete und

Name	Klasse	Datum	Blatt

die Bananenreste manchmal in olympischen Rekordweiten durch den Klassenraum schleuderte.

Trotzdem muss man Herrn Fischer enormes Bemühen um sein Fach und die Schüler attestieren. Er verbrachte nicht nur seinen beruflichen Alltag in der Schule, sondern auch seine Freizeit. Häufig wenn sich ein durchgefrorener Trupp an Sechstklässlern durch die nasskalte Dunkelheit eines Dezembermorgens zum Schulgebäude vorgekämpft hatte, saß er schon mit einer Thermoskanne und der Tageszeitung in seinem Volvo 80 und wartete auf den Unterrichtsbeginn. Wo andere Lehrer sich morgens völlig entmutigt aus den Laken schälten, schon bei der Hinfahrt zur Schule von der Unlust gepackt den nächsten Baum anvisierten und nur im letzten Moment noch das Steuer herumrissen, gab es bei Herrn Fischer nur Frohsinn und Begeisterung über das eigene Schulfach. Herr Fischer war einer der wenigen Lehrer, die sich der humanistischen Bildung mit Leib und Seele verschrieben hatten.

Die Splittergruppe der weiblichen Lateinlehrer wird hier nicht ausführlich erwähnt, erstens weil die Lehrerinnen viele Grundeigenschaften mit ihren männlichen (Leidens-)Genossen teilen (abgesehen von dem Hang zur speckigen Lederjacke, die man sonst ohnehin nur bei Männern findet, die in den hintersten Ecken der Bahnhofsbuchhandlung nach Heften über Sex mit dicken, haarigen Frauen suchen), zweitens weil sie einen so geringen Teil der Gesamtpopulation ausmachen, dass sie kaum eingehend zu analysieren sind.

Eine eigene Praxis

»Jetzt mach doch mal was aus deinem Leben«, sagte meine Mutter mit der drängenden Kraft eines Schlagbohrers. Mein Vater saß neben ihr und schaute betreten. Irgendwie schaute er immer betreten, wenn meine Mutter in diesem Ton zu mir sprach.

»Ich bin erst 16, was soll ich denn machen?«, griente ich zurück. Die Frage war allerdings durchaus angebracht. Das Abitur rückte näher, meine Noten waren überraschenderweise sehr in Ordnung, ich hatte kaum Fehlstunden, nahm keine Drogen und hatte auch noch keinen Aufenthalt im Jugendarrest hinter mir ... noch nicht.

»Andere wissen in dem Alter schon, was sie werden wollen«, quiekte sie weiter und spielte damit eindeutig auf Sören Malte an, meinen unseligen Cousin. Mein Vater nickte synchron, als müsste er das Gesagte noch telegrafieren. Nicht nur, dass Sören Malte schon mit sieben gewusst hatte, dass er mal ein Wirtschaftsimperium leiten würde, nein, er hatte es verdammt noch einmal auch noch geschafft und saß jetzt mit Ende zwanzig im Chefsessel eines Immobilienbüros. Sören Malte war so spannend wie das Wort zum Sonntag auf Albanisch, und ich hätte mich niemals an diesem gegelten Egel, der FDP wählte und einen nagellackroten Audi TT fuhr, messen wollen. Das Engagement meiner Mutter für meine Werktätigkeit überraschte mich etwas, war sie es doch gewesen, die mit ihren neugierigen Anrufen meine Karriere als Tengelmann-Regalschubse nach wenigen Stunden Ferienjob gleich wieder beendet hatte. Ich hatte den Fehler gemacht, direkt neben dem Gurkenregal ans ständig klingelnde Telefon zu gehen, wofür mich die Filialleiterin Frau Patzig, eine eins zwanzig große Tyrannin mit Hitlerbart, nach nicht mal drei Stunden Arbeit in den Ruhestand entließ.

»Wie wäre es denn mit Zahnarzt?«, schlug sie allen Ernstes vor, verstummte dann im Gedanken an meine angeborene Grobmotorik aber gleich wieder. Wahrscheinlich huschte ihr gerade das Bild durch den Kopf, wie ich meinem ersten Patienten versehentlich den Bohrer ins Hirn rammte.

»Oder Jura, wie wäre denn Jura?«, lautete ihre nächste Spitzenidee. Ich plädierte auf »nicht fähig«. Erstens war allein der Gedanke gruselig genug, den Rest meines Lebens im BGB nachzublättern, ob man seinen Nachbarn verklagen konnte, weil der seinen Rasen mit Eigenurin bewässerte, und zweitens sah ich im Anzug aus wie ein Zehnjähriger bei der Erstkommunion.

»Stell dir mal vor, eine eigene Praxis ...«, malte meine Mutter ihren Spießertraum vom holzvertäfelten Prachtbüro aus, in dem ich über Sprechanlage einen Kaffee bei meiner Sekretärin ordern konnte.

»Ihr glaubt doch nicht im Ernst, dass ich Anwalt werde, lieber schrubbe ich für den Rest meines Lebens die Dixiklos auf Rockkonzerten«, brüllte ich den Establishmentträumen meiner Eltern entgegen.

»Du schuldest uns aber noch was«, sagte mein Vater. Ein Lächeln huschte über sein Gesicht, er konnte es kaum erwarten, den Satz zu vollenden. Jetzt würde er gleich wieder mit der Statistik kommen, dass jedes Kind bis zum Berufseintritt seinen Eltern etwa eine halbe Million Mark kostete. In meinem Fall sei es eigentlich das Doppelte, weil ich immer so viel gegessen hatte. Seit er mal einen Artikel über diese Milchmädchenrechnung gelesen hatte, hörte er gar nicht mehr auf, mir meinen persönlichen Tilgungsplan für die nächsten 30 Jahre zu erstellen.

»Genau 465 Mark«, sagte er und schob zu meiner Überraschung einen kleinen Zettel mit der Endabrechnung meiner Kopfnoten aus der Grundschulzeit über den Tisch. Insgesamt hatte ich in drei Jahren 225 Mark durch gute Noten verdient und 690 Mark durch schlechtes Benehmen wieder verloren. Ergebnis war, dass ich meinen Eltern 465 Mark für grobes Fehlverhalten schuldete. Von der halben Million mal ganz zu schweigen.

Andere Eltern hoben eine Locke aus der Kinderzeit oder die ersten Schuhe Größe 16 auf, meine sammelten meine Schuldscheine und archivierten sie als ewiges Zeugnis meines schlechten Benehmens.

Bockig trat ich gegen die Tür, die scheppernd in den Rahmen knallte, und hörte meinen Vater nur dumpf noch durch das Holz rufen: »Du glaubst doch wohl nicht, dass du bei einem solchen Verhalten noch mal eine Eins bekommst?«

Pilawa sagt, ich soll Putzfrau werden

Das Berufsinformationszentrum war ein grauer Plattenbau, der wie ein Blinddarm am riesigen Gebäude des Arbeitsamtes Gelsenkirchen hing. Auf dem trostlosen Vorplatz liefen ein paar Tauben ziellos um einen

Obdachlosen herum, der an einen blattlosen Baum gelehnt ein Schläfchen hielt. Auf einem kleinen Mauervorsprung direkt vor dem Eingang saß eine Frau mit einem notdürftig bekritzelten Pappschild, auf dem »Suche Arbeit« stand. Ich musste lächeln und überlegte, ob ich ihr raten sollte, sich doch mal umzudrehen. Aber, wie ich gleich erleben sollte: Hochmut kommt vor dem Fall.

Als ich das BIZ betrat, schlug mir direkt die unverwechselbare Geruchsmischung aus Kaffeesatz, Kopierfarbe und Asbeststaub entgegen, die so ziemlich jedes städtische Büro auszeichnet. Mir bot sich ein Bild, bei dem sich jeder Feng-Shui-Berater die Augen mit einem Esslöffel herausgepopelt hätte: grauer Teppich, graue Plastikpflanzen, graue Menschen, Staubmilben in Ekstase. Auf den schmalen, mit Teppich ausgelegten Fluren eilten Menschen hektisch hin und her, in einem kleinen Warteraum hustete ein Mann mit einem beachtlichen Vollbart elegisch. Daneben gab es noch einen Warteraum. Und noch einen. Dahinter befanden sich ein Klo und noch ein Warteraum. Über jeder der zahllosen Türen war eine digitale Nummerntafel angebracht, an den Wänden klebten vergilbte Kunstdrucke von Miro und van Gogh. Ein kleiner, surrender Automat spuckte Zettelchen aus, sofern man einen roten, blinkenden Knopf drückte. Idiotensicher. Ich drückte. Nichts geschah.

Nach dem sechsten, immer nervöser werdenden Drücken, erhob sich ein Mann, der neben einer Plastikpalme in der Ecke saß, und trat kräftig gegen den Automaten. Daraufhin ließ die Maschine ein kleines Papierstück mit dem Aufdruck »F234« fallen. Bevor ich mich bedanken konnte, setzte sich der Mann wieder neben die Plastikpalme und schloss die Augen.

Ich fühlte mich mit zunehmender Verweildauer immer unwohler und versuchte, dies durch betont teilnahmsloses Blättern in der BIZ-Broschüre zu überspielen.

Meine Sachbearbeiterin auf Seite 13 hieß Gudrun Salpeter und sah auch so aus. Ihr welliges rotes Haar, eine leicht schief sitzende, getönte Brille und ein Hintern, der zu allen Seiten über den unvorteilhaften Bürostuhl hinausquoll, strahlte mich in Hochglanz an. Wie ich wenig später erfahren sollte, litt Frau Salpeter unter beruflich bedingter schlechter Laune mit vermehrt auftretenden Anfällen von Amtsmüdigkeit und purer Willkür. Sie saß wie alle anderen in einem kleinen, gläsernen Kastenbüro und beriet Schüler, Studenten und andere Beschäftigungslose auf ihrem Weg ins Berufsleben. Mein Weg ins Berufsleben hörte derzeit noch auf den schlichten Namen F234. Leider blinkte über Frau Salpeters Glaskammer gerade erst die F193 auf, und in dem winzigen Warteraum neben ihrem Büro stapelten sich geschätzte hundert Menschen, von denen die Hälfte noch vor mir an der Reihe zu sein schien. Ich erblickte ein Schild, das für mich als Angehöriger der Generation X, deren Aufmerksamkeitsspanne gerade einmal die Zeit eines Werbeblocks überbrücken konnte, geradezu wie gerufen kam.

»Wollen Sie Wartezeiten verkürzen? Nutzen Sie unsere elektronische Beratung mit der Hilfe von BiWip, dem Berufsinformationswissensportal.« Neben dem Schild winkte mir eine sehr amateurhaft gestaltete Computerfigur mit blonden Haaren fröhlich zu – die aussah, als hätte man Jörg Pilawa plastiniert.

Ich folgte der Aufforderung und saß wenige Augenblicke später auf einem kleinen Plastikstühlchen in der BiWip-Kabine und starrte auf einen hektischen Pilawa, der mit seinem quadratischen Zeigefinger auf einen Button mit der Aufschrift »Beginne die Erfahrung« deutete. Ich drückte und wartete auf »die Erfahrung«. Diese bestand erst einmal darin, mein Geburtsdatum einzugeben. Und das meiner Eltern. Hier scheiterten sicher schon viele und gingen lieber zu Frau Salpeter. Ich nicht. Das wusste ich noch. Adresse war auch okay. Versicherungsnummer ... ääh. Woher sollte ich die denn jetzt kennen? Überspringen. Pilawa schüttelte enttäuscht den Kopf. Sozialversicherungsnummer. Überspringen. Nettoeinkommen. Wozu war ich denn hier? Ich hatte ja noch gar keins, also ebenfalls »Überspringen«.

Langsam wurde es besser, ich durfte meine Interessen eingeben. Das war natürlich gar keine so einfache Frage. Galten Fernsehen, Chips essen und Kinofilme auch als Interessen? Oder fiel das eher unter geistige und körperliche Verwahrlosung? Ich tippte mein sehr schmales Interessensspektrum ein und log noch ein »Sport treiben, kulturelles Engagement« hinzu. Pilawa schaute mich ausdruckslos an – war ja auch keine leichte Aufgabe, tagein, tagaus orientierungslosen Pfeifen wie mir beim Lügen zuzuschauen.

Dann kam ein elend langer Katalog an Multiple-Choice-Aussagen, einfaches »Ja/Nein« genügte.

»*Ich bin interessiert an vielfältigen Aktivitäten.*«
Eindeutig »Ja«.
»*Ich kann mich bei der Arbeit richtig reinhängen.*«
Könnte sein ... also »Ja«.
»*Ich mag die Natur.*«
Doch, »Ja«, ich hatte nur manchmal das Gefühl, die Natur mochte mich nicht.
»*Ich bin gerne im Freien.*«

Mmh, wenn nichts im Fernsehen läuft, wohl auch »Ja«.

Bisher hatte ich einen wirklichen Run, vier Mal »Ja« bei vier Fragen, das war wohl schon ein sehr guter Wert. Ich schlug eindeutig den Karrierepfad zum Astronauten oder zumindest zum Hochschulprofessor ein.

»Ich brauche nicht viel zum Leben.«

Viel wovon denn? Geld ja nun nicht, die halbe Million Mark bei meinen Eltern konnte ich ja in Raten abzahlen. Also wieder »Ja«.

Das Bild wurde kurz schwarz und präsentierte dann den Schriftzug: »BiWip berechnet deine Zukunft.«

Das klang gut. Ich lehnte mich zurück und wartete, was für ein verlockendes Angebot Pilawa nach meinen Ausführungen für mich haben würde, vielleicht etwas in einer Führungsetage? Die Phantasien meiner Mutter über das holzvertäfelte Luxusbüro waren eindeutig infizierend.

Dann kam meine Zukunft. Wie ein Sack Zement ins Gesicht.

Die vorgeschlagenen Berufswege lauteten:

»1) Förster

2) Opernsänger

3) Hygienetechniker

Informationsmaterial zum jeweiligen Berufszweig entnehmen Sie bitte dem Archiv in Raum 43c.«

»Bittttteeee«, kreischte ich auf. Ich konnte hören, wie die Leute in den anderen BiWip-Kabinen genervt schnauften. Sollten sie doch – die hatten ja auch die niederschmetternde Vorhersage noch nicht erhalten, dass sie höchstens als Putzfrau oder Tannenstutzer geeignet waren.

Pilawa starrte mich verständnislos an, seine Aufgabe war erfüllt, das Bild sprang wieder auf den Anfang zurück, und der miese Drecksack zeigte erneut auf den roten Button mit der Aufschrift »Beginne die Erfahrung«.

Ich platzte fast vor Wut. Förster, das war doch das Letzte. Ich hatte sogar geschafft, die kleine, standhafte Kaktee auf meiner Fensterbank verrotten zu lassen. Ich würde innerhalb eines halben Jahres den Schwarzwald zur Wüste niedergewirtschaftet haben. Opernsänger ... na ja, vielleicht bevor mir der Stimmbruch die Oktaven geraubt hatte. Aber Hygienetechniker? Basti, die Putzfrau?

Ich beschloss, mir meine Antwort direkt bei der zuständigen Fachkraft zu holen und schoss durch die muffigen Gänge des Amtes. F234 hin oder her, Frau Salpeter war mir erst einmal ein paar Erklärungen schuldig. Ich riss die Tür zu ihrem Büro auf und brüllte: »Ich will Antworten auf meine Erfahrung!« Ich klang wohl, als wäre ich gerade im Wigwam einer Bekehrungssekte erleuchtet worden, denn Frau Salpeter schob in Zeitlupe ihr Kaugummi von der linken in die rechte Wange und kläffte nur ein elendig genervtes: »NUMMER?«

Ich hielt mein dösiges Zettelchen hoch und behauptete, das tue hier gar nichts zur Sache. Dieser Meinung war Frau Salpeter eindeutig nicht. Sie drohte mir mit dem Sicherheitsdienst und tippte bereits hektisch auf ihrem Tastentelefon herum. Ich entschied, dass ich gerade nicht festgenommen werden wollte, und ging in den stickigen Warteraum zurück, in dem ich die restlichen vier Stunden Wartezeit damit verbrachte, mir böse Spitznamen für Gudrun Salpeter auszudenken.

»Mett-Igel mit Beinen.«

»Die rote Zora von Bora Bora.«

»Die zarteste Versuchung, seit es Fußpilz gibt.«

»Regentonne mit Brüsten«, murmelte ich gerade, als die rote Digitalanzeige auf »F234« sprang. In Sekundenbruchteilen nahm ich vor Frau Salpeter Platz, ihre Mimik hatte immer noch die Dynamik einer Nashornrosette, während sie mich kritisch ansah und einen Kamillenteebeutel aus ihrer Tasse fischte.

Ich eröffnete das Gespräch mit »Pilawa sagt, ich soll Putzfrau werden«, damit hatte ich schon mal ihre Aufmerksamkeit, wenn auch nicht unbedingt im positiven Sinne.

»Jetzt bleiben Sie mal schön ruhig«, beschwichtigte mich Frau Salpeter und legte mir ihre dicke Hand auf den Arm. Von dieser zärtlichen Geste kurz ausgebremst starrte ich ihre roten Fingernägel an, auf die jemand Schnörkel aus kleinen Glaskristallen aufgetragen hatte. So musste es sich anfühlen, wenn man getasert wurde.

Ich erzählte Frau Salpeter von meiner verheerenden Prognose, der Computer sei wohl kaputt, oder wie?

Frau Salpeter blieb ruhig wie das tote Meer, sie hatte wohl tagtäglich Opfer von BiWip zu betreuen.

»Nein, nein, dass Sie kein Förster sind, ist mir schon klar«, sagte sie und tippte ein paar Informationen in ihren Computer. Wahrscheinlich hielt das Pilawa-Männchen gerade ein Schild mit der Aufschrift »Vollidiot« hoch.

»Wie sind denn so Ihre Noten?«, fragte sie und war nach meiner Putzfrauengeschichte wohl überrascht, dass diese nicht total unterirdisch waren.

»Mmh, wie wär's denn mit Tierarzt? Da hätte ich gerade eine Praktikantenstelle frei ...?«

Ich sah meine Mutter schon wild hin und her springen: »Junge, eine eigene Praxis!«

Tierarzt? Gar nicht mal so schlecht, eigentlich sogar ganz gut. Tiere lagen mir ohnehin am Herzen, vielleicht auch, weil ich mich mit meinem Hund besser verstand als mit den meisten Klassenkameraden. Außerdem passte es ganz gut, denn das sechswöchige Schulpraktikum der elften Klasse stand sowieso bald an.

»Da gibt es sogar ein kleines Gehalt als Aufwandsentschädigung«, sagte Frau Salpeter und führte damit das letzte, entscheidende Argument ins Feld.

»Das nehm ich …«, schoss es aus mir heraus. Immerhin besser als Förster oder Opernsänger.

Frau Salpeter gab mir die Kontaktdaten und wünschte mir für mein Praktikum viel Glück. Wie sich herausstellte, würde ich das gebrauchen können.

Der Tierarzt

Als ich nach Hause kam, frohlockten meine Eltern wie erwartet, und meine Mutter suchte schon mal die Wandfarbe für meinen zukünftigen Behandlungsraum aus (»Ein helles Eierlikör wirkt freundlich und beruhigt.«). Mein Vater hingegen rechnete aus, wie lange ich mit einem Praktikantengehalt brauchte, um meine Schulden für die Kopfnoten bei ihnen zurückzuzahlen.

Statt Einrichtungstipps für meine künftige Praxis hätten wir uns jedoch besser Gedanken über ein paar essenziellere Dinge machen sollen. Rückblickend hätte ich für mein Praktikum nämlich den Magen eines erfahrenen Pathologen gebraucht, eine Portion Antidepressiva, die selbst ein Faultier fröhlich gestimmt hätte, eine Brechtüte von der Größe Belgiens und außerdem Panzerhandschuhe, besser noch eine Ritterrüstung.

Dann waren die Sommerferien gekommen und mein Praktikum in der Tierarztpraxis Dr. Holbrecht begann. Dr. Ferdinand Holbrecht war ein Mann mittleren Alters mit grauen Schläfen und einem schmalen Mund, der sich nie bewegte. Jedenfalls nicht in meiner Gegenwart, ich glaube, Dr. Holbrecht hat in den sechs Wochen meines Praktikums nur einmal direkt zu mir gesprochen. Als Sprachrohr diente ihm Simone, seine stets gut gelaunte Sprechstundenhilfe. Dieses »Stille-Post-Prinzip« führte dazu, dass ich einmal fast ein Zäpfchen für Hunde ab 40 Kilogramm Körpergewicht in einen Hamster gestopft hätte – zum Glück ging Simone dazwischen und hielt mich davon ab, den Nager zur Explosion zu bringen.

Die ersten Tage als Praktikant waren eigentlich ganz angenehm. Ich sah zu, wie Kaninchen kastriert wurden, und lernte eine Rotwangenschildkröte mit Reizdarm kennen, deren Gesichtsausdruck mich irgendwie an meine Religionslehrerin Frau Zippert erinnerte.

Mein Aufgabenspektrum beschränkte sich in den ersten Tagen vor allem darauf, die Tiere bei der Behandlung festzuhalten und mich beißen zu lassen. Eigentlich biss mich jedes Tier in der Praxis mindestens einmal, außer einer phlegmatischen Rennmaus namens Harald, die war selbst dafür zu antriebslos.

Die wahre Prüfung sollte an einem Morgen kommen, der zunächst ganz ruhig begann. Dr. Holbrecht schwieg mich wie immer an, ließ mir jedoch über Simone zukommen, dass ich mich bisher »ganz okay«

schlug. Nach dieser Adelung startete ich beschwingt in den Arbeitstag, der mit einem Perserkater namens Bodo begann, welcher sich bei seiner Impfung so geschickt um die eigene Achse drehte, dass er mir auf ewig den Abdruck seiner Schneidezähne in den Arm stanzte. Danach kam ein bulliger Mann mit einem noch bulligeren Hund in die Praxis; es war entweder ein Dobermann, ein Rottweiler oder ein Bisonbulle. Der Hund hieß Sultan und war Wachhund auf dem Firmengelände eines Autohauses. Oder eher eines Hehlerschuppens, jedenfalls ließ die Anmutung seines Herrchens mit Bomberjacke und durchrasierter Augenbraue Ähnliches vermuten. Der Mann hieß Dragan. Sultan sah trotz seiner Statur recht jämmerlich aus, sein Kopf hing schlaff herunter und sein Oberkörper zitterte.

»Wasch isch mit den Hund, der is kaputt, oder?«, eröffnete das Herrchen das Diagnosegespräch.

Dr. Holbrecht schaute in Sultans Rachen, eine Reihe bemerkenswert weißer Zähne klaffte hervor.

»Was hat er als Letztes gegessen?« Die Frage war berechtigt. Dem Geruch nach zu urteilen war es ein Seekuhkadaver mit Knoblauch gewesen, ich hielt mir angeekelt die Hand vor den Mund.

Es stellte sich heraus, dass Herr Dragan seinen Hund mit Schlachtabfällen fütterte, was an sich schon nicht sonderlich tierlieb war. Dass der Hund dabei allerdings den ganzen Unterschenkelknochen eines Rinds verschluckt hatte, war sicherlich nicht im Sinne des Herrchens gewesen, denn der Darmverschluss schränkte Sultans Kompetenzen als Wachhund erheblich ein. Schnelles Handeln war angesagt, Dr. Holbrecht verfiel jedoch nicht in unnötige Hektik, sondern holte ganz langsam einen Eimer heraus, in dessen Boden ein langer Schlauch eingepasst war. Es sah ein wenig aus wie ein Ersatzeuter für die Handaufzucht von Kälbern, aber dafür war der Eimer leider nicht gedacht.

Dann sprach Dr. Holbrecht das allererste und einzige Mal während meines Praktikums direkt zu mir.

»Du machst das«, brummte er mit seinem überraschend wohlklingenden Barry-White-Organ und drückte mir den Schlauch in die Hand.

Ich stand da, als hätte mir der Präsident gerade den Koffer mit den Atomraketencodes überreicht. Simone schaute mich betreten an, irgendwie erinnerte mich das an den Blick meines Vaters. Das konnte nichts Gutes heißen. Sultan wimmerte ein leises »Auweia«.

Der Knochen, der sich in seinen Gedärmen verkeilt hatte, war nur durch einen Einlauf oder eine kostenintensive Operation wieder zu entfernen. Dr. Holbrecht hatte bereits richtig geschlussfolgert, dass Herr Dragan kein Vertreter der Franz-von-Assisi-Fraktion war und deshalb die rustikalere Behandlungsform favorisierte.

Meine genaue Aufgabenstellung bestand darin, den Gummihandschuh bis zur Achsel hochzuziehen und großzügig mit Gleitgel einzucremen – und dann sollte ich mit dem Arm und dem Schlauch, aus dem warmes Seifenwasser floss, mit vollem Karacho rein in den Sultan.

Dr. Holbrechts Gesichtsausdruck vermittelte eindeutig die Botschaft, dass ich mit einer Befehlsverweigerung nicht durchkommen würde, also schien mir »Augen zu und durch« die einzige Option zu sein.

Dr. Holbrecht und Simone begannen Sultan zu fixieren. Nachdem sein Brustkorb festgeschnallt und ein Maulkorb angebracht war, begann ich damit, in Galaxien vorzudringen, die vor mir noch nie ein Mensch gesehen hatte. Als ich anfing, Sultan den Schlauch einzuführen, erwachten plötzlich seine Lebensgeister, und aus dem jauchzenden Häuflein Elend wurde wieder der hochgezüchtete Wachhund. Als ich langsam Richtung des unverdauten Knochens vorstieß, schoss mir ein Schwall angestauter Darmgase entgegen, die mir erfolgreich den Scheitel glattzogen und Herrn Dragan zu einem sehr angebrachten »Oh mein Gott, isch kotz gleich« verleiteten.

Was danach kam, verbietet eigentlich jede Beschreibung. Während ich in Sultan herumfuhrwerkte, als wäre der Hund ein verstopfter Abfluss, versuchte er sich vom Behandlungstisch loszureißen und mich samt Gummihandschuh und Mundschutz aufzufressen. Dr. Holbrecht und Simone hielten mit aller Kraft dagegen, und als ich endlich den Knochen zu fassen bekam und ihn herausziehen wollte, schoss mir Sultan zum Dank noch vier Hektoliter halb verdaute Schlachtabfälle ins Gesicht. Herr Dragan verlor vor Ekel die Besinnung und knallte auf den Boden des Behandlungsraums. Ich hingegen blieb zugekackt, aber zielstrebig, kniff die Augen zusammen, hielt die Luft an und verzichtete auf jede Reflexion dessen, was mir da gerade um die Ohren flog. Endlich kam der Rinderknochen zum Vorschein, er war so groß wie eine Salatgurke und zur Hälfte abgenagt.

Während ich mir die Posuppe vom Oberteil strich, sagte Simone: »Glückwunsch, es ist eine … Kuh«, worüber Sultan aber nicht lachen konnte.

Dr. Holbrecht schon, er gab mir für den Rest des Tages frei und bot mir sogar an, in seiner Privatwohnung zu duschen.

Als ich nach Hause kam, saßen meine Eltern im Wohnzimmer und spielten Karten. Mein Gesichtsausdruck erinnerte an einen Nierensteinabgang, außerdem roch ich noch immer, als hätte ich seit meiner Geburt in der Mülltonne vor dem Haus geschlafen.

»Vielleicht werde ich doch lieber Anwalt«, murmelte ich in ihre Richtung, während ich wie eine Schnecke eine Kotspur hinter mir herzog. Den Rest des Tages verbrachte ich mit einem Mentholinhalator in meinem Zimmer und studierte den Studienratgeber der Uni Dortmund.

Als ich mich am nächsten Morgen an den Frühstückstisch setzte, lag der Schuldschein über die 465 Mark auf meinem Teller. Mein Vater hatte ihn in der Mitte durchgeschnitten.

| Name | Klasse | Datum | Blatt |

Der Biologielehrer

Biologielehrer sind wohl die Lehrkräfte, die am leichtesten zu identifizieren sind. Sie wirken im Schulalltag immer ein wenig deplatziert, die asbestverseuchten Schulgemäuer, die sich wie trostlose Leichensäcke aus Granit in das Stadtbild legen, sind für den naturverbundenen Biologielehrer wie ein Gefängnis, denn schließlich hat er sein Studium ursprünglich begonnen, um Schülern die Schönheit unserer Natur zu vermitteln. Über die Jahre ihres Beamtendienstes beginnen die Biologielehrer ein eigenartig eremitenhaftes Leben, sie bilden eine Art pädagogische Subkultur innerhalb der Schule, die so weit von der nikotingetränkten Resignation des sonstigen Lehrkörpers entfernt ist wie David Hasselhoff heutzutage vom Charterfolg. Während die anderen Lehrer den Rückzugspunkt Lehrerzimmer festungsartig ausbauen, zieht es den Biologielehrer in die Natur, notfalls kann selbst der Beobachtungsposten vor dem Schimmelwuchs im warmen Kellergewölbe der Schule als Zufluchtsort vor dem Unterrichtsalltag dienen. Da hockt er nun, der gemeine Biologielehrer (lat. Biologis pädagogicus), umringt von seinen in Formaldehyd eingelegten Wegbegleitern namens Opossum und Wabenkröte, und betet für ein schnelles Verstreichen seines vierzigjährigen Schuldienstes. Viele Biologielehrer befriedigen autodestruktive Tendenzen durch das Heranzüchten von Tieren, die sie dann mit einer besorgniserregenden Genugtuung an noch größere Tiere verfüttern. Ich erinnere mich, dass eine sympathische, aber verblendete Mitschülerin von mir unserem Biologielehrer Dr. Bommelheim einmal einen Pappkarton voller Hühnerküken entriss, die eigentlich in die Fänge seiner Schmucknatter Jutta sollten, und mit diesen aus dem Schulgebäude flüchtete. Was aus den Küken wurde, ist Hörensagen, als ich

Name	Klasse	Datum	Blatt

die sympathische Mitschülerin ein paar Jahre später wieder traf, führte sie jedenfalls keine Gruppe erwachsener Hühner mit sich.

Männliche Biologielehrer haben oft etwas Einsiedlerhaftes. Unser Lehrer Dr. Bommelheim lebte in einer Holzhütte im Wald, wusch seine Kleidung in den kalten Strömen eines Bachs und produzierte seinen eigenen Käse. Nebenbei roch er, als würde er sich vor dem Schlafengehen selbst in Formaldehyd einlegen, dazu passend trug er stolz einen grauen Rauschebart vor sich her, der am Saum schon vom Rauch selbst gedrehter Bantam-Zigaretten vergilbt war. Dass keine Frau sein Bett teilte, überraschte wenig, jedoch schien er auch an seiner eigentlichen Lebensaufgabe, dem Lehrerdasein, bemerkenswert wenig Interesse zu haben. Eigentlich zeigte er uns nur Super-8-Schmuddelfilmchen aus den Siebzigern, die wohl unsere längst erfolgte Aufklärung herbeiführen sollten. Während er in einem Hinterzimmer des Klassenraums selig Schmetterlinge mit Ammoniak vergiftete, sahen wir Heiner Lauterbach (noch mit Haaren auf dem Kopf!) dabei zu, wie er sich in verschiedenen Stellungen im »Schulmädchenreport 6« abmühte. Dieses Szenario beschreibt nicht nur relativ passend den Rahmen, in dem ich das erste Mal Sexualität tatsächlich zu sehen bekam, nämlich in Form eines dümmlich schwitzenden Heiner Lauterbach, sondern auch, wie der Biologielehrer seiner schulischen Tätigkeit nachgeht: Mit einer gewissen Gleichmütigkeit klärt er Kinder über Sexualität auf, während er selbst keine hat, und verbringt die restliche Zeit damit, lebendige Tiere in den Zustand der Unvergänglichkeit zu versetzen, indem er sie zunächst vergiftet und dann fein säuberlich präpariert.

Dr. Bommelheim war auch in seinem restlichen Verhalten ein Kuriosum in der Lehrerwelt. Seine Außenkontakte beschränkten sich auf die regelmäßige Pflege des Schulgartens, den er mit Leidenschaft umpflügte und mit neuen, exotischen Pflanzen bestückte. Da der Schuletat knapp war und der Schulgarten nicht gerade Priorität hatte, konnte er allerdings vom schmalen Monatsgeld nur das Nötigste kaufen, was bedeutete, dass der Schulgarten eigentlich nur aus unansehnlichen Unkrautgewächsen bestand, zwischen denen ein dicker, bärtiger Dr. Bommelheim schwitzend Löcher grub. Die Schulgarten AG musste nach relativ kurzer Zeit aufgelöst werden, weil einige engagierte Schüler asthmatische Allergieanfälle bekamen und wild prustend aus dem Gestrüpp gerettet werden mussten. Es kam heraus, dass Dr. Bommelheim eigentlich nur hochgiftige oder zumindest schwer allergene Pflanzen ausgesät hatte, zwischen Fingerhut und Brennnesseln fand sich sogar eine Kolonie Herkulesstauden, die jeden Schüler, der versuchte, sie zurückzuschneiden, in ein rot geschwollenes Ballontier verwandelten. Dr. Bommelheim hatte einen Dschungel des Todes direkt neben dem Schulhof herangezüchtet, selbst die dümmlich gurrenden Tauben vermieden es, in dieser Giftküche zu landen. Nachdem sich einige besorgte Eltern beschwert hatten, kam eine ganze Delegation von Stadtangestellten und brannte den Schulgarten auf richterlichen Beschluss mit Flammenwerfern nieder.

Weibliche Biologielehrer(innen) sind eher eine Splittergruppe. Während meiner Schulzeit habe ich nur wenige Exemplare dieser Spezies angetroffen, die sich von Fall zu Fall jedoch so sehr voneinander unterschieden, dass eine allgemeine Beschreibung schwierig erscheint. Sie wirkten

Name	Klasse	Datum	Blatt

auf mich jedoch ungemein weniger lebensfremd als die männlichen Biologielehrer, die so unbeholfen durch ihr Leben torkeln wie ein Blinder durch den Streichelzoo. Biologielehrerinnen sind entweder verblendete Ökoaktivistinnen, die an den nördlichen Stränden dieser Welt den Robben das Öl aus dem Scheitel kneten oder mit Greenpeace-Schiffen japanische Walfänger attackieren. Oder sie sind sonnenbankgebräunte Schicksen mit rot lackierten Fingernägeln, die Tiere höchstens schützen, indem sie das Leder ihrer Stilettos imprägnieren.

Abschließend lässt sich sagen, dass der Biologielehrer im Schulalltag eher eine bemerkenswerte Randerscheinung ist, da er sich in seinem Verhalten und seinen Bedürfnissen deutlich von den anderen Lehrern abhebt.

School's Out Forever

Die dunklen Wolken lagen wie ein schwarzes Tuch über der Industrie-Silhouette Gelsenkirchens. Alle paar Minuten spuckte sie ein paar milchig weiße Fäden auf unseren Schulgarten, in dem Frau Marxloh mit schwarz geschminktem Gesicht vor der gesamten Schülerschaft stand. Feierlich faltete sie ihre Hände über der Brust, schloss die Augen und legte sich in einen weißen Holzsarg, der neben einer knietiefen Grube aufgebahrt war. Untermalt von Chopins Trauermarsch ließen daraufhin sechs meiner Mitschüler die lebendigen Überreste von Frau Marxloh langsam in das Loch hinabgleiten. Zum Glück kam die Musik vom Band und wurde nicht von der Schulkapelle intoniert – sie hätten dieser tieftraurigen Melodie locker die Seelenlosigkeit eines Handyklingeltons verliehen.

Als der Sarg am Boden angekommen war, kippte Mario Bewersmann, unser in eine schwarze Kutte gekleideter Stufensprecher, ein paar Schippen feuchter Erde in die Grube. Einige Mädchen strichen sich theatralisch Tränen aus dem Gesicht und warfen weiße Rosen hinterher. Mit großer Geste drehte sich Mario Bewersmann mit gesenktem Blick zur versammelten Schülerschaft um, erhob die Arme und segnete unseren weiteren Lebensweg mit drei kurzen Worten: »Sangria für alle«.

Die Menge jubelte, aus dem Schullautsprecher grölte Alice Coopers »School's out for Summer« und der gesamte Lehrkörper stand kopfschüttelnd neben dem Grab von Frau Marxloh. Dass sich diese Frau, die sonst der Inbegriff des autoritären Pädagogenrottweilers war, zu einem solchen Mist hatte überreden lassen, konnte nur dem Einfluss von halluzinogenen Drogen oder schlichter Erpressung geschuldet sein. Jedenfalls stand fest, sie war die Hauptattraktion unseres Abischerzes, dieser sonst kreuzbiederen Tradition, in der eine Gruppe langweiliger Halbstarker kurz vor der Sparkassenausbildung noch mal die Sau rauslässt. Mario Bewersmann hatte unser diesjähriges Motto »Abicula – Die Sangriasauger von der Eliteschule« ins Leben gerufen und in Frau Marxloh wahrhaftig eine Irre gefunden, die bereit war, sich mit viel Tamtam im Schulgarten bestatten zu lassen. Während sich meine Klassenkameraden gemeinschaftlich ins Delirium tranken, verlegte ich mich auf extremes Fremdschämen. Das also sollte der Abschluss von dreizehn Jahren Schulaufenthalt sein? Dreizehn Jahre, die damit begonnen hatten, dass meine Schultüte ihren Inhalt auf den Pausenhof erbrach, jeder meine fragwürdigen Pumuckluterhosen kannte und ich in schöner Regelmäßigkeit neue Negativrekorde im Schulsport aufstellte? Ja, beschloss ich, das war der krönende Abschluss – und griff mir ebenfalls einen Strohhalm aus dem Sangria-Eimer.

A Night to Remember

Ein paar Tage später folgte noch eine Formalie, vor der es mir noch mehr graute als vor dem Abischerz: der Abiball. Das Schlimmste daran war, dass man nicht nur sich selbst in Schale werfen musste, sondern auch noch Eltern und Verwandte zusehen durften, wie man seine dösige Urkunde überreicht bekam und am Ende eine Dame zum Tanz aufforderte. Ja richtig, man sollte mit Partnerin erscheinen, was für mich schwieriger war als ein weißes Einhorn zu finden, das den ganzen Abend mit mir auf der Tanzfläche moonwalkte. Nach so vielen Jahren, in denen die Mädchen meiner Klasse wöchentlich im Sportunterricht daran erinnert wurden, welch stattliche Knabenbrüste sich unter meinem hautengen Fußballtrikot verbargen, war meine Auswahl an Begleiterinnen doch recht eingeschränkt. Eigentlich fiel mir nur Nina Tegtmeier ein, von allen nur »nasale Nina« genannt, die aufgrund einer chronischen Nasennebenhöhlenentzündung seit jeher wie ein Seeelefant mit Schnupfen klang. Grausamerweise hatten ihre Eltern sie auch noch Nina genannt, was aus ihrem Mund zu einem gequetschten »Nnnnäännnna« wurde und die Klasse regelmäßig in lautes Lachen ausbrechen ließ.

Dann kam der große Abend, ich stand vor Nina Tegtmeiers Tür, bekam vor Aufregung mehrere Erstickungsanfälle und klopfte nach zähen Minuten Bedenkzeit schließlich an.

Ninas Vater öffnete mir die Tür und hinter ihm kam Otto Waalkes im Brautkleid zum Vorschein.

Ninas dünnes Haar und ihre schlaksigen Arme verliehen ihr auf den ersten Blick etwas Marionettenhaftes, was sich leider auch auf den zweiten Blick nicht auflöste.

Jedenfalls war sie fast so groß wie ich, was den Tanzpart schon mal deutlich erleichtern würde. Wenn sie es denn vor lauter Lachen mit mir auf die Tanzfläche schaffen würde. Denn beim Anblick meiner straff gespannten Polyester-Brust entgleiste ihr kurz das Gesicht und ein gelogenes und gewohnt nasales »Schönnnn« durchbrach die Stille.

Nach einer stundenlangen Odyssee durch die Übergrößenabteilungen verschiedener Modegeschäfte der Gelsenkirchener Innenstadt war ich auf der Suche nach passender Festbekleidung mit meiner Mutter bei C&A gestrandet. Herr Hübner, seines Zeichens Abteilungsleiter, schwuler als die Village People und mit einer goldenen Krawattennadel ausgestattet, präsentierte mir und meiner Mutter mehrere Anzugkombinationen für »füllige Herren«, die allesamt aussahen wie Ottfried Fischers Schlafanzüge. Immer, wenn Herr Hübner »füllige Herren« sagte, schoss sein gezwirbelter Schnurrbart aufmunternd in die Höhe. Meine Mutter und er hatten sich nach wenigen Minuten darüber verständigt, dass ich nicht nur der Untergruppe »füllige Herren« sondern auch dem Splitterverein der »hohen Hosen« angehörte, weil meine Gliedmaßen trotz einer beachtlichen Bauchschürze geradezu spinnenhafte Ausmaße angenommen hatten. Nach einigen Stunden erfolgloser Suche blieben nur zwei Stücke Konfektionsware übrig, die nach billigem Polyester rochen und die unvorteilhaften Kurven meines Körpers auf eine Weise betonten, dass ich aussah wie Miss Piggy als albanischer Türsteher. Der eine Anzug war in Dunkelbraun gehalten und kostete samt Krawatte und Alditüte für den Kopf beachtliche 198,99 Euro, was meine Mutter unter Betonung der Singularität des Anlasses dazu verführte, das preiswertere Modell in klassischem Schwarz zu kaufen. Mit dem hohen weißen Kragen und ausladenden Rüschen im Brustbereich passte ich als Bestatter der Spaßgesellschaft immerhin ganz gut zu unserem Motto »Abicula«. Nichts anderes assoziierte wohl auch Nina Tegtmeier, die meinem Outfit immer wieder irritierte Seitenblicke zuwarf und mir dann auf der Rückbank unseres Passats wortlos den Flachmann reichte.

Gemeinsam mit meinen Eltern zuckelten wir nun also zum Abiball, der letzten Zeremonie, die mich noch von der Freiheit des Studentendaseins trennte, das ich schon so lange herbeisehnte.

Nina und ich tranken Schnaps, schwiegen und sahen aus dem Fenster. Der Passat meiner Eltern rumpelte über die durchlöcherte Hauptstraße Gelsenkirchens und ich dachte an die vielen Jahre, die ich diese Strecke mit meinem Vater gefahren war. So oft hatte ich Krankheiten vorgetäuscht, um nicht in die Schule zu müssen, und trotzdem machte sich nun eine leichte Melancholie in mir breit. War das jetzt wirklich alles vorbei? In wenigen Wochen würden alle Schüler, alle, die ich gekannt, gemieden oder gar gemocht hatte, auseinanderstreben wie ein brennender Ameisenhaufen. In ein paar Jahren würden wir uns dann auf einem dieser unseligen Klassentreffen wiedersehen, uns gegenseitig mit unseren Lebensgeschichten langweilen, die Titel und Abschlussnoten vergleichen und hoffen, dass keiner nachfragen würde, warum man statt für Amnesty nun doch als Tabak-Lobbyist arbeitete.

Die Stadthalle war ein grauer Klotz aus Zement und Spanplatten, im Inneren wummerte der hohle Beat eines Bierzeltschlagers durch die Gehörgänge zahlloser glücklicher Elternteile, die mit Camcordern und Plastikbechern bewaffnet kaum auf ihren Stühlen zu halten waren. Vor der Verleihung der Abiturzeugnisse gab es noch einen Auftritt des Schulorchesters (die »Shitties« gehörten seit dem Musikfest leider nicht mehr zum Line-up) und Simon Powalla gab ein paar seiner besten Zaubertricks zum Besten. Da der »Große Powalla« wie er sich in einem Anfall von akutem Größenwahn nannte, bedauerlicherweise die kommunikativen Fähigkeiten eines Tannenzapfens besaß, ging seine Zaubershow jedoch ein wenig zwischen der Buffeteröffnung und der Rede unseres Schuldirektors unter.

»Eine große Zukunft« stünde uns bevor, »Fenster zu einer neuen Zeit« würden sich öffnen und »ungeahnte Möglichkeiten« in unseren Händen liegen. Ich kam mir vor wie ein Teilnehmer der ersten bemannten Marsmission und Nina zwickte mir während der Rede mehrmals in den Arm und flüsterte »was für eine Scheiße«. Mittlerweile hatte ich begriffen, dass nicht nur mein leichter S-Fehler mit ihrem nasalen Tonfall ziemlich gut harmonierte, sondern wir auch eine gepflegte Verachtung für dieses Spektakel teilten, was sie zur perfekten Begleiterin bei dieser Familienkirmes für Betrunkene machte.

Dann kam der große Moment, mein Name wurde aufgerufen und aus den Boxen schepperte der von mir eigens dafür ausgesuchte Song »You can't always get what you want« von den Rolling Stones. Ich trat auf die Bühne und ein sichtlich verwunderter Schulleiter überreichte mir mein Abiturzeugnis. Mit väterlicher Geste legte er mir seine fleischige Hand auf die Schulter, nickte professionell freundlich und schob mich dann in Richtung Bühnenausgang. Meine fünfzehn Minuten Ruhm waren auf ganze acht Sekunden zusammengeschrumpft: Scheinwerferlicht in meinem Gesicht, schwitziger Händedruck, auf Wiedersehen.

Als ich mich wieder an den Tisch zu meiner Familie setzte, nickte mein Vater mir anerkennend zu, er hatte wohl verstanden, was ich mit dem Song meinte. Meine Mutter hatte begonnen, sich mit Nina über die einzelnen Lehrer der Schule lustig zu machen und Frau Marxloh hatte ihr Dracula-Kostüm mittlerweile abgelegt und sah so noch gruseliger aus als bei ihrer Versenkung im Schulgarten. Dr. Bommelheim, unser ehemaliger Biologielehrer, füllte sie langsam aber sicher mit Fruchtbowle ab und schäkerte mit ihr herum, während sie sich ständig verschämt die Hand vor den Mund hielt.

Als mit Zorbas Zantinidis auch der letzte Schüler sein Zeugnis erhalten hatte, war ein Großteil des Saals eingenickt, zu betrunken, um noch zuzuhören, oder damit beschäftigt, Frau Marxloh und Dr. Bommelheim beim Knutschen zuzusehen. Dann wurde die Tanzfläche eröffnet. Lieber hätte ich vor einer Gruppe Taliban aus der amerikanischen Verfassung vorgelesen, als öffentlich zu tanzen. Für mich war der aufrechte Gang schon eine Leistung, sich jetzt auch noch rhythmisch zu Musik zu bewegen war unvorstellbar. Plötzlich sprang Nina auf, griff nach meiner Hand und zog mich aufs Parkett. Widerwillig stand ich dort herum, bis sich die Musik schließlich durch meinen Kopf hinab in meine Füße fraß und sich erste unkontrollierte Zuckungen einstellten. Nina warf ihre Arme und Beine schon eine ganze Weile völlig ungehemmt durch die Gegend und hatte einen Mordsspaß an meinen verklemmten Dancemoves. Es war ihr anscheinend völlig gleich, was die anderen von ihr dachten. Sie schien verinnerlicht zu haben, was ich seit meiner Einschulung oft vergeblich versucht hatte. »Was kümmert es den Mond, wenn ihn ein Hund anbellt«, hatte mir mein Großvater schon damals zugeflüstert. Also gab ich alles, schloss meine Augen und tanzte.

Der Zivildienst

Ich hielt den grünen Umschlag in meinen Händen. Befühlte das Papier, billige Recyclingware, wie sie von den Behörden tonnenweise genutzt wurde. Auf dem Schreiben prangte das Siegel der Stadt Gelsenkirchen, meine Sachbearbeiterin Frau Betomskie hatte persönlich unterschrieben, die harten Kanten ihrer Schreibe hatten sich tief in den matten Zellstoff gegraben. Serifenlose Beamten-Unterschrift.

Leise Tränen sammelten sich in meinen Augenwinkeln, ich war überwältigt. Nach meinem gefühlt jahrzehntelangen Exil auf der Marsoberfläche durfte ich endlich zurück zur Erde und mich dort in die menschliche Gesellschaft reintegrieren. Neun Monate hatte ich stoisch jeden Tag meiner extraterrestrischen Existenz als Zivildienstleistender erduldet, hatte mich von Kindern aller sozialen Randgruppen herumdirigieren lassen und meine Tage zu oft neben einem Kollegen gefristet, der wegen irgendeines Strafdelikts Hunderte Sozialstunden ableisten musste. Marcel Kowalski war der personifizierte Lexikoneintrag unter dem Wort »Durchschnitt«, der graue Median der Menschheit, die Halbfettmargarine im Kühlregal. Wir hatten außer unserem Posten in der Kindertagesstätte Spieledorf eigentlich nur gemein, dass wir den Mund zum Essen und den Po zum Kacken benutzten. Wir hörten unter-

STADT GELSENKIRCHEN
DER OBERBÜRGERMEISTER

Stadtverwaltung · 45875 Gelsenkirchen

Herrn
Bastian Bielendorfer

**Fachbereich
4.1 - Kinder, Jugend und Familie –
- Jugendamt -**

Datum und Zeichen Ihres Schreibens

Datum
01.04.2004

<u>Betr.:</u> Allgemeine Verwaltungsvorschrift zur Durchführung des § 35 Abs. 2 Satz 1 und 2 des Zivildienstgesetzes

Sehr geehrter Herr Bielendorfer!

    Hiermit möchten wir Ihnen mitteilen, dass sich am 1.1.2004 das Zivildienstgesetz geändert hat. Die Dauer des Zivildienstes erstreckt sich nunmehr nicht mehr auf zehn, sondern nur noch auf 8 Monate. Da Sie laut unseren Unterlagen Ihren Zivildienst am <u>1. August 2003</u> in Gelsenkirchen angetreten haben, endete Ihr Dienst nach dem neuen Gesetz bereits am <u>31. März 2004</u> (also nicht erst am 31. Mai 2004). Eventuellen Resturlaub, auf den Sie noch Anspruch haben, werden wir Ihnen durch eine Sondergratifikation Ihres letzten Soldes als Ausgleichszahlung zukommen lassen.

    Wir bedanken uns für Ihre Mitarbeit während der Dauer Ihres abgeleisteten Zivildienstes XXXXXXXXXXXXXXXXXXXXXXXXXXXXXXX und wünschen Ihnen einen guten Start in Ihr weiteres berufliches Leben.

Mit freundlichen Grüßen!

schiedliche Musik, hatten einen vollkommen gegensätzlichen Humor und mochten nicht mal die gleichen Frauen. Ein Thema, auf das sich die meisten Männer zumindest rudimentär verständigen können. Mein ursprünglicher Plan, den Zivildienst als bezahlte Freizeitmaßnahme über mich ergehen zu lassen, war mal wieder voll danebengegangen. Alle anderen hatten eine entspannte Stelle als Essenausfahrer oder Parkplatzwächter gefunden (wo da der tiefere Sinn für die Gesellschaft lag, war mir schleierhaft). Ich dagegen saß fast ein Jahr in einem ungeheizten Bauwagen, um mich von Kindern aller Altersklassen anspucken zu lassen. Eigentlich keine neue Erfahrung für mich, trotzdem hatte ich gehofft, nach der Schule meine Rolle als Außenseiter abstreifen zu können. Dass dem nicht so war, eröffnete mir der Herrscher der Kindertagesstätte: Erdal. Schon bei unserer ersten Begegnung teilte er mir freundlich und doch bestimmt mit, dass ich nun sein »Knecht« sei, deshalb habe ich mich nun um seinen Pflegehasen »Birol« zu kümmern. Ich musste lachen, dass der Junge in der Pumphose und mit der 3 Kilo schweren Goldkette einen Pflegehasen hatte. Den Rest des Tages verbrachte ich damit, meinen Backenzahn auf dem staubige Boden des Bauwagens zu suchen. Ich hatte das Abi hinter mich gebracht und fand mich damals zum ersten Mal nicht ganz so scheiße, außerdem hatte ich mir in jahrelangem Außenseitertum einen ganz guten Musikgeschmack angeeignet, ich hatte ja Zeit. Mein Kollege Marcel hingegen stand auf Schlager, lachte über Mario Barth und liebte kurzhaarige Frauen mit sonnengegerbtem Gesicht und burschikoser Reibeisenstimme. Seine Freundin war eine Mischung aus Hella von Sinnen und der herben Roswitha vom Sonnenstudio. Magda war ihr

Name, und sie saß einen Großteil unserer Arbeitszeit auf seinem Schoß herum und schob ihm ihre gepiercte Zunge in den Rachen, als wäre sie die Azubine beim Hals-Nasen-Ohren-Arzt. Ich saß ihnen dann gegenüber und phantasierte darüber, wie ich mir einen Flaschenöffner in die Hirnhaut kurbelte. Andernfalls ging ich nach unseren zahllosen Kaninchen, Gänsen, Hühnern oder Schafen sehen, die die Stadt Gelsenkirchen früher einmal als Maßnahme zur Therapie sozial auffälliger Kinder angeschafft hatte. Die Jugendlichen der Gegenwart aber ignorierten die plüschigen Heilsbringer geflissentlich, wenn sie nicht sogar absichtlich gequält wurden. Die Kita Spieledorf war ein glorreiches Relikt der Achtzigerjahre. Als die Einrichtung begründet wurde, hatten die Männer noch Vollbärte und den postnuklearen Idealismus der Hippiegeneration mit sich herumgetragen, im Fernsehen lief die Biene Maja, während Nena gerade 99 Luftballons steigen ließ. Die Kita hatte ein zweites Zuhause für Kinder aus bildungsfernen Schichten sein sollen, ein Rückzugspunkt für Heranwachsende mit sozialen Problemen und Ängsten.

In der Gegenwart war der einzige Jugendliche mit sozialen Problemen und Ängsten dann ich, der Zivi, der von den meisten Schülern, die unsere Einrichtung nutzten, um mit Drogen zu handeln oder gratis Billard zu spielen, wie ein zurückgebliebener Hilfskellner behandelt wurde.

Ich hasste meinen Zivildienst mit Inbrunst. Jeder Tag war wie ein nicht enden wollender Kreuzweg, an dessen Ende ein nur spärliches Gehalt und ein aussichtsloses Studium im kargen Gemäuer der Uni Dortmund standen. Und jetzt sollte das Martyrium, auf dessen

Höhepunkt ich zum Schafbesitzer geworden war, tatsächlich überraschend früher zu Ende sein? Aber wie war ich überhaupt in diesen Schlamassel hineingeraten? Dazu muss man etwas ausholen.

Meinen Eltern hatte ich schon früh eröffnet, dass ich wohl keinen Wehrdienst ableisten würde. Sie zeigten sich wenig überrascht – bei der Beschau des wackligen Gestells, das sich mein Geist als Körper ausgesucht hatte, war eigentlich klar, dass ich die Grundausbildung nicht überleben würde. Ebenso war auch mein Geist selbst nicht auf Befehlshörigkeit getrimmt, wahrscheinlich wäre ich der erste Wehrdienstleistende der Bundesrepublik gewesen, der wegen anhaltender Befehlsverweigerung und strikter Dummheit zum Tod durch Erschießen verurteilt worden wäre. Ich war so ungeschickt, ich hätte mir bei der ersten Schießübung ein Projektil in die hohle Rübe gejagt, aber nicht ohne zuvor versehentlich auch den Rest meiner Kompanie auszuradieren. Ich war völlig ungeeignet, das Vaterland zu verteidigen – wäre Deutschland auf eine Armee aus Bastis angewiesen, könnte es durchaus passieren, dass wir eines Tages von Luxemburg oder Lichtenstein überrannt würden.

Mein Vater schlug vor, ich solle einfach behaupten, dass ich schwul sei. Gegenbeweise hätte ich bisher kaum geliefert, außerdem würde eine so homophobe Vereinigung wie der Bund sicherlich davon absehen, irgendjemanden zu verpflichten, der sich schon bei der Musterung wie eine Kölner Szenetranse aufführe. Der Vorschlag war wohl ernst gemeint, meine Mutter bot sogar an, mir für den Tag meiner Wehrdiensteignungsfeststellung eine schnittige lila Strähne in meinen Scheitel zu färben, notfalls könne sie mir auch die Fingernägel lackieren. Ich sah mich schon wie einen zwei Meter großen Boy George zum Kreiswehrersatzamt marschieren. Völlig unnötig, wie ich von meinen Verweigererklassenkollegen wusste, da man sich den Bund mittlerweile durch ein mehrseitiges Schreiben ersparen konnte, das eher einem Bettelbrief als einer Begründung zum Wehrverzicht glich. Also setzte ich mich eine Nacht lang hin und schrieb eine epische Begründung, warum ich tief im Pazifismus verwurzelt sei und Waffen, Krieg und jegliche aggressive Handlung von vornherein ablehnen würde. Mein Leben sei ein heiteres, dem Gebet und Gott verpflichtetes Dasein auf der Suche nach ewiger Glückseligkeit.

Dass mein Computer die aktuellsten Egoshooter parat hielt, ich mich mit kindlicher Begeisterung und einer Pumpgun durch die digitalen Heerscharen der Hölle fräste und mir zu meinem achtzehnten Geburtstag eine Paintballwaffe gewünscht hatte, verschwieg ich und schrieb, dass der Dienst an der Waffe für mich »undenkbar« sei.

Eigentlich hatte ich sogar ausgeheckt, mich um den Wehrersatzdienst zu drücken. Ich war einfach nicht von genug Selbstlosigkeit beseelt, um ein Jahr lang zum Hungerlohn Nachttöpfe zu waschen. Idealismus ging mir irgendwie ab, ich fühlte mich seit meiner Jugend eher wie ein Zaungast der Menschheit. Deshalb besuchte ich die langjährige Hausärztin unserer Familie, Frau Dr. Weiler. Frau Doktor war rothaarig, vollschlank und mit einer professionellen Nüchternheit ausgestattet, dass selbst eine Oma, der eine gurrende Taube aus dem Ohr wuchs, ihr nicht mehr als ein Lidzucken abgerungen hätte. Frau Dr. Weiler hatte in ihrer Praxis wohl schon so ziemlich alles gesehen: Feigwarzen, nässenden Ausschlag und Eiterblasen in der Größe eines Dackelhodens – nichts konnte diese

Ärztin, deren ungewöhnlich wacher Blick jeden noch so kleinen Morbus mit Interesse studierte, noch schockieren. Über die Jahre hatte sie so manche Eigenartigkeit an mir festgestellt, eigentlich gab es an mir kein Körperteil, das nicht irgendeinen Produktionsfehler aufwies. Ich war das menschliche Gegenstück eines chinesischen Uhrenimitats. Auf den ersten Blick eigentlich ganz in Ordnung, bei genauerer Betrachtung jedoch innerlich kaputt und komplett für die Tonne.

Ein Mobile aus Comic-Bienen, die mit einer Spritze in der Hand für die jährliche Impfung warben, durchschnitt lautlos die klamme Luft des Behandlungszimmers. Mein Ansinnen, mir den Zivildienst zu ersparen, quittierte Dr. Weiler nur mit einem schlaffen Kopfnicken, von einem moralbefreiten, faulen Haufen wie mir war wohl nichts anderes zu erwarten gewesen. Ich erklärte, ich wolle direkt nach dem Abitur mit dem Medizinstudium beginnen und mir nicht noch wertvolle Lebenszeit durch den Zivildienst stehlen lassen. Natürlich eine heillose Lüge, denn auch wenn ich mein Abiturzeugnis noch nicht in Händen hielt, ließ sich jetzt schon prognostizieren, dass meine Abschlussnote eher in Richtung Lehramt oder vergleichende Textilwissenschaften weisen würde. Klang aber gut, außerdem erhöhte sich so die Hoffnung, Frau Doktor würde mir eher einen Freibrief für die Freiheit ausstellen.

Ich sah schon den roten Diagnosebogen vor mir, in dem Frau Dr. Weiler ihre Entscheidung begründete:

»Liebe Kollegen und Kolleginnen vom Kreiswehrersatzamt Recklinghausen. Ich schreibe Ihnen heute in der Sache Bielendorfer, Bastian, geboren am 24.05.1984 und am 06.03.2003 verpflichtet, bei Ihnen zur Muste-

rung vorstellig zu werden. Meine Botschaft lautet: Der Junge ist ein medizinischer Trümmerhaufen und im Gesamten von so unansehnlicher Statur, dass ich dem Gemeinwohl folgend am ehesten eine Verbannung auf Elba vorschlagen möchte. Herr Bielendorfer ist im besten Falle nutzlos. Würde Gott ihn morgen durch einen kilogrammschweren Berg aus Hüttenkäse ersetzen, würde er der Menschheit einen Dienst erweisen. Es gibt nichts, ja, ich muss betonen: nichts, wozu ich Bastian Bielendorfer für fähig erachte. Es gibt keinen Teil seines Körpers, den ich mir bei einer Arbeitstätigkeit vorstellen kann, es sei denn, er legt sich als Türstopper in den Eingangsbereich. Wenn Sie einen Betrieb zielsicher zugrunde richten wollen, nehmen Sie ihn oder einen Kanister Benzin mit Sturmfeuerzeug.
Mit freundlichen Grüßen,
Dr. Simone Weiler

In Frau Dr. Weilers Gesicht war bisher allerdings kaum ein so flammendes Engagement für mein Anliegen zu erkennen, nur der spröde Charme ihres immerwährenden Gleichmuts ließ mich noch daran glauben, dass ich eine Chance hatte, diesem Mist aus dem Weg zu gehen. Dann erklärte sie, dass keines meiner Gebrechen massiv genug ausgeprägt sei, um dem Zivildienst völlig zu entgehen, was mich ehrlich gesagt überraschte, da ich aufgrund der kompletten Schlaffheit meines Körpers kaum in der Lage war, aufrecht zu sitzen. Frau Dr. Weiler meinte, mein einziger Ausweg sei die Psychoschiene. In meinem Kopf sah ich mich schon bei der Musterung Selbstgespräche führen: Wenn die Ärzte mich nach meinem Befinden fragten, würde ich einfach mehrmals »Mein Schaaaaaatz, nein, nein, du bekommst ihn nicht, denn er ist mein

Schaaaaatz, er will zu miaaaa« zischen und mich auf dem Linoleumboden in der Ecke zusammenkauern. Sie könne mir »psychosoziale Anpassungsstörungen« attestieren, bot Frau Dr. Weiler an, was bedeute, dass ich in Gesellschaft nicht zu gebrauchen sei und selbst mit dem Dalai Lama in Streit geraten würde. Dementsprechend sei ich auch für den Zivildienst nicht tauglich, es sei denn, es fände sich eine Zivildienststelle, bei der mehrminütiger Kontakt zu anderen Menschen definitiv auszuschließen sei. Ich sah mich schon in einem Bunker 500 Meter unter dem Erdboden Fässer mit Atommüll bewachen, doch Frau Doktor hustete meinen sorgenvollen Blick einfach weg. Es kann auch ein Lachen gewesen sein, bei ihr ließ sich der Übergang vom asthmatischen Husten zum Humor schlecht ausmachen.

In the Army Now ...

Ein paar Tage später stand ich also unter dem tiefgrauen Himmel Recklinghausens, es war ein Mittwochmorgen, Kinder mit absurd großen Tornistern schleppten sich durch den Nieselregen zur Schule. Vor mir lag das Kreiswehrersatzamt, ein riesiger alter Backsteinbau, auf dessen Rasen ein paar beachtlich große Hundehaufen lagen. Ich fühlte mich ganz ähnlich beschissen. Mein Vater empfahl mir durch das geöffnete Autofenster, noch »ein wenig undeutlich zu sprechen«, dann fiel ihm ein, dass ich das wegen meines abstrusen Gelispels sowieso schon tat, und er fuhr zuversichtlich winkend davon.

Schon im Warteraum bot sich ein auffälliges Soziogramm der Lebenswirklichkeit Heranwachsender aus der bildungsnahen Mittelschicht. Auf der einen Seite saßen die stramm gescheitelten Konservativen, die sich schon darauf freuten, sich auf Befehl irgendeines dahergelaufenen Knilchs mit Mütze in den Dreck zu werfen und das Vaterland zu verteidigen. Auf meiner Seite saßen ein paar ungekämmte, rauchende Alternative mit fettender Gesichtshaut, die Mitglied bei Greenpeace waren und lieber ein Dixiklo ausgetrunken hätten, als sich von Vater Staat an die Waffe klemmen zu lassen. Da fühlte ich mich wohl, uns alle verband die gleiche Vorausahnung der nächsten paar Stunden, in denen uns ein paar stoische Doktoren wie Nutzvieh betrachten und uns den brennenden Stempel »Wehrpflichtig« oder »Nicht wehrpflichtig« auf den pickligen Hintern brennen würden. Vorher musste man allerdings noch einen Becher vollmachen und ihn in eine kleine Durchreiche stellen, die mit einem mintfarbenen Vorhang abgehängt war.

Selten war mein phantasiebegabtes Hirn mit seiner Prognose so nah an der Wirklichkeit gewesen. Allein das stramme Gesicht des Amtsarztes, das mich ausdruckslos betrachtete, als ich mich durch die Tür des Behandlungszimmers schob, erfüllte schon alle meine Erwartungen. Der Raum hatte das Flair eines Schlachthofs, der Mann, der mich dort so träge beäugte, hätte hauptberuflich auch mit einer Kreissäge Schweinehälften zerteilen können.

Begrüßungslos stellte er sich vor mich, schob seinen Spatel in meine Nasenlöcher, in meine Ohren und den Mund und befahl mir, laut »Aaah« zu sagen. Dabei prügelte er mir einen metallenen Stiel so tief in den Rachen, dass er auf meinem Zäpfchen »Alle Vöglein sind schon da« hätte trommeln können. Kurz bevor ich den Arzt reflexartig in einen Schwall aus warmer Kotze badete, zog er den chemisch schmeckenden Spatel wieder aus meinem Mund und trug mir auf, mich zu entkleiden.

Da stand ich nun, nackig, wie Gott mich verplant hatte, die trüben Mauern des Amts waren in einem fahlen Weiß gestrichen, das kaum einen Kontrast zu meinem kalkfarbenen Leib bildete. Das klamme Licht der Medizinerlampen hob jede noch so kleine Unebenheit, jede noch so schmale Falte an meinem Körper hervor, ich sah mich selbst im Spiegel und bekam einen Verdacht, worin meine noch immer bestehende Jungfräulichkeit begründet lag. Der Arzt klopfte meinen Brustraum ab und fragte, ob ich Raucher sei.

»Nein, warum?«, fragte ich konsterniert, außer ein paar Tüten auf Partys hatte ich mit Rauchen nicht viel am Hut.

»Aha«, erwiderte er emotionslos, und ich sah ihn schon auf dem Anamnesebogen das Kreuzchen für »Tuberkulose« setzen.

»Beugen Sie sich mal kurz vor«, wies er mich strikt an. Was genau das Vaterland zwischen meinen Pobacken zu entdecken hoffte, wird mir wohl ewig ein Rätsel bleiben.

Es schien dort jedenfalls alles am rechten Platz, es war kein zweites Arschloch festzustellen. Dann folgte, was man in der Medizinersprache EKG nennt, der Eierkontrollgriff, bei dem der Arzt mit Gummihandschuhen bewaffnet die Hosenklötze abtastet. Seine Hände fühlten sich tot und kalt an, in den wenigen Sekunden der Begutachtung verschrumpelte mein bisschen Männlichkeit vor Schreck über die frostige Atmosphäre zu einem Paar Rosinen.

Er wies mich gleichtönig an, kurz zu husten, was

ich ordnungsgemäß tat und wobei auch mir auffiel, dass mein Atem rasselnd klang.

»Ihre Werte sind so weit in Ordnung«, nuschelte er mir mit Blick auf die Auswertung meines Urins dann undeutlich zu. »Grundsätzlich kann ich Ihrer Befähigung zum Ersatzdienst nur zustimmen.«

Oh Mann, ich hatte die stille Hoffnung gehabt, der verkleidete Metzger würde wenigstens genug Fachkenntnis besitzen, um zu erkennen, dass der mangelhafte Klops, der da kurz vorm Siechtum stand, eigentlich für nichts zu gebrauchen war, weder für den Dienst an der Waffe noch an der Bettpfanne. Also musste ich meine Geheimwaffe herausholen, die ich für den Fall der Fälle in meiner Jackentasche verstaut hatte.

»Herr Doktor, ich habe hier ein Attest über ›psychosoziale Anpassungsstörungen‹, wenn Sie sich das mal ansehen wollen.« Der Arzt schaute so verdutzt, als hätte ich gesagt: »Herr Doktor, ich habe hier fünf Kilo waffenfähiges Uran, wenn Sie sich das mal ansehen wollen?«

Ich drückte ihm den kleinen Zettel in die Hand und betete inständig, dass Deutschland keine attestiert Schwergestörten wie mich auf seine Pflegebedürftigen losließ.

»Mmh«, grunzte der Arzt, stumpf fuhr sein Blick über das Blatt Papier.

»Sagen Sie mal, ist Diebstahl richtig oder falsch?«, fragte er mich völlig unvermittelt und begradigte seinen Mund zu einem neutralen Strich.

»Falsch«, sagte ich, ohne groß nachzudenken.

»Ist Mord richtig oder falsch«, fragte er erneut.

»Falsch«, sagte ich erneut und hoffte, dass meine Abiprüfungen ähnlich schwer ausfallen würden.

»Richtig, mein Lieber, richtig. Mit Ihnen ist alles in Ordnung, ich denke, man kann Sie problemlos im Zivildienst einsetzen.«

»Wie bitte?«, schoss es aus mir heraus, ich sah schon einen senilen Greis mit seinem Gehstock auf mich einschlagen.

»Okay, okay, hören Sie mal. Geht ein Mann in eine Fleischerei und sagt: ›Ich will was von der groben Fetten.‹ Sagt der Metzger: ›Tut mir leid, die ist heute in der Berufsschule!‹«

Ich musste lachen, für fade Witzchen war ich immer zu haben.

»Sehen Sie, Sie sind völlig gesund, jemand mit Anpassungsstörungen hätte da nicht gelacht.« Dann überreichte er mir die Unterlagen und begleitete mich zur Tür, vor der schon ein anderer unglückseliger Kandidat darauf wartete, dass ihm in den Hintern geschaut wurde.

Zum Abschied gab mir der Amtsarzt noch einen Händedruck mit der Kraft eines Gabelstaplers und entließ mich mit den Worten: »Viel Glück dort draußen, mein Junge.«

Ich war mir nicht sicher, ob er nur den Zivildienst oder die ganze Welt meinte.

Hühner, die Verstecken spielen

Ich schaute Marcel dabei zu, wie er sein Panini-Sammelheft auf dem kahlen Tisch zwischen uns ausbreitete. Die Seiten glänzten künstlich und klebten statisch aneinander, als er das Heft aufblätterte und die Seite 168 glattstrich.

Panini-Sammelbildchen, mit 19 Jahren, dachte ich

und überlegte kurz, ob ich ihn nicht fragen sollte, ob wir uns eine Bibi-Blocksberg-Kassette dazu anhören oder das große Playmobil-Piratenschiff aus dem Schrank kramen wollten. Ich entschied mich dagegen und wandte meinen Blick von dem Versuchsaffen vor mir ab, der bei zu viel Aufmerksamkeit bestimmt wieder davon anfangen würde, mir von seinem Komasaufen und dem gemeinsamen Erbrechen mit seinen Freunden zu erzählen.

Da schaute ich doch lieber ein wenig an die holzvertäfelte Decke und zählte die Astlöcher, die mich wie eine Abfolge von Rosetten anlachten.

Plötzlich sprang die Tür auf, Fati Yildim kam herein und hustete zur Begrüßung, als müsste er ein Pfund Estrich hervorwürgen.

»Chef, Chef kommse ma, sik de lan, da isch, ja die Vögel, mit die Vögel, Abuuuuuuu.«

Ich erwartete ja keine druckreifen Sätze von Fati, aber dieser Mischmasch aus Türkisch, Deutsch und Hustgeräuschen war kaum noch als Sprache zu identifizieren. Außerdem musste Fati geradezu zwanghaft nahezu jeden Satz mit »Abuuuuuu« beenden, was wohl eine Äußerung der Verwunderung oder Begeisterung sein sollte. Er verwendete »Abuuuu« so inflationär, dass kaum rauszufinden war, ob im Vorgarten gerade ein Ufo gelandet war oder er einfach einen Maulwurfshügel faszinierend fand. Fati war zehn, hatte bereits einen Schnurrbart wie Schimanski und die Manieren eines mittelalterlichen Folterknechts.

»Was für Vögel denn, Fati?«, fragte ich genervt. Ich war gerade beim achtundvierzigsten Astloch angekommen, jetzt konnte ich noch einmal neu anfangen, schönen Dank auch.

»Ja, Mann ey, Herr Bastian, die Vögel halt, die tun komisch gucken, ey, Abuuuu. Kommse schon, jalla jalla.«

Die einzigen Vögel, die Fati meinen konnte, waren entweder die fünf Hühner oder das Paar Gänse, das ich Margot und Erich getauft hatte, weil sie so abgrundtief böse waren. Die konnte er kaum meinen, erstens schauten die Gänse eh immer komisch, zweitens traute sich kaum ein Kind in die Nähe der biestigen Riesenvögel, besonders Fati nicht, den sie selbst im Sitzen überragten.

»Was heißt denn bitte komisch gucken ...?«, wollte ich noch fragen, doch Fati hatte mich schon vor die Tür gezerrt. Hinter mir sah ich Marcel noch sorgfältig sein Panini-Buch zuschlagen, die Bude hätte lichterloh in Flammen stehen können, Hauptsache, Ballack und Klose klebten jetzt auf ihrem angestammten Platz auf Seite 168.

»Da sehen se, Chef Bastian, krass ne, die haben sich voll versteckt die Assis, Abuuuu«, plärrte mir Fati derweil ins Ohr und zeigte auf den Hühnerstall, in dem auf den ersten Blick alles in Ordnung schien.

Futterspender aufgefüllt, Wasser vorhanden, gesäubert, nur die Hühner fehlten ... oha ... oder Abuuu, wie man will. Da war ein wackliges Zucken auf dem grauschwarzen Schlammboden des Hinterhofgeheges zu erkennen. Ein Hühnerbein schob sich unter einem roten Backstein hervor, der verloren auf dem Boden des Geheges herumlag ... das Huhn lag drunter.

»Boa, was für Opfa«, sagte Fati so empathisch wie möglich und trat gegen den Zaun. Irgendwie erinnerte mich das Huhn und Fatis Kategorisierung an meine eigene Schulkarriere.

Irgendein Heini hatte Backsteine auf die Hühner geworfen, und da die Urenkel der Dinosaurier mit eindeutig mehr Körper als Grips gesegnet sind, waren sie wohl einfach stehen geblieben und hatten gehofft, der Steinregen werde bald enden. Jemand hatte unsere gesamte Hühnerfamilie gesteinigt, wenigstens waren die meisten Tiere wohl relativ schnell tot gewesen, deshalb musste ich nicht Marcel und seine Erlösungsschaufel rufen.

»Dümme Vichas, Abuuuu, gibt's jetzt Hähnchen, Herr Bastian?«, fragte Fati, nicht ohne ein kleines Lächeln über seinen lichten Oberlippenbart huschen zu lassen.

»Willste echt? Wir füttern die Hühner aber auch mit Schweineschinken«, log ich, um die ganze Diskussion schnell abzuwürgen. Die toten Hühner reichten mir für heute.

»Sik de lan, Schwein, ey, dreckiges Tier, das fressen die, bah, Abuuu«, schrie er und verschwand fluchend hinter dem Hühnerkäfig.

»Ich such dem Bastard, der die gekillt hat«, rief er noch. Detective Fati hatte Witterung aufgenommen. Die Auswahl der Verdächtigen war groß, immerhin waren alle Kinder, die unsere Einrichtung besuchten, mehr oder minder verhaltensauffällig. Manche waren sogar so eindeutige Soziopathen, dass Hühner-Steinigung eigentlich kaum ausreichend Erregungspotenzial für sie bot, da hätten schon eine Sense und eine Herde Ziegen rangemusst.

Plötzlich kam Fati wieder um die Ecke gebogen, die Ermittlungen hatten wohl nicht lange gedauert. Reste eines Brötchens hingen in seinem Schnurrbart. Der Junge war zehn Jahre jünger als ich und hatte trotzdem mehr Bartwuchs, dachte ich, als Fati mir die nächste Neuigkeit verkündete.

»Abuuuu, die Schaafsvichas bluten voll, ey, Herr Bastian, Abuuuu!«

Die nächste Katastrophe erwachte bildhaft in meinem Kopf zum Leben, ich sah schon einen kleinen Huf unter einem überdimensionalen Backstein hervorschauen. Als ich den angrenzenden Schafstall betrat, lag Frida, das Leitschaf, in einer Lache aus Blut und schaute mich mit dem gleichen ausdruckslosen Blick an, mit dem sie seit Jahren die Welt um sich herum taxierte. Schafe waren einfach keine sonderlich ausdrucksstarken Tiere, und nur an Fridas röchelndem Atem, der in der kalten Morgenluft zu sehen war, konnte man erahnen, dass es ihr nicht gut ging.

Ich suchte den ganzen Körper nach Verletzungen ab, Backsteine waren keine in Sicht, immerhin. Plötzlich drehte sich Frida und unter dem beachtlichen Gewöll aus Haaren, Blut und Dreck schob sich ein kleiner Kopf hervor, der mich verstört anblickte.

»Määäh«, plärrte mir das kleine Wesen entgegen.

»Abuuuu, ein Lamm, lecker Lamm«, meinte Fati fachmännisch. Im Geiste verdönerte er das Neugeborene wahrscheinlich schon und schraubte ihm eine Zwiebel auf den Kopf.

Ich zog den kleinen Körper unter seiner Mutter hervor, deren Bauch wie ein riesiger Blasebalg auf und ab pumpte. Das kleine Lamm stand bereits auf wackligen Beinen und schaute mich mit wachem Blick an. Warum war keinem aufgefallen, dass das Schaf schwanger war? Wahrscheinlich weil die Tiere einen Großteil der Zeit wie eine Gruppe vollgesogener Tampons auf der Wiese im Regen standen und monoton vor sich hin kauten – dass da ein Geschlechtsleben stattfand, war dezent an uns vorbeigegangen.

»Abuuuu...«

»Jetzt hör mal mit dem Abuuuu auf, Fati, das ist ja nicht zum Aushalten«, stieß ich genervt hervor, deutlich überfordert mit meiner Hebammenaufgabe.

»Aber Chef, Herr Bastian, da guckt was aus dem Viech raus, Abuuuu«, erwiderte Fati, nicht ohne auf und ab zu springen.

Das stimmte. Aus dem Schaf ragte ein kleiner Huf hervor, der ungleichmäßig zuckte.

»Krass, die hat eines gefressen«, stellte Fati im Modus eines erfahrenen Veterinärmediziners fest.

Ich verdrehte die Augen und überlegte kurz, ob ich Fati jetzt etwas über das Wunder der Geburt erzählen sollte, da ereignete sich ein solches direkt vor uns. Frida bekam noch ein zweites Lamm.

»Igiiiiit, is das eklig, Abuuuu«, kommentierte Fati den Vorgang. Auch wenn ich es nicht sagte, ich war seiner Meinung. Frida schoss uns ihr Neugeborenes mit einer Wucht entgegen, dass man den Eindruck bekam, jemand wäre gerade mit einem Schaufelbagger über sie gefahren. Zwischen Litern aus Schleim, undefinierbarem Gekröse und Blut schälte sich ein kleiner Kopf hervor, der noch nicht die Kraft hatte, sich zu heben. Ich nahm den Schleimbrocken und legte ihn Frida hin, die begeistert an dem Siff leckte, woraufhin sich langsam die Konturen eines Körpers herausbildeten.

»Boa, wir müssen Namen geben, Herr Bastian, isch hab Idee: Einen sagen Sie, einen sag ich«, schlug Fati vor. Die Idee mit dem Dönerspieß war wohl anhand des wirklich süßen Etwas, das da vor uns lag, aus seinem Kopf verschwunden. Ich fand den Vorschlag demokratisch, auch wenn mir klar war, dass mir Fatis Namenswahl nicht gefallen würde. Ich war schon froh, wenn das Lamm nachher nicht »Mighty Morphin Power Ranger« oder »Pikachu« hieß.

»Gut, dann gibst du dem ersten einen Namen, Fati, und ich dem zweiten«, vermittelte ich – zugegeben etwas abwesend, da meine Arme über und über mit dem Inneren von Frida zugekleistert waren. Trotzdem herrschte eine eigenartig selige Stimmung, die Geburt, so eklig die Sache auch war, hatte mich und Fati verzaubert.

»Isch nenn meines ... mmmh ... Bushido! Ja, Bushiiiiiidoo, das ist sein Name«, proklamierte Fati das Recht, das ich ihm zuvor unglücklicherweise verliehen hatte.

»Ach Fati, nein, doch nicht so was, das Lamm ist doch kein Gangsterrapper, das ist ein Tier«, schaltete ich in einen pädagogischen Gestus, der mich selbst überraschte. Ich klang wie meine Mutter, als ich meinem Meerschweinchen mit fünf Jahren damals den Namen »Knacki« geben wollte. Ein paar Idioten aus der Nachbarschaft rufen mir den Namen jetzt, zwanzig Jahre später, immer noch hinterher.

»Dann nenne ich ihn Tyrannosaurus Rex, der ist ein Tier, Herr Bastian«, sagte Fati empört. Auch wenn er biologisch im Recht war, konnte ich seinen Vorschlag gerade noch entkräften.

»Aber Fati, das ist doch ein Mädchen, du kannst doch kein Mädchen Tyrannosaurus Rex nennen«, schlug ich ihm mit einer eigenartig didaktischen Stimme vor – anscheinend hatten meine Eltern mir doch etwas vererbt. Es stimmte, die Schafe waren beide weiblich, was die Namenswahl für Fati erheblich einschränkte, sein kindlicher Kosmos bestand fast nur aus männlichen Actionhelden, Rappern und Dinosauriern, die für ihn ebenso alle männlich waren.

Zum Glück kam er mir jetzt nicht mit »Bitches« oder »Chicas«. Am Ende einigten wir uns darauf, dass das erstgeborene Lämmchen den Namen von Fatis jüngster Schwester tragen solle, ein Schaf mit türkischem Namen war zwar sehr unorthodox, aber irgendwie passte Funda ganz gut zu dem kleinen Knäuel.

Ich gab meinem Lamm den altdeutschen Namen Paula, weil er irgendwie ländlich und bodenständig klang, weitere Attribute außer »doof« und »kotend« wollten mir zu Schafen nämlich nicht einfallen.

Ich versah Fati mit der ehrenvollen Aufgabe, die Lämmer zu bewachen, und ging zum Büro meines Chefs. Herr Gertelein war ein wahnsinnig liebenswerter Mensch, dessen heiteres Wesen über die Jahre als städtisch beschäftigter Sozialpädagoge jedoch massiv unter ständigen Budgetkürzungen und einem Wust an absurden Vorschriften gelitten hatte. Sein berufsinhärenter Idealismus war über die Jahre immer mehr verblasst, und aus dem Feuer, das in ihm irgendwann mal für den Erhalt der Kindertagesstätten gebrannt haben musste, war ein schwaches Glimmen geworden, das bei jedem meiner seltenen Besuche kurz vorm Erlöschen schien. Er trug immer sehr farbenfrohe Hemden von der Stange und einen Zopf, der im Bürokratiedschungel langsam ergraut war.

»Chef, wir haben zwei Lämmer bekommen«, berichtete ich.

»Woher?«, fragte Gertelein geistesabwesend, er füllte gerade irgendeinen sinnlosen Antrag für öffentliche Subventionen aus. Gelsenkirchen war so pleite, dass man schon in der Dritten Welt für uns Spenden sammelte, da blieb sicher nichts für sozialtätige Einrichtungen übrig.

»Wie, woher?«, fragte ich verdutzt. »Aus Frida«, sagte ich dann, als wäre Frida ein Dorfkreis in Ostpommern.

»Aha«, murmelte er völlig abwesend. Irgendwo in dem kleinen stickigen Büro zwischen den Buchenfurnierschränken und den Stapeln erfolgloser Subventionsanträge musste doch mein Chef verborgen liegen?

»Chef, was machen wir jetzt mit den Lämmern?«, fragte ich verunsichert.

»Ich komm gleich ...«, murrte er mich knorrig an, drängte mich aus dem Zimmer und schlug die Tür vor meiner Nase zu.

Als ich wieder in den Stall kam, hätten eigentlich nur noch die Heiligen Drei Könige und ein Kamel gefehlt: Fati saß wie der niedergekommene Heiland zwischen den Schafen und grinste selig. Der Kleine war zwar ein Vorzeigebeispiel fürs gescheiterte Bildungspaket und sozialisiert wie eine Hyäne, die tapsigen Wollknäuel schienen ihn aber tatsächlich zu rühren.

»Na, wie geht es unseren Lämmchen?«

»Ach Chef, voll gut, Funda läuft schon, sehense, Abuuu.«

Das stimmte, das Erstgeborene taperte bereits etwas orientierungslos und benommen durch den Stall. Mein Lamm Paula dagegen war wohl auch in puncto Aktivität mein Gegenstück, es lag noch immer träge auf dem Stallboden und pflügte mit seinen schmalen Beinchen das Stroh um.

Schaf kann nix, dass passt ja wohl, dachte ich und hob Paula mit der Handfläche hoch. Doch ihre Beine knickten einfach schlaff weg, und sie plumpste unsanft auf den Stallboden.

»Was hat die Schaf?«, fragte Fati.

»Das Schaf, Neutrum, Fati, Neutrum«, schnodderte

ich unwirsch, der didaktische Auftrag durfte schließlich nicht verloren gehen.

»Was hat die Schaf Neutrum?«, fragte er erneut.

»Hüftdysplasie«, röhrte Gertelein in den Stall. Er stand wohl schon ein paar Augenblicke hinter uns und besah sich das Treiben mit ausdrucksloser Miene.

»Das muss weg«, war sein nüchternes Fazit und das frühe Todesurteil für Klein Paula.

»Wie weg?«, fragte ich, fast hätte ich meinen Satz um ein »Abuuu« ergänzt.

»Wenn ein Schaf in der ersten Stunde nicht aufsteht, kann man ihm nicht helfen, dann kommt es weg, oder möchtest du etwa den Tierarzt bezahlen?«, fragte er trocken.

Jeden Augenblick konnte der stumpfe Marcel mit seiner auf Hochglanz polierten Todesschaufel um die Ecke biegen. Um Zeit zu gewinnen, erwiderte ich daher erst einmal gar nichts und blieb wie versteinert sitzen. Frida hatte sich mittlerweile dem gesunden Lamm Funda zugewandt – auch das Tierreich wurde von Pragmatikern regiert, Darwin hätte seine Freude gehabt.

Obwohl das Verhältnis zu meinen Eltern eine dauernde Zerreißprobe war und ich nach dem gerade absolvierten Abi-Überraschungserfolg ernsthaft darüber nachdachte, meine lange gehegten Pläne, auf einem Containerschiff als Hilfsmaat anzuheuern, in die Tat umzusetzen, fielen mir in dieser Sekunde als einzige Support-Group für diesen Schlamassel meine Eltern ein.

So rief ich also meinen Vater an, während sich mein Chef bestimmt schon beim örtlichen Schlachter erkundigte, was man für 100 Gramm neugeborenes Lamm bekam.

Während mir die dumpfe Leere des Glasfasernirwanas entgegenpiepte, bereitete ich mich im Geiste auf die mögliche Antwort meines Vaters vor:

»Bei dir hängt wohl die Blutwurst im Christbaum! Sind wir die Wohlfahrt, oder wie? Ein Lamm? Damit lass ich mir höchstens meine Schuhe auspolstern. Bevor mir so ein ungepflegtes Biest ins Haus kommt, trinke ich lieber WC-Reiniger oder kippe mir Skorpione in die Hose. Ruf hier nie wieder an ... NIE WIEDER!«

Da meine Eltern, wie dem geneigten Leser mittlerweile aufgefallen sein dürfte, jedoch dezent bescheuert sind und sich dies zum Glück nicht nur im Negativen, sondern manchmal auch im Guten manifestiert, wich die wirkliche Antwort meines Vaters erheblich von meiner Vorstellung ab.

Vater: (Husten, Hundegebell) »Ja, Bielendorfer?«

Ich: »Hör mal, auf meiner Arbeit gibt es ein neugeborenes Lamm, das nicht aufstehen will, mein Chef will es zum Schlachter geben ... hallo, HALLO?«

Das plötzliche Rauschen in der Leitung konnte nur eines bedeuten: einfach aufgelegt.

Zehn Minuten später jedoch tauchte mein Vater mit einem gelben Müllsack bewaffnet vor dem Schafstall auf und schaute hochwichtig, als würde er gleich den Fall der Berliner Mauer bekannt geben.

Als dieser bedeutungsvolle Tag endete, die Sonne ein paar letzte Strahlen über das graue Firmament Gelsenkirchens schob, betrat Gertelein den Schafstall, um das Lamm Paula seiner gottgegebenen Bestimmung als Dönerfleisch zuzuführen. Als er das rostige Vorhängeschloss aufsperrte und durch die stickige Luft des Geheges trat, in dem ein paar Schafe ihn dösig ignorierten, fand er im Stall nur einen kleinen Jungen mit Schnurrbart und ein Lamm namens Funda vor, das der Aussage des Jungen nach bereits »Sitz, Platz und Stell dich tot« beherrschte. So stellte ich mir die Szene jedenfalls vor, als mein Vater und ich (zum ersten Mal seit dem WM-Sieg 1990) in größtem Einverständnis den Tatort verließen.

Das zweite Lamm Paula sollte nämlich nicht auf einem Dönerspieß, sondern in unserem Wohnzimmer enden, da es mithilfe eines beherzten Pädagogen und eines postpubertären Zivildienstleistenden der Sichel des Todes entronnen war. Recht unelegant und nicht Walt-Disney-Film-tauglich, stopften wir das Vieh in Vaters gelben Müllsack, hoben es über die Backsteinmauer der Kita Spieledorf und brachten es dann im Kofferraum des Lehrerpassats sicher zu uns nach Hause.

Muttermilch für einen Döner

»Ein Schaf?«, fragte meine Mutter mit einem Gesichtsausdruck, als hätte mein Vater den kompletten Zirkus Roncalli zum Gastspiel in unserer Auffahrt eingeladen.

»Ein Lamm, es ist vielmehr ein Lamm, Ingrid«, sagte mein Vater kleinlaut. Die nächsten paar Sekunden entschieden nicht nur über Paulas Leben, sondern auch über seins.

»Ach ist das süß«, rief meine Mutter dann und knuddelte den kleinen Schafskopf, der unsicher aus der gelben Mülltüte herausragte.

Beide Leben gerettet, dachte ich und schaute auf meinen Vater, der mich mit einem schmalen Lächeln bedachte – er war wohl auch erleichtert, dass meine Mutter nicht sofort die Scheidungspapiere aus dem Schrank gekramt hatte.

»Und was machen wir jetzt damit?«, fragte sie zu Recht, denn weder ich noch meine Eltern hatten auch nur die geringste Erfahrung im Umgang mit Schafen oder sonstigen domestizierten Tieren. Kurz fiel mein Blick auf unsere unbeteiligte Dogge, die uns und das Schaf ansah, als hätten wir nicht alle Tassen im Schrank. Doch sie war ein Männchen, zur Aufzucht fremder Tierkinder völlig ungeeignet und hätte mit einer vorgeschnallten Milchflasche als Zitzenersatz im besten Falle ziemlich dämlich ausgesehen.

So riefen wir Dr. Meyer an, den Tiermediziner unseres Vertrauens, der sich an der Behandlung unseres Hundes bereits eine goldene Nase verdient hatte. Bechippung, Kastration, Krallenentfernung und Reizdarmbehandlung waren nur der Anfang des medizinischen Allgemeinprogramms von Adenauer gewesen.

Wahrscheinlich würde der Hund als Nächstes ein Ed-Hardy-Tatoo auf die Stirn bekommen und einen bionischen Arm mit Korkenzieher. Immer wenn ich Dr. Meyers Stimme am Telefon hörte, stellte ich mir vor, wie er auf seiner Privatjacht vor Nizza saß und gerade einen seiner Goldbarren polierte.

»Hat das Lamm schon getrunken?«, fragte der leicht bedusselt klingende Doktor, wir hatten ihn wohl im Feierabend gestört.

»Nein«, stellte mein Vater fest. Zum Trinken war beim Diebstahl des Schafs und unserer rasanten Flucht über das Kita-Gelände keine Zeit mehr geblieben, weder für uns noch für das Lamm.

»Das Lamm braucht Biestmilch, das ist die erste Milch der Mutter, die besonders viele Vitamine und

Immunstoffe enthält, ohne die können Sie das Projekt direkt abschreiben.«

Eine halbe Stunde später wuchtete mein Vater daher meinen dicken Hintern per Räuberleiter wieder rauf auf das Gelände der Kita Spieledorf, nachdem wir vorher so spektakulär von dort geflohen waren. Wir hatten Glück, dass das abendliche Gelsenkirchen menschenleer war, es wäre sicherlich schwierig geworden, einem gelangweilten Polizeikommissar zu erklären, warum wir in einen Schafsstall einbrachen. In Sekundenbruchteilen wären wir für ihn zu verdächtigen Sodomisten geworden und in Untersuchungshaft gekommen – sicherlich nicht der richtige Platz für meinen Vater, der bereits seine purpurne Schlafanzugshose trug.

Mit einem hohlen Klatsch schlug ich auf dem weichen Boden des Geländes auf, der Sud aus Schafdung und Matsch ließ mich duften wie einen iberischen Ziegenhirten in der Sauna.

Mit Taschenlampe und dem Mut der Verblödeten bewaffnet, schlichen mein Vater und ich durch das nächtlich stille Gehege. Ein paar halb offene Schafsaugen bespitzelten uns misstrauisch, während wir unter der Abzäunung zum Stall hinkrochen. Es roch nach nasser Erde und Schafspups, ich bereute auf der Stelle, den Stall nicht öfter ausgemistet zu haben. Da lag Frida, ihr Neugeborenes Funda schmiegte sich an ihren fetten Körper und schaute uns doof an. Das Mondlicht fiel in milchigen Fäden durch die Spalten des Verschlags, in der kalten Abendluft konnten wir unseren Atem sehen.

Ich machte mich direkt ans Werk, wobei sich meine Geschicklichkeit beim Melken als Stadtkind deutlich in Grenzen hielt, meine einzige Erfahrung mit der

Tierwelt bestand darin, dass ich hin und wieder mit unserem absurd hässlichen Hund die Passanten verschreckte. Ich fuhrwerkte so ungeschickt an dem prallen Schafseuter herum, als wollte ich einen Abfluss reparieren. Frida quietschte zu Recht schmerzerfüllt und blökte, als würde ich sie mit einem Pürierstab frisieren.

»So geht das nicht«, knurrte mein Vater und schob mich zur Seite, um es besser zu machen. Nach ein paar Minuten des Drückens, Pressens und Massierens wurde ihm klar, dass auch das nichts wurde, und er ließ von dem roten Euter ab.

»Komm schon, Frida, du musst jetzt hier mithelfen«, appellierte er in bester Oberstufenleitertonlage an das Schaf. Wir waren anscheinend schon so verzweifelt, dass wir mit dem dösigen Knäuel zu diskutieren begannen.

Ich versuchte es noch einmal, diese bescheuerte Biestmilch war nun mal exklusiv nur hier zu erhalten. Hätte man sie zu einem astronomischen Preis im Supermarkt kaufen können, ich glaube, mein Vater und ich wären mittlerweile bereit gewesen, den Dispo zu strecken. Plötzlich rann ein kleiner, schwach gelber Strahl aus der Zitze und floss mir über die Hand, das Gefühl war im besten Falle eigenwillig, aber das war jetzt auch egal.

»Da kommt es, Hosianna!«, brüllte mein Vater. Man stelle sich vor, Bauern würden bei allen paar Millilitern Kuhmilch, die sich ihre Viecher rausdrückten, eine ähnliche Freude wie wir verspüren, jeder Bauernhof wäre ein Hort der Glückseligkeit.

Aber was war passiert? Irgendetwas musste ich wohl anders gemacht haben, dass das Vieh plötzlich Milch gab, aber was?

»Mach das noch mal!«
»Was denn?«, fragte ich.
»Ja, das Pfeifen, das kenn ich doch auch!«
Mir war es gar nicht aufgefallen, aber in dem ganzen Stress hatte mein Hirn wohl irgendwie die Reißleine gezogen und angefangen sich selbst zu bespaßen. Ich hatte »Always look on the bright side of life« von Monty Python gesummt, ohne es zu merken. Ich pfiff noch einmal, und kurz bevor mein Vater und ich anfingen, den blöden Schafen das komplette »Leben des Brian« vorzuspielen, schoss ein dicker Strahl aus Fridas Euter. Paula war gerettet.

Wieder zu Hause lief der Mutterinstinkt meiner Erzeugerin, den ich als Kind manchmal verschollen geglaubt hatte, bereits auf Hochtouren. Paula lag unter einer Decke und wurde mit Rotlicht bestrahlt, eigentlich fehlten nur Sklaven, die mit Palmenblättern wedelten. Die trüben Äuglein und die Kraftlosigkeit ihres Körpers machten keinen guten Eindruck, es war wohl höchste Zeit, ihr den Zaubertrank einzuträufeln. Gierig sog das Lamm innerhalb weniger Sekunden das Ergebnis unserer Bemühungen aus der Flasche, ich sah meinen Vater und mich schon ein zweites Mal einbrechen, um Nachschub zu besorgen.

Es wurde ein Zimmer leer geräumt, Stroh ausgestreut, eine Schlafhütte gebaut – meine Eltern hätten wahrscheinlich noch einen Wellnessbereich mit Whirlpool eingerichtet, wenn es die baulichen Bedingungen erlaubt hätten. Das Lamm goutierte die Sonderbehandlung mit gepflegtem Desinteresse, für ein Tier, das sonst in der Scheißkälte auf dem Feld rumstand, war solcherlei Nichtbeachten doch etwas undankbar. Unsere Bemühungen zeigten jedoch Wirkung, denn Paula stand, nachdem wir sie abwechselnd im Minutentakt massiert, gebürstet und geknetet hatten, am kommenden Morgen zum ersten Mal auf.

»Das ist ein großer Punkt in der Geschichte«, ließ sich mein ansonsten wenig zu Pathos neigender Vater hinreißen.

Stimmt, die Erfindung des Rades, die Beherrschung des Feuers, Keilschrift und jetzt ein Lamm, das trotz Hüftdysplasie aufstand – das ist schon was, dachte ich und schlief fast im Stehen ein. Keiner hatte die Nacht über geschlafen, außer unserem Hund, dem es wahrscheinlich irgendwann langweilig geworden war, dabei zuzusehen, wie seine Herrchen da ein riesiges Buhei um ein Nutztier machten.

Das einzige Zeichen von Wertschätzung, das uns Paula entgegenbrachte (außer zu überleben), war, dass sie nach drei Tagen gelernt hatte, nicht mehr in die Belüftungsschlitze der Bodenheizung zu scheißen. Das Haus roch inzwischen nach der Schambehaarung des Alm-Öhi.

Auf der Arbeit wurde ich mittlerweile gemieden wie die Beulenpest und in der Tradition meines früheren Opfer-T-Shirts als Verräter und Dieb gebrandmarkt. Vielleicht waren sie sauer, weil ihnen ein hübsches Sümmchen vom Abdecker durch die Lappen gegangen war.

Mein Chef sprach nicht mehr mit mir, Marcel auch nicht, was zumindest ein kleiner Pluspunkt war. Es waren ja immerhin noch zwei Monate, bis dieser Mist endlich hinter mir lag, ich zählte schon die Tage, bis ich endlich in die Freiheit des Studentendaseins entlassen werden würde. Die Versprechungen eines akademischen Lotterlebens warteten auf mich, bis in die Morgenstunden feiern, nachmittags aufstehen, am besten neben wechselnden Partnerinnen.

Aktuell jedoch war die einzige Liebe, neben der ich morgens aufwachte, fünf Kilo schwer, am ganzen Körper behaart, und sie weckte mich mindestens sechsmal die Nacht, um gefüttert zu werden. Trotz ihres schmalen Brustkorbs plärrte Paula bei Hunger wie eine Horde Wikinger, und manchmal, wenn sie mich aus den sanften Träumen von einer besseren Zukunft riss, war ich mir sicher, sie hatte irgendwo ein Megafon versteckt. Schlaftrunken rührte ich Milchpulver an, wärmte es auf Körpertemperatur und verplombte die kleine Schnauze mit dem Gumminippel der Trinkflasche. Jedem Teenager, der von frühem Nachwuchs träumt, sei die Aufzucht eines Lamms wärmstens ans Herz gelegt. Im Gegensatz zu einem Neugeborenen, das man vielleicht mit einem Schnuller oder einem Mobile wenigstens so lange ruhigstellen kann, bis der Milchkleister angerührt ist, ist ein Lamm völlig unempfänglich für jede Art von Ablenkung. Bevor nicht die Flasche vors Maul geklemmt ist, wird man mit einer Mischung aus Feueralarm und Motörhead bedacht, von der man spätestens am zweiten Tag auf einem Ohr taub ist.

Mittlerweile durchwanderte ich meinen schlaflosen Alltag im Halbkoma. Ich mistete aus, deckte ein, bespaßte und fütterte. Paula war jetzt zwei Wochen alt, zu beachtlicher Größe herangewachsen und so weit selbstständig, dass sie »nur« noch sechsmal täglich die Flasche brauchte. Als ich ausnahmsweise einmal mittags von der Arbeit heimfuhr, weil ich glaubte Fieber zu haben, traf ich nur meine Mutter und unseren Hund an, vor dessen Maul ein bemerkenswertes Gebilde aus Sabberblasen klebte. Als ich in das zum Stall umfunktionierte Zimmer ging, herrschte völlig Stille, kein raschelndes Stroh, kein Geruch von frischem Mist, kein kleines Lamm, das mir seinen Kopf zum Trinken in den Schritt prügelte. Aufgeregt rannte ich zu meiner Mutter, mein erster Gedanke war, dass Paula ausgebüxt war und jetzt irgendwo in Gelsenkirchen herumlief und Passanten in den Schritt boxte.

»Wo ist das Schaaaaf«, schrie ich hysterisch. Ich hatte mich doch nicht dem Schlafmangel und der sozialen Verbannung ausgesetzt, nur um Paula jetzt in Einzelteilen von der Hauptstraße zu kratzen.

»Bei deinem Vater, wie schon die ganze Woche …«, antwortete meine Mutter gelangweilt, meine Aufregung schien bei ihr noch nicht ganz angekommen zu sein.

»Ja, und wo ist der?«, fragte ich und linste auf das Ziffernblatt der Küchenuhr, auf dem ein schwarzer Zeiger gerade lautlos auf 11.30 Uhr sprang.

»Na ja, in der Schule, falls du's nicht weißt, wir sind Lehrer!«, murrte sie genervt.

»Und was machst du dann hier?«

»Ich hab Migräne«, knurrte meine Mutter und machte den Fernseher lauter.

Augenblicke später saß ich in meinem maroden Golf II, drehte hektisch am Zündschlüssel und würgte den Wagen zweimal polternd ab, bevor ich das Klappergestell auf die Einfahrt rollte. Der war ja wohl wahnsinnig geworden, das Schaf mit in die Schule zu nehmen. Hunderte Schüler, die an dem kleinen Leib »Ei« machen wollten, die jetzt bestimmt gerade an der kleinen Paula herumquetschten und -drückten, mit ihren ungewaschenen Drecksfingern. Das ging gar nicht.

Ich rannte in meine ehemalige Schule, der vertraute Duft von Bohnerwachs und staubigen Wandschränken legte sich sofort über meine Sinnesorgane. Ich passierte meinen ehemaligen Direktor Märziger, der mich auf der Treppe ansprechen wollte, und murmelte nur etwas, das vermutlich nach »Kann nicht ... muss Schaf« klang, bevor er mich mit einem seiner ellenlangen Monologe einlullen konnte.

Der Klassenplan verwies auf die 8b in Raum 307, wo mein Vater gerade eine Stunde über Wilhelm Busch gab. Als ich die Tür einen Spalt weit öffnete, trug mein Vater passenderweise gerade folgende schlaue Zeilen von Busch vor:

»Will das Glück nach seinem Sinn
Dir was Gutes schenken,
Sage Dank und nimm es hin
Ohne viel Bedenken«

Die Klasse schaute allerdings nicht meinen Vater an, sondern starrte wie gebannt hinter ihn. Denn während er das Gedicht vorlas, taperte unser kleines Lamm fröhlich um sein Pult herum.

Ich riss die Tür auf, alle Pennäleraugen schwenkten von Paula zu dem Türspalt, in dem nun ein junger Mann mit hochrotem Kopf versuchte, Herrn Bielendorfer gespielt freundlich aus dem Klassenzimmer zu bitten.

»Herr Bielendorfer ... könnten Sie bitte mal mitkommen ... und bringen Sie das Schaf mit«, fauchte ich und setzte ein schmerzerfülltes Lächeln auf. Am liebsten hätte ich ihn vor der gesamten Klasse den Tafelschwamm fressen lassen.

Mein Vater ignorierte mich zunächst und las weiter, als ich dann aber zu penetrant wurde, schob er seinen Stuhl quietschend vom Tisch weg, erhob sich und trug einem Jungen aus der ersten Reihe, der wie ein

Elch schielte, auf, das Gedicht laut zu Ende zu lesen. Als er zur Tür kam und Paula hinter ihm hertippelte wie ein Messdiener, ging ein lautes »Ooouuuuh« der Entzückung durch den Klassenraum.

»Was machst du denn da«, fuhr ich ihn an, als wir auf dem Flur standen.

»Ich unterrichte, falls du es noch nicht weißt, ich bin Lehrer!«, schnauzte mein Vater genervt zurück – diesen Satz hatte ich heute schon einmal gehört.

»Ich meine doch mit dem Schaf«, röhrte ich wütend. Manchmal war ich mir nicht sicher, ob ich nicht doch nur einen ausgestorbenen Dialekt des Gälischen sprach, anders war nicht zu erklären, dass meine Eltern keine meiner Fragen zu verstehen schienen!

»Deine Mutter hat Migräne, das Schaf plärrt, und irgendwo musste ich ja damit hin ...«

Ich beendete die unglückselige Diskussion ohne jeden weiteren Kommentar, klemmte mir Paula unter den Arm und wackelte wie eine etwas abgewrackte Diva den Schulflur entlang. Hinter mir gurrte mein Vater nur »Na warte«, bevor er wieder die Klasse betrat.

Die ganze Sache wird langsam einfach zu viel, dachte ich, während Paula auf meinem Arm kreischte, als würde ich sie in Geiselhaft verschleppen.

Gerade war ich am Ende des Flurs angekommen, als mir Josefine Seifler entgegenkam, ein Mädchen, das ich schon während meiner Schulzeit heimlich angehimmelt hatte. Sie war eine Klasse unter mir gewesen, befand sich jetzt in den Abiturvorbereitungen und war von so ausnehmender Schönheit, dass sie die letzten dreizehn Jahre zu Recht keine Notiz von mir genommen hatte.

Sie wandte sich mir lächelnd zu, worauf ich erschrak,

bis ich mich erinnerte, dass ich ein plärrendes Lamm in der Armbeuge bei mir trug.

»Och, ist das süüüüß, wie süüüß ist das denn! Ist das deins?«, fragte Josefine. Eine honigfarbene Locke fiel ihr ins Gesicht, und ich war am Ende.

Hätte mich ein Freund etwas so Offensichtliches gefragt, wäre meine Antwort wahrscheinlich so ausgefallen: »Nein, nein, ich trag hier nur die Lämmer vom Bauern spazieren, damit sie auch mal eine deutsche Bildungseinrichtung sehen, bevor man sie an griechische Imbisse verteilt, du Idiot.« Bei Josefine hingegen ging mir nur ein schwaches »Ja, ja ... äh« über die Lippen.

Sie streichelte Paula, strich mit ihren Klavierspielerfingern über ihre flache, weiche Stirn, und langsam verstummte die Sirene in meiner Armbeuge. Nach Wochen des Schlafentzugs und der Entbehrung jeder Selbstpflege sah ich aus wie ein irrer Landstreicher, dieser Umstand wurde aber anscheinend durch Paulas ausgesprochene Niedlichkeit neutralisiert.

»Du bist doch der Sohn von Herrn Bielendorfer«, fragte Josefine scheu – ich zögerte mit meiner Antwort, denn normalerweise lief diese Frage immer darauf hinaus, dass ich kurz später den Arzt aufsuchen musste.

Ich nickte.

»Dein Vater ist echt ein super Lehrer«, sagte sie zu meiner Verwunderung. Sie hatte einen Arzt wohl nötiger als ich.

»Danke ...«, lispelte ich scheu.

»Wenn du willst, können wir ja mal ein Eis essen gehen«, schlug sie vor. In meinem Kopf sah ich Isabella Calotti vor mir, wie ihr die Waldmeistereiscreme unter Hochdruck aus der Nase schoss.

»Mmmh, gern«, stammelte ich und verbeugte mich in einem Maß, dass es wahrscheinlich schon eigenartig wirkte. Dann watschelte ich durch die noch offen stehende Tür, nicht ohne den wippenden Kopf meines Lamms mit einer gewissen Freude zu mustern.
»Gutes Lamm«, sagte ich.
»Määääh«, schallte es zurück.

Lernfähig wie eine Amöbe

Bevor ich also endgültig den Verstand an der Pforte der Kita würde abgeben müssen, sollte die wenig zivile Plackerei im Namen des Staates nun vorzeitig vorbei sein. Ich stand noch immer fassungslos in unserem Wohnzimmer und strich mit meinem Daumen über das Schreiben des Zivildienstamts. Nie wieder, ja wirklich nie wieder müsste ich mich morgens neben Marcel Kowalski hocken und dessen allumfassende Dumpfheit erdulden, nie wieder die Ställe ausmisten und mich vom Schafsbock Erwin über den Haufen rennen lassen. Mit einem ungläubigen Zittern setzte ich mich auf die Couch in unserem Wohnzimmer, im Haus herrschte bis auf ein gelegentliches Knistern, das aus Paulas Stall kam, völlige Stille. Meine Eltern waren in der Schule, es war der perfekte Moment. Ich erinnerte mich daran, wie mein Vater beim Mittagessen einmal darüber referiert hatte, dass das eigentliche Hauptthema von Goethes Faust die Erlangung des absoluten Augenblicksgenusses war. Mein Vater erreichte diesen Zustand beim Anhören einer seltenen Beatles-Fehlpressung, meine Mutter bei einem einfachen Spaziergang mit dem Hund. Jetzt spürte ich selbst gerade zum ersten Mal den maximalen Genuss des Augenblicks, und ich konnte kaum loslassen. Die letzten acht Monate waren eine wirklich harte Prüfung gewesen, besonders für einen Turnbeutelvergesser wie mich, der nach der Schule gehofft hatte, als Zivi einfach mal ein wenig ausspannen zu können.

Nun war mein Zivildienst plötzlich zu Ende, und ich würde überlegen müssen, was ich als Nächstes machen wollte.

Paula wackelte still an mir vorbei, nur ihr etwas staksiger Gang zeugte noch von ihrer problematischen Ankunft auf der Welt, die jetzt auch schon zwei Monate zurücklag. Schnurstracks durchmaß sie das Wohnzimmer, stellte sich auf die Bodenheizung und kackte so geschickt zwischen die Belüftungsschlitze, dass ich die nächsten Stunden mit dem Putzen beschäftigt sein würde.

»Och nein, Paula, du bist aber wirklich lernfähig wie eine Amöbe«, murrte ich das Lamm an. Es nahm keine Notiz von meinem Protest und wanderte umgehend wieder in seinen Stall, dessen Funktion als Toilette es wohl noch immer nicht verstanden hatte.

Wut auf den blökenden Hausgast, auf die Welt UND ÜBERHAUPT stieg in mir auf, und um Dampf abzulassen, griff ich zum Telefon und wählte die Nummer meiner Zivildienststelle. Kurz bevor das gleichmäßige Klingeln durch die Leitung drang, atmete ich einmal tief ein, jetzt war mein Moment der Abrechnung gekommen.

»Kita Spieledorf, Kowal…«, surrte mir das schwunglose Organ Marcels entgegen. Noch bevor er seinen Namen zu Ende sprechen konnte, unterbrach ich ihn.

»Ja, Marcel, äh, hallo, hier ist Bastian.«

»Jo, watt is denn?«, fragte Marcel emotionslos.

»Ach, ich wollte nur kurz mitteilen, dass ich nie wieder erscheinen werde, also ab heute sitz ich nicht mehr mit dir im Bauwagen!«

»Aha«, erwiderte er knorrig.

»Und weißt du, was das heißt?« Ich war jetzt richtig in Fahrt. »Das bedeutet, dass ich dir und Hella von Sinnen endlich nicht mehr bei der Fellatio zusehen muss, dass ich endlich nicht mehr danebensitzen muss, wenn du dämlicher Saftsack deine beknackten Sammelbildchen einklebst«, brüllte ich geladen wie eine menschliche Muskete.

»Ach«, war seine einzige Reaktion.

»Ach, sagst du, du komischer Gendefekt? Weißt du was, nimm dir mal Zettel und Stift und schreib's dir auf, das kannst du dann auch dem Chef mitteilen. Fertig, hast du alles?« Ich knallte den Hörer auf die Telefonstation und war sehr zufrieden mit mir. Das hatte gesessen, das warme Gefühl von Genugtuung stieg in mir hoch. Zum Glück musste ich da nie wieder auftauchen.

Ich faltete den Brief und legte ihn auf die Fensterbank. Mit dem Gesicht in der Nachmittagssonne saß ich einfach nur da, das Gefühl eigenartiger Selbstherrlichkeit genießend.

Dann öffnete sich die Tür, und mein Vater kam mit Aktentasche und Jackett von der Schule nach Hause.

Ich wollte schon aufspringen, ihn glückstrunken in meine Arme schließen und ihm von meiner endgültigen Erlösung berichten, da huschte ein mir bekanntes Lächeln über sein Gesicht.

»Na, hast du den Brief von Frau Betomskie schon bekommen?«, fragte er wissend und deutete auf das gefaltete Schreiben auf der Fensterbank.

Ich stand auf, und mit einem Schlag wurde mir

klar, dass nicht Paula, sondern ich lernfähig wie eine Amöbe war. Die Wanduhr über seinem Kopf zeigte den Tag meiner Vernichtung an: 1. April.

April, April.

Ich nahm mit zitternden Fingern noch einmal das Blatt in meine Hände, und plötzlich war ich wieder acht Jahre alt und stand nur in Pumucklunterhose und blinkenden Adidas-Sportschuhen auf dem Schulhof meiner Grundschule und feierte den Tag der Solidarität für Afrika.

Meine Eltern haben es wieder getan, dachte ich. Dann wurde mir schwarz vor Augen und ich ließ mich wortlos auf die Couch fallen, während mein Vater seelenruhig einen Apfel zu schälen begann.

Name	Klasse	Datum	Blatt
Der Philosophielehrer			

Herr Jochim drückte den Knopf seines schwarzen Sony-Kassettenrekorders. Mit einem lauten »Knarz« leitete sich die kriselnde Stille des Magnetbands ein.

»Kacke, falsche Seite«, murmelte er in seinen bräunlichen Bart, der wie eine vergilbte Gardine unter seinen fischigen Lippen hinabbaumelte.

Kassettenrekorder aus, Band umgedreht, Kassettenrekorder wieder an.

Schließlich begann der Rekorder den Evergreen »Imagine« zu knödeln. Die Aufnahme aus den kratzigen Monolautsprechern war eine Zumutung, ich stellte mir vor, wie sich John Lennon entsetzt in sein Grab erbrach.

»Imagine there's no heaven.«

Herr Jochim wandte sich der Klasse zu, es war das letzte Mal, dass wir ihn für heute sehen würden.

Er trug seinen senfgelben Pullover. Es musste Dienstag sein. Senfgelber-Pullover-Tag in Herrn Jochims Welt, in der mit 55 Jahren immer noch Mutti morgens das Leberwurstbrot schmierte und man abends zusammen mit dem Dackel Else den »Tatort« schaute.

»It's easy if you try.«

Herr Jochim war Philosophielehrer. Na ja, eigentlich war er mittlerweile eher Tontechniker, seine Unterrichtsstunden bestanden nur noch daraus, dass er den Raum betrat, stillschweigend den Kassettenrekorder hervorholte und »Imagine« von John Lennon laufen ließ. Dann forderte er uns Schüler auf, »mal etwas darüber zu schreiben«, und verließ den Raum. Wo er hinging, war allen ein Rätsel, vielleicht hockte er sich zu den ausgestopften Wieseln in den Bioraum und rauchte Crack, vielleicht setzte er sich einfach nur in seinen alten Opel Admiral auf den Lehrerparkplatz

| Name | Klasse | Datum | Blatt |

und hörte eine CD der Plastic Ono Band. Fakt ist jedenfalls, dass Herr Jochim nach seiner Arbeitsaufforderung regelmäßig verschwand.

»No hell below us.«

Da wir die Aufforderung, »über ›Imagine‹ etwas zu schreiben«, schon seit Anfang des Jahres immer wieder bekamen, hatten manche strebsame Mitschüler bereits halbe Doktorarbeiten über den Song verfasst. Andere hatten schon beim ersten Hören für sich festgestellt, dass das »Schwuttenmusik« sei, und ihre iPods mit dem neuen Album von Scooter wieder angestellt.

»And above us only sky.«

Herr Jochim war am Leben gescheitert. Oder das Leben war an Herrn Jochim gescheitert. Wie genau er zu so einem orientierungslosen Patienten wurde, der die Schule nur noch aufsuchte, um seine Lieblingsplatte anzumachen, ist nicht genau erklärbar. Vielleicht waren es die Unwägbarkeiten der Philosophie, die ihn und seine didaktischen Bemühungen zermartert hatten.

Philosophie ist nicht plastisch, nichts sinnlich Erfahrbares, wonach sich die Generation »Jamba-Sparabo« so sehr sehnt, sie existiert rein in der Form der Gedanken und ist in Zeiten, in denen der Abstand vom Klick zur Information auf wenige Millisekunden zusammengeschrumpft ist, hoffnungslos veraltet. Wer heute etwas über Philosophie erfahren will, schaut bei Wikipedia und liest bestenfalls die vierzeilige Zusammenfassung eines platonischen Dialogs.

»You may say, I'm a dreamer.«

Vielleicht ist Herr Jochim auch an einer neuen Generation von Schülern gescheitert, einer Generation, die seine Ideale, Interessen und Vorstellungen nicht mehr teilen kann, weil

Name	Klasse	Datum	Blatt

sie gerade auf ihrem Netbook einen Porno anschaut und simultan ihren Facebook-Status in »Schaue Porno im Philosophieunterricht« ändert.

Ich weiß noch, als Herr Jochim statt des Kassettenrekorders mal eine Nanosekunde didaktischer Bemühung aufbrachte und die für ihn geradezu ketzerische Frage »Wer von euch kennt eigentlich Karl Popper« stellte.

Erst herrschte betretenes Schweigen, das plötzlich von Gökhan Ergül aus der letzten Reihe unterbrochen wurde.

»Kenn ich, ist das nicht der Bruder von Franz Ficker?«

Die Klasse lachte. Herr Jochim senkte den Kopf, man sah, wie das lodernde Flämmchen in seinem Inneren von einem Schwall aus Enttäuschung und Lethargie erstickt wurde. Dann drückte er den Kassettenrekorderknopf und verließ den Raum.

»But I'm not the only one.«

Herr Jochim tat mir leid. Auch wenn er ein pomadiger Pulloverprediger mit der Dynamik einer Baumflechte war, hatte er so was nicht verdient. Kein Philosophielehrer hatte verdient, über »Franz Ficker« diskutieren zu müssen. Nicht nach einem jahrelangen, knüppelharten und knochentrockenen Studium, an dessen Ende, aufgrund sonstiger beruflicher Perspektivlosigkeit, oft der Lehrberuf stand.

Das Philosophiestudium wird nur von wahren Idealisten begonnen, von Studenten, die bereit sind, sich semesterlang durch das komplizierteste geistige Mus zu wühlen, das die Menschheit hervorgebracht hat.

Idealisten sind sie, weil sie schon zum Beginn ihres Studiums wissen, dass ihnen die Arbeitslosigkeit zuprosten wird, sobald sie den akademischen Betrieb einmal verlassen. Es sei denn, sie malochen in der Frittenbude oder weben sich

Name	Klasse	Datum	Blatt

ein paar Garnfäden ins Haar und verkaufen sich als lebendiger Traumfänger.

»Someday you'll join us.«

Die einzige wirkliche Chance einer Anstellung haben Philosophen im Lehrerberuf, und so sind sie der einzige Teil der Lehrerschaft, der aus akuter Not und nicht aus verblendetem Interesse in den Job geschossen ist. Herr Jochim war ein Paradebeispiel für diese Theorie. Sein Interesse am Schulbetrieb war ähnlich hoch wie das Interesse einer Filzlaus an den Aktienkursen. Die wirklichen Highlights in seinem Leben waren zum einen seine absurde Verehrung des Oberbeatles John Lennon und zum anderen seine Leidenschaft für das Bahnfahren. Bahn fuhr er wahnsinnig gern. Leider durfte er das nicht. Da seine Mutter, die so alt war, dass sie zweimal die Pest überlebt hatte, ihm größere Reisen verbot, musste er sich mit der digitalen Form des Bahnfahrens begnügen. Er zeichnete nachts die »schönsten Bahnstrecken Deutschlands« auf, die das ZDF statt eines Testbildes in der sendefreien Zeit zwischen drei und fünf Uhr zeigte, und schaute sie sich allein in seinem Partykeller an. Dann holte er eine originale deutsche Schaffnerkelle und eine Trillerpfeife hervor und imitierte die Signale, die sonst von einem echten Bahnmitarbeiter beim Einfahren eines Zuges gegeben wurden.

Woher ich das weiß? Herr Jochim hat es zum Beginn seiner allerersten Unterrichtsstunde selbst erzählt. Das war natürlich sozialer Suizid. Er hätte sich auch vor dem gesamten Klassenkörper die Vorhaut an die Stirn nageln oder ein Chanson mit seiner Pofalte singen können, um sich für alle Zeiten unwiderruflich zur armen Wurst zu degradieren.

| Name | Klasse | Datum | Blatt |

Herr Jochim schlappte wie ein Gespenst durch die Schule, ein Gespenst, das niemand sehen konnte und das mit jedem Tag seines Dienstes immer mehr und mehr verblasste. Oft hatte er nicht einmal mehr die Kraft, richtige Schuhe anzuziehen, dann wackelte er in dunkelbraunen Cordpantoffeln durch den Schulflur und sah ein wenig aus wie eine Mischung aus dem Big-Lebowski-Dude und einem umnächtigten Hugo Egon Balder. Er hatte das alles nie gewollt, diese Regeln, diesen Alltag, dieses Martyrium. Er wollte ein richtiger Philosoph werden, wollte im Philosophischen Quartett eingeladen sein oder bei Maischberger diesem Richard David Precht mit seinen revolutionären Thesen mal so richtig den schmierigen Scheitel glattbügeln.

Er hat zu Hause ein 2000-seitiges Manuskript im Schrank liegen, Hunderte Thesen, Theorien und Diskussionen über alle möglichen philosophischen Themen, die er über die Jahre, in denen sein Dasein wie die farblose Kopie eines richtigen Lebens verstrichen war, angefertigt hatte. Beim Schreiben hatte er »Instant Karma« von Lennon gehört, wieder und immer wieder.

Er hatte gesehen, wie Lennon an seinem weißen Flügel saß, seine Botschaft mit voller Seele in die Welt herausbrüllte, während Yoko Ono dahinterhockte und mit verbundenen Augen eine Fahne strickte. Dieses 2000-seitige Mammutwerk hatte er vor uns, bevor er völlig verstummte, immer seinen »Absprung« genannt, sein Opus magnum. Es sollte sein Abschied sein, von uns, von der Arbeit und seiner Mutter. Doch er hat den Absprung nie geschafft, den Absprung von zu Hause, den Absprung vom Studium, den Absprung von der Schule. Er hat das Manuskript nie verschickt, aus Angst vor Ablehnung. Herr Jochim hätte sich bei schlechtem Feedback direkt vor den ICE geworfen, was zumindest seiner Begeisterung für Züge angemessen gewesen wäre. Er hat sich nicht ins Wasser gestürzt, sondern ist den Zehn-Meter-Turm im Freibad nur hinaufgeklettert, hat einmal über die unglaubliche Tiefe hinter der betonierten Kante geschaut und ist dann wieder hinabgestiegen, hinab in die berufliche und heimische Sicherheit. Hinab zu Herrentorte und Fünf-Uhr-Tee, zurück zur Blumentapete und zu der grauen Dauerwellenwolke, die an den Kopf seiner greisen Mutter gekleistert war. Einmal verspürte er so wahnsinnig viel Willen in sich, so unvorstellbar viel Kraft, dass seine Brust fast in einem Schwall aus Licht zerbarst. Dann setzte er sich wieder hin und schaltete den »Tatort« ein.

»And the world will be as one.«

Willkommen in der Kommune 1

Meine Eltern sahen mich an, als wäre ich die kleinste Terrorzelle der Welt.

»Also, ääh, das kommt jetzt schon überraschend für uns, Bastian«, begann mein Vater den Reigen der Surrealität.

Meine Freundin Nadja, der ich in der ersten Studienwoche zugelaufen war, drückte meine Hand fast zu Mus, während ich mich fühlte, als müsste ich mit den Ludolfs über Jean-Paul Sartre diskutieren. Wir versuchten meinen Eltern zu erklären, warum wir sie heute Abend hatten treffen wollen, nebenbei setzte uns der Kellner gelangweilt eine Ansammlung von Nudelgerichten vor. Die Bolognese sah aus, wie ich mich fühlte.

Hinter uns rauschte eine Bahn am Fenster vorbei, die Wände zitterten. Beim Anblick unseres Kellners assoziierte man nicht zuerst »Gastronomie«, sondern viel eher »Einzelhaft«, auf seinem Unterarm prangte ein Spinnennetz, in dessen Mitte sich eine schlecht gezeichnete, nackte Frau räkelte. »Wir hatten immer gedacht, dass ihr mit solchen Schritten noch warten wolltet«, sagte mein Vater in beschwichtigendem Pädagogenton, während meine Mutter nervös an ihrem Weinglas nippte.

»Schönes Restaurant«, brach es unvermittelt aus ihr hervor. Themenwechsel.

Wie unrecht sie hatte. Über uns gurrte Dean Martin »Amore, Amore« aus einem rostigen Lautsprecher, wir waren die einzigen Gäste. Zu Recht. Selbst für Gelsenkirchen war dieses Restaurant ein Schandfleck, ein Laden, der wahrscheinlich nur der Geldwäsche diente und in den sich Ortsunkundige selten bis nie verirrten. Gäste waren hier eigentlich nicht vorgesehen, und die dicke Frau betonte diese Einstellung nur, als sie sich gedankenverloren über ihre bemerkenswerte Armbehaarung strich. Es sah aus, als würde sie zwei Hundewelpen unter ihren Achseln mit sich herumtragen. Dann plärrte sie unvermittelt unseren Kellner auf Italienisch an und wedelte verzweifelt mit beiden Armen. Als er ihre Aufregung nur mit einem lauten »Psssscht« beantwortete, verstummte die Frau und ging unvermittelt wieder in den Zustand starrer Freudlosigkeit über, in dem sie schon verharrte, seitdem wir das Restaurant betreten hatten.

»Seid ihr denn wirklich schon so weit, ein gemeinsames Leben zu beginnen?«, wagte sich mein Vater erneut aus der Deckung. Seine Mimik und Gestik vermittelten den Eindruck, als würde an unserem Tisch gerade etwas Geschichtsträchtiges geschehen: Als hätte ich ihnen etwa vorgeschlagen, auf einem selbst gebauten Kanu nach Amerika überzusetzen und den USA mit einem Küchenmesser bewaffnet den Krieg zu erklären. Dabei wollten meine Freundin Nadja und ich nur zusammenziehen. Ich war mittlerweile mit dem Zivildienst fertig und mitten in der Hölle des Lehramtsstudiums angekommen. »Ich denke schon«, stammelte ich. Ich stammelte im Gespräch mit meinen Eltern eigentlich andauernd. Man stellt sich im Gespräch mit anderen Leuten ja immer eine ganze Menge Antworten vor, auf die man sich entsprechend die passende Antwort zurechtlegen kann. Bei meinen Eltern war das anders. Wenn ich ihnen etwas mitzuteilen hatte, wich ihre Reaktion mit so bewundernswerter Sicherheit von allen Kommunikationsnormen ab, dass mein Gehirn erst einmal neu booten musste und ich anfing zu stottern wie der Dorfpfarrer im Swingerclub.

»Wollt ihr euch nicht noch mit anderen Partnern ausprobieren, Dinge erleben?«, erkundigte sich meine Mutter.

»Wie bitte?«, prustete ich heraus, langsam setzte bei mir die Schnappatmung ein.

»Na ja, seid doch nicht so spießig, ihr seid doch noch so jung, da kann man doch noch nicht alles gesehen haben.«

Äääh ..., dachte Nadja.

»Äääh ...«, sagte ich.

»Na ja, es gibt so viele Menschen auf der Welt, da kann man doch nicht mit einundzwanzig schon den Richtigen gefunden haben«, streute meine Mutter weiter Salz in die Dialogwunde. Viel schlimmer konnte es jetzt nicht mehr werden.

»Ähm, ja aber wir wollen doch nur zusammenziehen«, versuchte ich das Gespräch auf ein normales Niveau an Zurechnungsfähigkeit zurückzuholen.

»Ja, aber das ist ein großer Schritt, Bastian«, erwiderte mein Vater, und meine Mutter nutzte die Gunst der Stunde, um uns einen Ausblick in die emotionale Apokalypse zu gewähren:

»Ja, zuerst lebt man nur zusammen, dann kommt ein Vogel, dann ein Hund, dann ein Kind, und eines Tages sitzt du in einem umzäunten Palast aus Beton und Glas, der Vogel kräht, der Hund bellt, das Kind schreit, und du weinst«, fasste meine Mutter in einer

Reihe von Relativsätzen ihre empfundene Lebenswirklichkeit zusammen.

»Und deswegen sollen wir nicht zusammenziehen, weil ihr Angst habt, dass wir aus unserem Leben ein Tierheim mit Kinderhort im Luxuspalast machen?«

Mein Vater freute sich über meine Einsicht.

»Genau! Außerdem ist es dann vorbei mit der sexuellen Selbstfindung. Höre auf einen alten Mann.«

Er führte die Vorteile eines besonders promiskuitiven Lebensstils noch weiter aus, und ich kam mir langsam so vor, als würde ich im Wigwam sitzen und bei einem Joint mit Ravi Shankar über die Vielweiberei philosophieren.

»Also nichts gegen dich, Nadja, aber es gibt nun mal drei Milliarden Frauen, also rein statistisch, und aus diesem Blickwinkel betrachtet, ist es einfach sehr unwahrscheinlich, dass man bei der dritten Freundin, also der dritten Frau von drei Milliarden, schon die Richtige gefunden hat.« Mein Vater versuchte offenbar, seine Anstiftung zum Rudelbumsen mit ein wenig absurder Stochastik abzufedern.

Langsam zweifelte ich daran, dass meine Eltern meine neue Freundin Nadja mochten. Dabei war sie klug und schön und hatte mit meinen bisherigen Fehlgriffen in der Damenwelt so gar nichts gemein. Ihre Eltern, die keine Lehrer waren und einer anständigen Beschäftigung nachgingen, hatten bei der Ankündigung unseres Zusammenziehens die feinste Flasche Wein aus dem Keller geholt und sich ehrlich für uns gefreut.

Mit meinen Eltern tranken wir Wein, der nach Frostschutzmittel und Winzerfüßen schmeckte, und selbst der Kellner fragte bei der Bestellung leicht verunsichert nach, ob wir auch wirklich den »Dolore e uomini« haben wollten, was übersetzt wahrscheinlich Witwenmacher oder Mumienwecker hieß. Mein Vater aber hatte schon sein »Gutscheinbuch« auf dem Schoß liegen und die Seite des Restaurants aufgeschlagen, dessen Abbildungen der Wirklichkeit in hohem Maße schmeichelten. Dieses Gutscheinbuch, ein besonders misslungenes Weihnachtsgeschenk meiner Mutter, befeuerte seither seinen Hang zu Perfektionismus und Akribie. Er hatte sich entschieden, wirklich jedes Geschäft aufzusuchen, das darin Vergünstigungen anbot. Neben dem Essen, das wir an diesem denkwürdigen Abend zum halben Preis aßen (was immer noch nicht die darauf folgenden Arztkosten querfinanzieren würde), hatte er sich auch schon seine Schuhe neu besohlen lassen, war im ABBA-Musical in der letzten Reihe eingeschlafen und hatte eine Ayurveda-Massage durchgestanden, die seiner Aussage nach viel zu kurz gewesen war und bei der ihn die kleine, thailändische Frau nach Anblick des Gutscheins mit Genuss gefoltert hatte.

Eigentlich konnte man froh sein, dass manche Geschäftszweige in seinem Gutscheinbuch nicht vertreten waren, sonst hätte er sich wahrscheinlich auch kostenlose French-Nails machen lassen oder würde längst eine reduzierte Perücke aus Kamelhaar tragen.

Jedenfalls hatte uns das Gutscheinbuch in diese Heilungsstätte für Verstopfungspatienten geführt, jedes Gericht war mit einer solchen hanebüchenen Lieblosigkeit zubereitet, dass Christian Rach beim Testessen wahrscheinlich wie ein betrunkener Fluglotse mit den Schultern gerudert hätte.

»Jetzt tu dieses blöde Buch weg, Robert«, ermahnte ihn meine Mutter hilflos.

»Ich werde mich schon gut um Ihren Sohn kümmern«, versuchte Nadja erneut den Grund unserer Zusammenkunft in den Vordergrund zu rücken und setzte ein hilfloses Lächeln auf.

»Und was braucht mein Sohn?«, gackerte meine Mutter dezent hysterisch.

»Na ja, abends ein Steak und zwischendurch mal eine aufs Maul, wenn er frech wird«, erwiderte Nadja knochentrocken.

»Ich mag die Kleine«, flüsterte meine Mutter und rempelte dabei meinen Vater an, der mittlerweile schon wieder in seinem Gutscheinbuch blätterte.

»Oh, man kann sich auch die Beine enthaaren lassen«, murmelte er nur.

»Ihr haltet uns für Spießer?« Langsam fing ich an zu hyperventilieren.

»Na ja, weißt du. Wir waren da anders«, tönte meine Mutter.

»Ja wirklich, wir waren da anders«, stimmte mein Vater ein.

»Wow, ich wusste gar nicht, dass ich der Kommunardenspross von Rainer Langhans und Uschi Obermaier bin«, versuchte ich zu frotzeln – aber im Bezug auf die Verklärung ihrer Jugend verstanden meine Eltern wirklich keinen Spaß.

Mein Vater war eigentlich alternativ wie Bärchenwurst, es schien mir schwer, in dem Mann, der Beschwerdebriefe an Fernsehzeitungen schrieb und schon auf Fotos aus Kindertagen nach Studienrat aussah, den beinharten Hippie der 68er-Bewegung zu sehen, das APO-Frontschwein, das gegen den Schah protestierte und Rudi Dutschke verehrte.

»Wir haben unsere Jugend genossen«, sagte meine Mutter – ihre Affäre mit Mick Jagger hatte ich wohl ganz vergessen.

Mir schossen spontan die Bilder aus dem Sechzigerjahre-Partykeller meines Vaters durch den Kopf, die meine Oma immer bei Besuchen auspackte. Wie er da mit Schlips und Hemd, beschwipst von alkoholfreier Fruchtbowle mit Nachbarsmädchen tanzte, deren abstruse Turmfrisuren nur von ihren Dame-Edna-Brillen übertroffen wurden. Das musste ja wirklich eine wilde Zeit gewesen sein. Ich schwieg lieber.

Der Kellner stellte uns den Nachtisch hin. Das Tiramisu sah aus, als müsste man vor dem ersten Löffel eine Zusatzklausel für die Lebensversicherung abschließen. »Ja, aber seht doch mal die Vorteile, die Mietkosten werden geringer, wir teilen uns einen Telefonanschluss, das Internet und ein Auto«, versuchte es Nadja erneut.

»Jaja, Spießer«, winkte meine Mutter ab und weckte in mir die wenigen Prozent Wutbürger, die meine deutschen Gene zuließen.

»Das kann doch echt nicht euer Ernst sein, was wäre euch denn lieber, wenn ich ein koksendes, polygames Muttersöhnchen wäre, das mit vierzig immer noch Muttis Kühlschrank leer frisst?«

»Jetzt wirst du aber hysterisch, Bastian«, sagte meine Mutter, und es war das Erste, was heute aus ihrem Mund nicht hysterisch klang.

»Nein, aber es kann doch nicht sein, dass ihr uns hier so ein absurdes Bild von Freidenkertum und Kommunenleben vorschlagt, anstatt euch einfach zu freuen, dass euer Sohn sich Mühe gibt, ein halbwegs rechtschaffenes Leben zu führen und sich eine Zukunft aufzubauen.«

Langsam klang ich, als müsste ich ein Plädoyer vor einem Untersuchungsrichter halten.

»Na ja, wir freuen uns doch, Bastian, nicht dass du

uns falsch verstehst, wir haben nur nicht damit gerechnet, dass das schon so früh kommt. Du bist doch noch so jung«, moderierte mein Vater.

»Und ein Spießer …«, schob meine Mutter hinterher und zerschnitt das zarte Band der Generationenverständigung, das mein Vater gerade zu knüpfen versucht hatte.

Kurz bevor ich begann, mir vor Wut selbst die Augenbrauen abzubeißen, unterbrach mich Nadja, die sich das neurotische Geschwafel meiner Eltern wohl lange genug angehört hatte:

»Wir versprechen auch, dass wir jeden Abend Crack rauchen und Swingerpartys veranstalten, das volle Caligula-Programm, macht euch keine Sorgen«, sprach sie dem Wahnsinn ein Urteil.

Nun musste sogar meine Mutter lachen, auch mein Vater war von so viel Zuspruch zum Irrsinn erheitert.

Ich schluckte meinen mehrminütigen Monolog zur Familienabspaltung herunter und wir prosteten uns heiter zu.

»Auf euch und euer neues Zuhause«, sagte mein Vater und legte ein wenig Harmonie über das Desaster dieses Abends.

Als die Rechnung kam, präsentierte der Kellner uns das erste Mal seine beachtliche Ansammlung von Goldzähnen, ich kam dabei nicht umhin, mir vorzustellen, wie er sie aus den Mündern zahlungsunwilliger Kunden gebrochen hatte.

Mein Vater besaß keine Goldzähne, aber ein Gutscheinbuch, mit dem er die kurzfristige Idylle dieses Abends zur Implosion brachte. Er kramte die passende Seite hervor und legte sie dem Kellner mit so bedeutungsvoller Mimik hin, als müsste er das Lösungswort bei der Einreise in ein paschtunisches Talibanlager aufsagen. Dieser schüttelte nur den Kopf und sagte in einem sehr osteuropäisch klingenden Dialekt: »Ungültig.« Dann deutete seine behaarte Fingerkuppe auf das Kleingedruckte des Gutscheins, in dem zu lesen stand, dass er genau vor zwei Tagen, am 30. April, abgelaufen war.

Mein Vater starrte auf den Gutschein und wartete anscheinend darauf, dass der Kellner uns aufforderte, die Hälfte des Essens wie die Otter im Bau wieder hervorzuwürgen, damit man trotz dieser unvorhergesehenen Komplikationen nur die Hälfte würde bezahlen müssen. Dann zog er jedoch mit schmerzverzogener Miene einen Geldschein aus dem Portemonnaie und überreichte ihn dem Kellner in staatstragender Manier. Es fehlten nur Fanfaren und Konfetti.

Selbst der Schnaps, den uns der Kellner zum Abschied auf Kosten des Hauses servierte, rettete seine Stimmung nicht mehr. Erst wollte der einzige Sohn nicht die Protestgene seiner Eltern geerbt haben, und jetzt musste man auch noch den vollen Preis für seine Lebensmittelvergiftung zahlen.

Schweigend stürzten wir den trüben Schnaps unsere Kehlen hinunter.

Im Hintergrund sah ich, wie die dicke Frau wieder ihre Arme hochriss und ein stummer Schrei aus ihrem breiten Mund entwich. Ich dachte kurz darüber nach, ob wir gerade gemeinsam zum Schierlingsbecher gegriffen hatten, doch dann hörte ich aus Nadjas Ecke nur ein genervtes »Pssscht«.

Vom Lehrerkind zum Lehrer

Am Fenster flatterte ein kleiner Vogel vorbei und zwitscherte eine Melodie, die so mechanisch klang, als hätte er sich auf einen nassen Elektrozaun gesetzt. Hinter der dünnen Zweifachverglasung verkam die Außenwelt zu einer dumpfen Kopie der Wirklichkeit, alles dahinter schien halb so laut und halb so schnell abzulaufen. Die Heinrich-Böll-Gesamtschule war eine trostlose Plattenbausünde der ausgehenden Fünfzigerjahre, das ganze Gebäude wirkte eckig und ineinander verkantet, als hätte man es aus Lego erbaut. In den Fluren roch es nach Asbest und nassem Kellergewölbe, auf den Fenstern versuchten ein paar aufgemalte Schmetterlinge mit grinsenden Gesichtern, dem Ganzen einen freundlichen Anstrich zu geben. Im Schulhof machte eine Klasse Turnübungen, an ihrer Spitze ein Sportlehrer in Ballonseide mit Trillerpfeife im Mund. Manche Sachen änderten sich nie. Über die Flure tippelten ein paar verspätete Lehrer ihren Klassenräumen entgegen, sie zogen eine Spur aus Zigarettendunst und Angstschweiß hinter sich her. Ich schwitzte ebenfalls am ganzen Körper, besonders am Po. Langsam rann ein Sturzbach aus Schweiß meinen krummen Rücken hinab und durchnässte das kornblumenblaue Hemd, das ich aus der Kommode meines Vaters genommen hatte. Ich räusperte mich, und mein Adamsapfel glitt wie ein Scharnier auf und ab, an jeder meiner ungelenken Bewegungen klebten 30 Augenpaare. Nein, eher 31 Augenpaare, auch der starre Blick von Herrn Klober ruhte auf mir, er hatte einen kleinen Notizblock aufgeschlagen, auf dem er akribisch jede Bewegung notierte.

Ich stellte mir vor, wie er gerade »Bielendorfer räuspert sich, diese Wurst wird ja so was von versagen« auf seinen Zettel schrieb. Langsam wurde ich paranoid, ich hatte nicht gedacht, dass Lehrer zu sein ein so harter Job sein würde, und dabei hatte ich noch nicht mal damit angefangen. Die 10a bestand größtenteils aus Teenagern mit akuter Pubertätsproblematik, aufgebrochene Pickelorgien und verrutschende Oktaven, die Mädchen teilweise absurd geschminkt wie syrische Haremsdamen, die Jungen dem Trend folgend mit dösigen Caps und zu breiten Hosen, die ständig über ihre flachen Hintern rutschten.

Meine Eltern hatten mir schon bei Studiumsbeginn abgeraten, Lehrer zu werden, wobei »abraten« ein ziemlich sanftes Wort für die angedrohte Enterbung und ewige Verbannung aus dem Familiengefüge ist. Sie waren der Meinung, dass jeder, der in der heutigen Zeit freiwillig Lehrer werden wollte, entweder Masochist sei oder einen bemerkenswerten Hirnschaden hätte. Die Schüler von heute waren anscheinend mit dem heilen Weltbild der Sechzigerjahre, als meine Eltern ihr Studium begonnen hatten und der Mensch weder den Mond noch iPods und polyphone Klingeltöne kannte, nicht mehr vereinbar. Heute werde nur noch an der Tischtennisplatte gebeatboxt und gefreestylt. Ich musste lachen, dass meine Eltern Worte benutzten, deren Bedeutung sie nicht kannten, doch als ich drei Jahre später im pädagogischen Einführungspraktikum das erste Mal ein Schulgebäude in der Funktion des Lehrers betrat und eine Gruppe Halbstarker sogleich einen Rap mit dem Titel »Der Schwule von der Schule« für mich intonierte, wusste ich, dass sie recht gehabt hatten.

Das Lehramtsstudium war bisher recht zügig vergangen, was auch daran lag, dass ich den halben Tag bekifft war und mit meinen Kommilitonen vor der Fakultät lag und gegen Studiengebühren demonstrierte, die eh meine Eltern bezahlten. Ein Großteil der Vorlesungen bestand daraus, vor weltfremden Professorinnen mit Doppel-, Dreifach- und Vierfach-Namen (besonders sei hier Dörte Regina Helmchen-Wittkenstein hervorgehoben) Phoneme aus dadaistischen Tonbandaufnahmen ihrer mittlerweile erwachsenen Kinder herauszuschreiben. Didaktik spielte während der ersten Semester keinerlei Rolle, wie und womit man etwas vermittelte, war kein Teil des Curriculums, jedenfalls weder in Deutsch noch in Philosophie. Das merkte man dann auch spätestens im Vorbereitungskurs auf das Praktikum, in dem die Lehramtsstudenten zur Übung Referate voreinander halten sollten. Schnell taten sich ein paar Kandidaten hervor, die für den Lehrberuf ähnlich prädestiniert waren wie ich für eine Karriere als Kunstturner. Martin Siechau wog geschätzte 30 Kilo, war 2,10 Meter groß und hatte so viele Sommersprossen, dass sich kaum eine Mimik hinter dem Wust an Flecken erkennen ließ. Außerdem war er im Umgang mit Menschen so dermaßen ungeschickt, dass er epileptische Anfälle bekam, wenn ihn sein Gegenüber auch nur ansah. Er studierte Mathematik und Physik und sollte nun mir und sieben Mitstudenten einen kurzen Vortrag über Trigonometrie halten. Als er anfing zu sprechen, vibrierte sein Mund, als hätte er einen Duracellhasen verschluckt, und kurz bevor die ersten Laute über höhere Mathematik aus seinen gespitzten Lippen drangen, knickten seine Knie weg und er kippte bewusstlos um. Eindeutig ungeeignet, sollte er jemals vor eine Hauptschulklasse nach Berlin-Neukölln kommandiert werden, wäre ihm vorher ein schmerzfreier Suizid anzuraten gewesen.

Ich machte mich in der Vorbereitung eigentlich ganz ordentlich, meine Ausführungen über den »Freischütz« wirkten recht fachmännisch, vielleicht lag es auch nur daran, dass vor mir eine Referentin mit dicken Waden und Sprachfehler immer »physikalich und mathematich« gesagt hatte, weil sie das »sch« nicht aussprechen konnte. So eine Cheiße.

Doch auf der Heinrich-Böll-Schule hatte ich ein weit kritischeres Publikum als meine Kommilitonen zu bespaßen. Vor mir saß der gesamte Klassenkorpus der 10a, die gelangweilte Generation Golf 5 mit Heckspoiler, auf die draußen ein warmer Sommertag wartete, hier drinnen aber nur Kriegsliteratur und ein verzweifelter Praktikant mit Schnappatmung.

Bisher kannten mich die Kinder nur als den dicken Dödel, der auf einer Bank in der letzten Reihe saß und sich Notizen zu den Unterrichtsstilen der verschiedenen Lehrer machte. Jetzt plötzlich wendete sich das Blatt und ich war am Drücker, direkt vorn, in vollverantwortlicher Position. Ich hasste es.

Ich ging im Kopf durch, ob das die schlimmste Situation meines bisherigen Lebens war, und mir fielen nur wenige Erlebnisse ein, die sich ähnlich schlimm angefühlt hatten wie das hier.

a) Als ich mit neun Jahren das erste Mal auf einem Pferd saß, nach 20 Metern herunterfiel, mein Fuß im Bügel hängen blieb, meine Hose verrutschte und ich mit heraushängendem Pimmel über den gesamten Reiterhof geschleift wurde.
b) Als ich mich beim Weitsprung bei den Bundesjugendspielen so schwer verletzte, dass die Sanitäter mir vor versammelter Klasse die zu enge Sporthose vom Leib schneiden mussten, um mein völlig verdrehtes Bein wieder einzurenken.
c) Als ich in Pumucklunterhose vor meinen Grundschulkameraden stand und meine Solidarität mit der Dritten Welt bekundete.

Nein, das hier war eindeutig das Schlimmste, was mir je passiert war. Mein Geist machte aus den paar clearasilbetupften Teenagern eine messerschwingende Armee aus Mongolen, eine Gruppe Irrer mit brennender Kreissäge, das Hohe Gericht der ewigen Verdammnis. Herr Klober fuhr mit seinem Blick an meinem verschwitzten Oberkörper entlang, ich stand kurz davor, mich komplett ins Nirwana zu transpirieren. Ich war mir sicher, dass er gerade »Bielendorfer trägt wahrhaftig die Hemden seines Vaters auf, außerdem schwitzt er wie ein ungarischer Zwiebelbauer auf dem Scheißhaus« auf seinem Block vermerkte. Ich hatte keinen Frosch, sondern die gesamte amphibische Abteilung des Kölner Zoos im Hals, als ich endlich die Stille durchbrach und anfing über die »Küchenuhr« von Wolfgang Borchert zu referieren. Erst einmal schrieb ich den Titel der Kurzgeschichte an die Tafel, seit Jahren hatte meine Sauklaue keine Kreide mehr benutzt, weshalb dort statt der Küchenuhr nun ein klar lesbares »Kirchenhure« stand. Die ersten zwei Reihen lachten, beim Poetry Slam zumindest war das ein gutes Zeichen. Herr Klober machte eine Notiz. Das war kein gutes Zeichen.

»So, erst einmal Guten Morgen, liebe Klasse, mein Name ist Bastian Bielendorfer.«

Stille. Kein Laut war zu hören, erst recht kein »Guten Morgen, Herr Bielendorfer«, nur der iPod von Suleyman aus der letzten Reihe summte dumpf einen Song von Lady Gaga.

»Was sagt man, wenn der Lehrer den Raum betritt?«, fragte ich im Ton genau jenes antiquierten Pädagogentums, das schon vor fünfzig Jahren abgeschafft worden war. Es fehlte nur noch, dass ich meine Fliege zurechtzog und mit einem Zeigestock auf das Pult hämmerte. Jämmerlich.

»Aber Sie sind doch gar kein Lehrer«, schallte es hohl aus der letzten Reihe. Das Argument war nicht von der Hand zu weisen, ich war nur Praktikant und damit weniger bedeutsam als der Hund vom Hausmeister, und anscheinend waren sich die Schüler darüber noch mehr im Klaren als ich selbst. Die Hierarchie der Heinrich-Böll-Gesamtschule war wohl so ausgelegt:

1) Schuldirektor
2) Oberstudienräte
3) Lehrer
4) Schüler
5) Hausmeister
6) Hund des Hausmeisters
7) Tauben auf dem Schulhof
8) Urinstein in der Schultoilette
9) Ich

Unter diesen Umständen musste ich dringend Souveränität beweisen, denn wenn mir die Sache erst einmal aus der Hand glitt, würde es nur noch den letzten Ausweg geben, nämlich heulend aus der Tür zu rennen und den Rest meines Lebens in Scham in einer Hütte im Wald zu hausen. Wahrscheinlich neben meinem früheren Biolehrer, Herrn Bommelheim.

»Ja, das ist richtig, noch nicht offiziell ...«
»Offiziell?«
»Ja, offiziell, und jetzt halt deine dumme Fresse und schlag das Buch auf ...«, ging es mir durch den Kopf.
»Offiziell heißt, dass ich noch dabei bin, zu lernen«, erläuterte ich geduldig.
»Wir lernen auch alle noch«, schallte es mir entgegen, allgemeines Gelächter setzte ein.

Ich hätte mich lieber nackt und mit Marinade bestrichen vor ein Löwenrudel gestellt, als vor diesem Haufen an lustlosen Schülern den Deppen zu geben, langsam verstand ich, warum die Laune meines Vaters immer so mies war, wenn er von der Schule nach Hause kam.

»So, heute geht es ja um die Küchenuhr von Wolfgang Borchert«, ich zeigte auf die »Kirchenhure« an der Tafel, »bitte schlagt eure Deutschbücher auf Seite 124 auf.«

»Hab kein Buch!«, tönte Tillmann aus der zweiten Reihe. Auf seinem T-Shirt war ein Gangsterrapper abgebildet, der eine Waffe auf den Betrachter richtete.

»Wie, du hast kein Buch?«
»Vergessen ...«, sagte der Junge, dem ein normaler Satzbau wohl nicht geheuer war.
»Dann schaust du halt bei deinem Nebenmann rein«, riet ich genervt.
»Hat auch kein Buch ... vergessen«, sagte Tillmann

erneut. Borcherts Trümmersprache wurde hier anscheinend immer noch praktiziert.

»Gut, dann setzt euch so zusammen, dass ihr gemeinsam ins Buch schauen könnt.« Ein riesiger Trubel setzte ein, Stühle wurden gerückt, Tische knallten gegeneinander, es klang, als würde das Gebäude saniert oder gleich niedergerissen.

»Wer möchte denn jetzt etwas zu der Kurzgeschichte sagen?«

Die altbekannte Stille setzte wieder ein. Ich konnte eine Mücke durch den Raum schwirren hören, mir war, als hätte sie mich gerade ausgelacht.

»Wer hat die Geschichte denn gelesen?«, fing ich bei den Basics an. Vielleicht hätte ich zuvor noch überprüfen sollen, wer der deutschen Sprache oder des Sauerstoffgewinns durch Atmen mächtig war, ein paar der Anwesenden wirkten verdächtig scheintot.

Auch Herr Klober in der letzten Reihe stellte sich tot, seine Augen klebten mittlerweile an der Klassendecke, die von einer Unzahl von schallschluckenden Löchern durchsiebt war. Wahrscheinlich zählte er sie gerade, während ich mir langsam, aber sicher jede Selbstachtung vom Körper schabte.

Insgesamt streckten sich zwei Arme zaghaft in die Luft, beide in der ersten Reihe. Der Rest blieb regungslos sitzen und warf mir hasserfüllte Blicke zu.

»Gut, zwei immerhin, der Rest liest die Geschichte jetzt noch mal leise nach und sagt dann etwas dazu«, ermahnte ich die Klasse, mit viel Murren wurde begonnen, die anderthalb Seiten zu konsumieren.

Geschlagene zwanzig Minuten später meldete sich der erste Schüler.

»Bin schon halb durch, kann ich aufs Klo?«

»Dürfen ja, ob du kannst, weiß ich nicht ...«, antwortete ich keck und kam mir reichlich witzig vor.

Die versammelten Schüler schauten mich an, als hätte ich gerade das große Fips-Asmussen-Witzebuch auf der Jahresversammlung der Hamas ausgepackt.

Der Junge ging, nicht ohne mir noch einen verächtlichen Blick zuzuwerfen, auf die Toilette und ließ uns zurück in der brütenden Hitze des Klassenraums, in dem es nach gammligen Bananen und Käsebroten roch.

»Möchte sonst noch irgendjemand etwas zu der Geschichte sagen?«, fragte ich, obwohl ich die Antwort kannte.

»Na gut, dann sag ich halt etwas dazu. Offensichtlich wird ja in diesem Text eine sehr wortkarge Sprache verwendet, weiß jemand, wie man dieses Stilmittel nennt?«

»Trümmersprache«, raunte es aus der Ecke, in der diese anscheinend am meisten gesprochen wurde.

»Richtig, wer war das?«

Keiner meldete sich, bis sich plötzlich eine bleiche Hand durch die schwüle Stille des Klassenraums schraubte. Es war Olaf Maiwald, ein Junge, der das unvorteilhafte Schicksal hatte, wie eine aufgeblasene Weißwurst auszusehen: dicke Backen und helle Haut, die schlaff über einen zu breiten Körper hing, der von einer roten Badekappe aus Haaren gekrönt wurde.

»Streeeeba«, schallte es direkt hinter ihm aus der menschlichen Bildungsproblematik Suleyman, dann schlug jemand Olaf feste in den Nacken und es machte ein Geräusch, als hätte man mit einem Nudelholz auf ein Kotelett gehauen.

»Raus«, schrie ich, die erste rote Karte war erteilt, kurz ging ich im Kopf noch einmal durch, ob das magere Quäntchen Befehlsgewalt, das ich in meiner Position als Praktikant innehatte, überhaupt ausreichte, um Platzverweise zu verteilen. Ich entschied mich einfach noch ein zweites Mal und etwas lauter »RAAAUS« zu rufen.

Olaf Maiwald stand auf und wollte zur Tür gehen, ich konnte ihn gerade noch abhalten und Suleyman zur Tür bitten, der widerwillig aufstand und auf einen bösen Blick von Herrn Klober hin wahrhaftig den Klassenraum verließ. Im gleichen Moment kam der Klogänger zurück. In der Klasse herrschte mittlerweile die meditative Ruhe eines Bahnhofsvorplatzes.

»Suleyman war's gar nicht, ich war's«, sagte Karol, der neben Olaf saß. So viel Ehrlichkeit musste bestraft werden.

»Dann du halt auch raus!«, lautete mein salomonisches Urteil. Eigentlich gefiel mir der Gedanke, die Klasse so weit auszudünnen, bis nur die übrig blieben, die Lust auf Zusammenarbeit hatten, ganz gut.

»Darf Suleyman dann wieder rein, Herr Bielendorfer?«, fragte Karol auf seinem Weg nach draußen.

Das »Herr Bielendorfer« gefiel mir ebenfalls, vielleicht sollte ich noch mehr Leute rauswerfen, wenn das zu plötzlichen Anfällen von Höflichkeit führte.

»Ach, der fühlt sich da schon ganz wohl ...«, sagte ich, auch um Olaf Maiwalds speckigen Nacken ein wenig zu schonen.

»So, wer möchte denn jetzt mal etwas über die Küchenuhr sagen?«

»Kaputt«, rief Tillmann, der Buchvergesser.

»Geht das auch im ganzen Satz?«

Tillmann zuckte mit den Schultern.

»Du sollst einen ganzen Satz bilden ... mein Gott,

mit TUWORT!«, fing ich schon selbst an mich mit dem Deutsch aus der Kinderfibel zu blamieren.

»Die Küchenuhr tut kaputt«, sagte Tillmann stolz. Es war faszinierend, vielleicht musste ich ihm gleich auch noch die Schuhe binden oder ihn zum Klo begleiten.

»Nein, die Küchenuhr ist kaputt«, kastrierte ich meine Stimmbänder. Langsam begann das Brüllen, das ich vom Mittagessen mit meiner Mutter kannte.

»Ist ist doch kein Tuwort!«, proklamierte Tillmann, jetzt ließ er hier plötzlich den Linguisten raushängen.

»Natürlich ist es das. Auch das einfache ›Sein‹ ist eine Tätigkeit.« Tillmann schaute mich an, als hätte ich gerade einen Fisch aufgeschlitzt und dabei aramäische Beschwörungsformeln gemurmelt.

»Egal, jedenfalls ist die Uhr kaputt ... und was soll das bedeuten?«

Die bisher stille Rebecca meldete sich, sie hatte sich eine fesche rote Strähne in ihren blonden Pony gefärbt, es machte den Eindruck, als würde sie aus dem Kopf bluten.

»Dass keiner weiß, wie spät es ist ...«, schlussfolgerte sie. Jetzt war ich mir sicher, sie blutete aus dem Kopf, anders war die Antwort nicht zu entschuldigen.

»Schon naaah dran ... noch jemand?«

Die völlige Lautlosigkeit setzte wieder ein, man hätte meinen können, wir waren im All oder zumindest im geistigen Vakuum.

»Gut, dann verrate ich es euch ... die Küchenuhr ist hier nicht nur ein Sachgegenstand, sie reicht in ihrer Bedeutung weit über die Eigenart als Dingsymbol hinaus und ist vielmehr einer Reliquie gleichzusetzen.«

Ruhe. Keine Stille ... nein, Ruhe. Anerkennung. Die

anscheinend sinnlosen Wörter, die Herr Bielendorfer gerade zu einem Satz geformt hatte, klangen so fremd und weise, dass ein Bruchteile von Sekunden dauernder Zustand der Bewunderung einsetzte, in dem ich mich genüsslich aalte.

»Für den namenlosen Protagonisten ist die Uhr wie ein Gegenstand von magischer Heilkraft, sie ist wie eine symbolische Chiffre für den höheren Sinn der Geschichte«, fachsimpelte ich weiter.

Plötzlich meldete sich Stefanie Schulte zu Wort, ein Mädchen, das leicht als alleinige Insel des Bildungsstands identifizierbar war. Spießige Hornbrille, strähniges, braunes Haar, im Gegensatz zu den anderen mit einem Buch ausgestattet.

»Ja, Stefanie, bitte?« Ich erwartete die erste sinnvolle Wortmeldung des Tages in 3 ... 2 ... 1 ...

»Das haben Sie bei Wikipedia abgeschrieben«, krächzte Stefanie in einer so eigenartig hohen Stimmlage, dass man vermuten konnte, sie müsste jedes Wort durch eine Orgelpfeife quetschen.

Ertappt. Ich fühlte mich, als hätte ich gerade als Ehrengast einen Vortrag auf dem Internationalen Kongress der Bettnässer gehalten. Ich war enttarnt. Plötzlicher Druckabfall in der Kabine.

Jetzt hieß es Ruhe bewahren. Ich sah schon das Exil in der Waldhütte vor mir. Stefanie Schulte hatte recht, meine weise klingenden Ausführungen waren allesamt von Wikipedia, direktes Copy and Paste. Ich hatte sie eigentlich nur als Fallschirm nutzen wollen, um die Schüler mit meinem blanken Fachwissen zumindest so weit zu schockieren, dass sie, falls die Stunde völlig aus dem Ruder lief, kurz einmal ruhig sein würden. Leider hatte ich nicht an die Klassenstreberin gedacht, die sich am Vorabend extra die gesamte

Deutung aus Wikipedia herausgeschrieben hatte. Mir fiel nur eine Lösung ein.

»So eine Unterstellung, rauuuus!«, brüllte ich. Dritter Platzverweis. Das war wohl eine neue Erfahrung für Stefanie, Rausgeworfenwerden stand sonst nicht gerade auf ihrem Schulplan. Ausdruckslos wie ein Klumpen Gips wankte sie zur Tür und wurde dort von Suleyman und Karol in Empfang genommen, die über den unerwarteten Gast wohl ebenso überrascht waren wie der Rest der Klasse.

Langsam lichteten sich die Reihen. Wenn ich jetzt noch drei bis vier Leute rauswarf, konnte das vielleicht über meinen billigen Plagiatsversuch hinwegtäuschen und wir würden zu normalem Unterricht übergehen.

»Allllttaaaa, stimmt, Sie haben voll abgeschrieben, Herr Bielendorfer«, kreischte Mustafa aus der letzten Reihe und streckte sein weißes iPhone in die Höhe. Auf dem Display prangten Wort für Wort die betreffenden Zeilen, die ich eben so fachmännisch und leger von mir gegeben hatte.

Ich fühlte mich wie Theodor zu Guttenberg bei der Pressekonferenz über seine abgeschriebene Promotionsarbeit, mein Körper glitt in einem Kokon aus Schweiß innerhalb meiner Kleidung auf und ab, ich wusste nun, wie das Leben einer Seegurke war. Kurz bevor ich hilflos stammeln konnte, dass »ich nach bestem Wissen und Gewissen nicht bewusst getäuscht hatte« erlöste mich das dröhnende Schellen der Schulklingel.

Die Schüler verschwanden beim Geräusch der Klingel innerhalb weniger Sekunden, sie lösten sich einfach in einer Wolke aus Kaugummiduft und Deodorant auf.

Ich stand immer noch wie festgewurzelt hinter meinem Pult, meine Augen suchten auf dem Boden ziellos nach den Splittern meiner Selbstachtung. Gleich würde Herr Klober aufstehen, sein ledernes Federmäppchen nehmen und mir damit den Kopf abschlagen, ganz sicher würde er das tun.

Ich sah, wie er sich von dem quietschenden Stühlchen erhob und langsam über den staubigen Linoleumboden zu mir schritt.

Dann klopfte er mir auf die Schulter und brummte anerkennend: »Das war ganz gut, mein Junge!«

Ich schaute ihn mit glasigen Augen an, die Luft im Raum flirrte vor Hitze, als würde gerade eine Ariane 5 auf dem Schulhof starten.

Erst blieb ich wortlos, dann entglitt meinen Lippen ein sehr fein formuliertes: »Abbbbaaa...«

»Immerhin hast du nicht angefangen zu heulen, schon besser als die meisten anderen«, sagte Herr Klober und ging mit seinem Federmäppchen unter dem Arm mit langsamen Schritten zum Schulhof.

Die Rückkehr des verlorenen Sohnes

Am Horizont sah ich den silbernen Passat meiner Eltern auftauchen. Er war leicht zu erkennen, im Kühlergrill war ein Loch, in das genau ein Pfahl unseres Gartenzauns passte, beide Außenspiegel fehlten. Mein Vater hatte sie in Berufung auf die Drehbarkeit seines Kopfes nie ersetzt, ebenso wie den Auspuff, der wahrscheinlich immer noch in einem Graben zwischen Essen und Duisburg lag.

Als mein Vater anhielt, hustete der Wagen sein eigenes Ozonloch in die kalte Luft Gelsenkirchens. Er stieg aus, warf mir einen wissenden Blick zu, umarmte mich und schmiss meinen Rucksack neben den Hund, der auf der Ladefläche wartete und vor Freude fast einen Herzanfall bekam. Ich stieg ein, und wir fuhren los, an der Ampel winkte uns ein Penner zu. Entweder kannte er meinen Vater, oder er machte sich wegen des Wagens über uns lustig.

Mein Vater fährt wie ein blinder Henker mit Klumpfuß, jeder Führerscheinprüfer würde ihm sofort jegliche Fahrtauglichkeit aberkennen, nicht nur, weil er an grünen Ampeln bremst und an roten Ampeln Gas gibt, sondern auch, weil er bei der Fahrt seelenruhig seine Kontaktlinsen säubert. Ich hielt mich wie eine Oma im Taxi am Haltegriff an der Wagendecke fest, während mein Vater jede Verkehrsregel missachtete, die sich der Gesetzgeber in den letzten 80 Jahren ausgedacht hatte.

»Na, Sohn ...«, murrte er den Anfang eines Hauptsatzes, ich hatte nicht das Gefühl, dass er ihn vervollständigen wollte und fing deshalb selbst an zu reden.

»Ja, ja, ihr habt's mir ja gesagt.«

»Rischtisch«, nickte mein Vater und lenkte den Wagen falsch herum in eine Einbahnstraße.

»Man muss Dinge selbst ausprobieren, um zu wissen, ob es das Richtige ist ... habt ihr immer gesagt.«

»Das gilt nicht für alles, sonst hättest du ja auch Totengräber oder Klofrau werden können.«

»Klofrau?«, motzte ich, immerhin hatte ich es akademisch versucht, gescheitert zwar, aber akademisch gescheitert.

»Weißt du, das Leben ist wie eine sehr lange Klassenarbeit ...«, sagte mein Vater und gab damit auf die einfache Frage »Klofrau« die wohl unpassendste Antwort. Nur »Blutwurst« oder »Methyloxydase« wäre ähnlich daneben gewesen.

»Wie bitte?«

»Na ja, du musst dir selbst Fragen stellen und Antworten finden, du machst Fehler und machst Dinge richtig, ganz wie bei einer Klassenarbeit.«

»Bis auf den kleinen Unterschied, dass der liebe Gott mir bei einem versauten Leben nicht sagt, ›hängengeblieben, versuch's im nächsten Jahr noch mal, dann wird's besser‹«, spottete ich. Mein Vater starrte auf die Straße, als hätte er aus der WC-Ente getrunken.

»Es ist nicht schlimm, mal eine falsche Antwort zu geben, niemand kann alles wissen, so ist es halt«, sagte er schließlich und missachtete zwei Mal die Vorfahrt.

»Mmh, danke«, räusperte ich mich und schaute aus

dem Wagenfenster. An uns zogen die typischen kleinen Zechenhäuser vorbei, und in den Fenstern hingen gehäkelte Gardinen, in einem saß sogar ein trauriger Wellensittich und schaute uns nach.

Ich hatte also mein Lehramtsstudium abgebrochen, und mein Vater spielte für den heimkehrenden Sohn den Bestattungsfahrer. Ich war auf dem Weg zu meiner eigenen Beerdigung, zumindest zu der meiner Träume, die im Lehrerpraktikum von kaugummikauenden Kackbratzen kurzerhand zerstört worden waren.

»Waaarte mal«, rief ich, und mein Vater bremste, als wären wir an einer grünen Ampel.

Der Wagen hielt an einer ereignislosen Straßenkreuzung, ein paar Bäume, heruntergekommene Fassaden, auf dem Gehweg wackelte eine Oma mit einer Tüte Bananen vorbei.

»Kennst du das noch?«, fragte ich meinen Vater, ihm war der historische Wert unserer Route wohl nicht bewusst, auch weil er sie wahrscheinlich täglich fuhr. Ich war ewig nicht hier gewesen.

»Der kleine Markus«, murmelte mein Vater und blickte auf eine Ruine am Straßenrand, von der nur noch die Grundfesten standen.

»Ja, hier war der kleine Markus«, sagte ich und bat ihn, kurz ranzufahren.

Wir stiegen aus und gingen zu der alten Milchfabrik. Außer ein paar Backsteinmauern und einer tiefen Grube war von meinem Kinderguantanamo nur die Erinnerung geblieben, ich sah den kleinen Markus mit seinen Fußfesseln aus einem Loch in der maroden Wand kraxeln.

»Das war lustig damals, wie lange du das geglaubt hast«, sagte mein Vater und strich mit seiner Hand an den roten Steinen einer lose dastehenden Mauer entlang, auf der Oberfläche klebte noch ein Klingelschild: »Hubermann Milchfabrik und Käserei«.

»Nein, war es überhaupt nicht«, sagte ich trotzig. Kaum zu glauben, dass mein Vater immer noch nicht verstanden hatte, wie schlimm die Geschichte vom kleinen Markus für mich damals gewesen war.

Mein Vater sah mich an und legte seine Hand auf meine Schulter, es war ein gutes Gefühl. Der kleine Markus lächelte uns an.

»Das nehmen wir mit«, sagte er und riss das Namensschild der Fabrik ab. »Damit wir nicht vergessen, dass es nur eine Milchfabrik war.«

Als wir uns umdrehten, stand vor uns der Wagen und dahinter, auf der anderen Straßenseite, war wiederum alles ganz anders als früher. Easy Records gab es nicht mehr, dort wo Bike-Mike und die Gang der bärtigen Vinylliebhaber ihre Schatzkisten durchwühlt hatten, war jetzt ein Penny-Markt samt Parkplatz. Eine Familie schob gelangweilt einen prall gefüllten Einkaufswagen vor sich her, vor der Filiale verkümmerten ein paar Topfpflanzen in der prallen Sonne.

Ich ging mit meinem Vater wortlos über die Straße, wir standen ein paar Augenblicke einfach dort und sagten gar nichts.

»Ein Parkplatz«, stotterte er und senkte seinen Kopf. Meine schlechten Erinnerungen waren seine guten.

Ich legte meine Hand auf seine Schulter, alt war er geworden, wie er da im Sonnenschein stand und auf den Boden schaute, dachte ich und schwieg.

Als wir wieder losfuhren, wurde mir klar, dass uns im Jetzt verband, was uns in der Vergangenheit getrennt hatte.

Darüber mussten wir beide lachen.

Home is where the heart is

Die Wintersonne schien höhnisch über den Ort meiner Jugend, die kleine Einbahnstraße, in der ich die Jahre meiner Kindheit zugebracht hatte, lag wie ein Zeugnis spießbürgerlicher Ödnis da. Die Straße bestand aus kleinen, verklinkerten Reihenhäusern, an deren Gartenzäunen die selbst getöpferten Namensschilder ihrer Bewohner hingen.

Als wir die Einfahrt hinauffuhren, stand meine Mutter bereits vor dem Haus und winkte uns zu. Der verlorene Sohn kehrte heim. Ich kam mir vor, als würde ich als letzter Überlebender meiner Einheit aus einem verlorenen Krieg kommen, dabei waren die Gründe meiner Rückkehr in den Schoß der Familie viel profaner. Mein Job an der Pforte der Seminarbibliothek war mir nach der Exmatrikulation gestrichen worden, und nun durfte ich nicht mehr für 8,50 Euro Stundenlohn das Internet auswendig lernen und war pleite. Ich konnte mir meinen Teil der Miete nicht mehr leisten, Nadja anpumpen wollte ich nicht, und so war ich nun auf die Hilfe meiner Eltern angewiesen, während Nadjas Cousine aus Bayern in meinem Zimmer hauste und für ihre Aufnahmeprüfung an der Polizeischule täglich tausend Liegestütze machte. Nach diesem persönlichen Scheitern hatte ich mir ein ziemlich tiefes Loch aus Selbstvorwürfen und Depressionen gegraben, dessen Ausgang genau dort lag, wo ich mein Lehrerkinddasein begonnen hatte: in Gelsenkirchen. Und da ging ich nun hin, um meine Wunden zu lecken, mein Konto aufzufüllen und mich der Sinnsuche hinzugeben.

Eigentlich hatte ich gehofft, meine Eltern würden

für meinen Teil der Miete zeitweise einspringen, leider kam alles anders, als ich erwartet hatte, denn das Telefongespräch, das meinem Studienabbruch folgte, war in etwa so abgelaufen:

Das leblose Rascheln der Telefonleitung, plötzlich ein dumpfes Piepen.

»Mama, hallo?«

»Jaaa?«

»Ich hab das Studium abgebrochen ...«

»Ich hab's dir doch gesagt!«, brüllte meine Mutter, sie klang wie eine menschliche Vuvuzela. »Ich hab's dir doch gesagt, Rooobert, der Junge hat abgebrochen.«

»Ich hab es doch gesagt«, gurrte mein Vater im Hintergrund. Hoffentlich stritten sie jetzt nicht, wer mein Versagen früher prophezeit hatte.

»Und was machst du jetzt?«, fragte die Vuvuzela.

»Na ja, ich denke, ich komm erst mal heim ... die haben mir mit der Exmatrikulation auch meinen Job gekündigt«, säuselte ich. Nun würde der Teil des Gesprächs kommen, an dem sie mir finanzielle Unterstützung anboten.

»Oh, okay, wann bist du da, Spätzchen?« Der Teil mit dem Angebot von Subventionen schien ihnen irgendwie nicht bekannt zu sein.

»Äh, heute Nachmittag um vier bin ich am Bahnhof. Ich muss erst mal herausfinden, wie es jetzt weitergeht, vielleicht könnt ihr mir finanziell ein wenig aus der Patsche helfen?«

»Ach ja, heut Nachmittag ... mit dem Geld, na ja ...«

Plötzlich machte es einen lauten Knall, Hundegebell setzte ein, und meine Mutter brüllte wie ein Berserker »Adenauer ..., Adorno«. Dann surrte mir das Rauschen der Telefonleitung entgegen. Aufgelegt.

Wahrscheinlich hatte einer der Hunde, die so gut erzogen waren wie eine Bande brasilianischer Straßenkinder, vor dem Fenster etwas Katzenartiges gesehen (was meist nur ein Vogel oder ein wackelnder Busch war, die Hunde waren ziemlich dumm) und musste dies jetzt durch lautes Bellen und eine Neusortierung des Mobiliars bekannt geben. Meine Mutter verlor daraufhin wie immer die Beherrschung, ließ das schnurlose Telefon fallen und lief den Kötern im Garten hinterher.

Beim Versuch, den Wagen in die Garage zu setzen, würgte mein Vater laut den Motor ab. Das Auto klang nach Jahren in der Habschaft meiner Eltern wie ein hundertjähriger Hamster mit Asthma.

Meine Mutter nahm mich in den Arm, als hätten wir uns eine Ewigkeit nicht gesehen. Eigentlich stimmte das sogar, wir hatten uns eine Ewigkeit nicht gesehen, denn nach dem peinlichen Abendessen mit Nadja, bei dem meine Eltern alle Register der öffentlichen Demütigung gezogen und festgestellt hatten, dass ich und meine Freundin kreuzbiedere Spießer aus der bürgerlichen Mitte waren, während sie immer noch der revolutionäre Duft der Protestgeneration umgab, hatte ich mich rar gemacht. Ein paar Mal hatten wir uns in den letzten Monaten gesehen, und immer bestanden die Treffen daraus, dass ich von meinem Lehramtsstudium erzählte, während meine Eltern mich verständnislos ansahen und nur synchron »Warte mal auf die Praxis« unkten.

Und sie hatten recht gehabt, verdammt. Direkt meine erste reguläre Stunde als Lehrerpraktikant hatte mich an meine nervlichen Grenzen geführt. Ich war des Plagiats überführt worden, hatte fast die halbe

Klasse des Raums verwiesen und war kurz davor gewesen, mich in einer Bodenlache aus Schweiß aufzulösen. Ich war ungeeignet für diesen Beruf. So einfach war das. Wo ich mich im Studium noch über den Zusammenbruch eines Kommilitonen amüsiert hatte, war ich jetzt selbst gescheitert. Ich wollte den Fakt, dass meine Eltern wie immer recht gehabt hatten, einfach ausklammern, aber das ging nicht. Auch weil sie es, wenige Sekunden, nachdem ich aus dem Auto gestiegen war, abermals wiederholten, als sei bei ihnen die Platte gesprungen.

»Na, wer hat recht gehabt?«, fragte meine Mutter und drückte mich an sich.

Ich sagte gar nichts und schloss sie in meine Arme.

Vom Lehrerkind ... zum Lehrerkind

Als wir das Haus betraten, war alles so wie immer, die moderne Kunst meiner Mutter (vor der mein Vater immer nur kopfschüttelnd herumstand und sich über den Preis ärgerte) war genauso noch da wie das Loch in der weißen Ledercouch, das ich als Kind mit einer Lupe hineingebrannt hatte.

»In deinem Zimmer schlafen jetzt die Hunde, das stört dich doch nicht?«, fragte meine Mutter rhetorisch und erwürgte spontan das Gefühl von Nostalgie, das ich beim Eintreten in mein früheres Zuhause kurz verspürt hatte. Meine Eltern waren keine besonders sentimentalen Menschen, wobei es auch nicht sonderlich gut zu diesen beiden westfälischen Pragmatikern gepasst hätte, nachts in meinem leeren Kinderzimmer zu sitzen und in der guten alten Zeit zu schwelgen.

Stattdessen wohnten jetzt die Doggen Adenauer und Adorno in meinem Kinderzimmer und schliefen auf meiner ausklappbaren Couch, auf deren ausgeblichenem Muster fröhliche Comic-Pinguine Schlittschuh fuhren.

Es roch nach nassem Hund und alten Socken – zumindest Ersteres war anders als damals, als dieser Fünfzehn-Quadratmeter-Raufasertapetenblock noch mein persönliches Refugium gewesen war. Hier hatte ich das erste Mal mit Wachsmalkreide gemalt, das erste Mal mit He-Man gespielt und mir das erste Mal beim Basteln eine Schere in die Hand gerammt. Auf der Tapete neben dem Türrahmen waren noch Kritzeleien zu erkennen, die ich in einem Anfall kindlichen Aufbegehrens an die Wand geschmiert hatte. Ganz deutlich lesbar stand dort »Shule ist dof« in schwarzen Buchstaben auf der Tapete. Mein Vater hatte seine Korrekturen in roten Buchstaben danebengeschrieben.

Die Hunde observierten mich wie einen Eindringling und blieben hechelnd auf der Couch sitzen. Ich nahm neben ihnen auf einem Stuhl Platz und schaute aus dem Fenster. Hinter dem Garten lag das Haus der Fennermanns. Einen Augenblick glaubte ich die Umrisse der Shining-Zwillinge am Fenster ausmachen zu können.

Meine Mutter klopfte und bat mich, zum Abendessen zu kommen. Ich fühlte mich wie ein Kronzeuge, der gerufen wurde, um gegen die Mafia auszusagen, und das passte auch ganz gut, denn es gab Nudeln.

Erst rührten wir alle betreten in unseren Spaghetti herum, mein Vater zerschnitt sie zu kleinen Fäden, was jeden waschechten Italiener wahrscheinlich an den Rande des Nervenzusammenbruchs geführt hätte.

»Was ist denn eigentlich passiert«, fragte meine Mutter schließlich und sah von ihren Nudeln auf.

»Mmh«, gurgelte ich und schluckte ein wenig Nudelpampe herunter. Diese Antwort war mir lieber als: »Ich bin ein Versager, vierteilt mich bitte vor dem Haus.«

»Aha«, sagte mein Vater etwas fordernd.

Ich war auf der Sinnsuche gestrandet und hatte mit mittlerweile vierundzwanzig Jahren nichts in meinem Leben wirklich durchgezogen. Der Silberstreif am Horizont entpuppte sich als Auspuffabgas des neuen Porsche Cayenne meines Cousins Sören Malte, der gerade den Gewinn seiner Firma verdoppelt hatte. Ich wäre wirklich gerne Lehrer geworden, auch wenn meine Eltern mich für komplett verrückt erklärt hatten. Aus irgendeinem Grund dachte ich, dass ihr Talent auch in mir schlummern würde. Jetzt war da, wo ich das Talent vermutet hatte, nur ein kleines Schild, auf dem »Bitte weitergehen« stand.

»Und was willst du jetzt machen?«, brummte mein Vater.

»Ich weiß nicht, ich will mich erst mal neu orientieren«, log ich, eigentlich war mein Plan, mich vor Scham einige Zeit in eine Kolonie von Königspinguinen an den Südpol zu stellen und einsam festzufrieren.

»Vielleicht gehst du noch mal ins Berufsinformationszentrum ...«, schlug meine Mutter vor, verstummte aber gleich wieder. Die Erinnerung, wie ich nach dem Tierarztpraktikum als menschgewordenes Exkrement in mein Zimmer gestürmt war, kam ihr wohl gerade wieder hoch. Angeekelt schob sie den Teller weg.

»Ja, Riesenidee, vielleicht schlägt mir Pilawa ja diesmal vor, ich könnte Pisspage oder preußischer Konsul werden.«

Meine Eltern schauten mich verständnislos an, sie kannten Pilawa gar nicht.

»Vielleicht hilft dir das ja«, sagte mein Vater und holte unter dem Tisch ein Buch hervor. Auf dem Cover strahlte mich ein braun gebrannter Mann im Armani-Anzug an, der seine Arme in Siegergeste in die Höhe streckte und lächelnd vor einem Sportwagen poste.

»›In 10 Schritten zum Erfolg – Wie ich ein Gewinner werde‹ von Sören Malte Hebeling«, las ich und erbrach fast meine Spaghetti auf den Tisch.

»Ist ein Bestseller …«, versuchte es meine Mutter noch einmal und schob den Hunden ihren Teller hin.

Ich erkannte meinen Cousin auf dem Cover-Foto sofort wieder, auch wenn ich ihn zum Glück seit Ewigkeiten nicht gesehen hatte. Sören Malte, dieser Untergang der Spaßgesellschaft, das destillierte Grauen des Kapitalismus, der geheime Gradmesser für die Erwartungen meiner Eltern. Er hatte einen Lebensratgeber für den Weg zum schnellen Geld geschrieben, der seinen rapiden Aufstieg vom humorfreien Musterschüler zum braun gebrannten Großverdiener illustrierte. Dieser seelenlose Zombie verkaufte seine hohle Botschaft nun auch noch gewinnbringend an hilflose Versager. Hilflose Versager, die wahrscheinlich einiges mit mir gemein hatten.

»Das ist doch nicht euer Ernst«, maulte ich und schob das Buch angeekelt beiseite.

»Schritt 1 besteht darin, die Ablehnung zu überwinden«, dozierte mein Vater, er hatte den Mist wahrhaftig gelesen, anstatt ihn als Dämmmaterial oder Türstopper zu benutzen.

»Die Ablehnung!«, kreischte ich. Ich war nicht mal zwei Stunden da und schon wieder kurz davor, mich selbst zum Vollwaisen machen zu wollen.

»Ich lehne das nicht ab, ich verabscheue es. Diese Kapitalistenbibel für angehende Arschgeigen. Was ist denn Stufe 2? Dass man Sören Malte sein gesamtes Erspartes aufs Schweizer Bankkonto überweist?«

»Stufe 2: Seine innere Stärke finden ...«, murmelte mein Vater leise.

»Es war ja auch nur ein Vorschlag«, sagte meine Mutter und nahm das Buch wieder an sich.

»Vielleicht kannst du was bei Sören Malte machen, die suchen ja immer Leute in der Firma«, schlug mein Vater vor und las den Grad der Ablehnung an meinem Gesichtsausdruck ab. Lieber hätte ich den Rest meines Lebens Kampfhunden Einläufe verpasst, als auch nur eine halbe Stunde Sören Malte beim Suhlen in der eigenen Gottherrlichkeit zuzusehen.

Meine Mutter griff noch einmal unter den Tisch. Was jetzt wohl kam? Ein Ausbildungsvorschlag zum Rabbi oder vielleicht eine Zwangsverpflichtung als Bundeswehrsoldat?

Die Wahrheit war viel schlimmer. Meine Mutter holte den ultimativen Nervenbalsam unter dem Tisch hervor: Scrabble.

»Es ist Mooontaaag«, surrte sie und zeigte auf den Kalender an der Wand.

Der Wochenrhythmus meiner Eltern hatte sich seit meiner Kindheit also nicht verändert. Die Hunde sprangen von ihren Stühlen und gingen freiwillig in ihr Zimmer. Hätte ich auch gern getan.

A wie Anahronismus

Mein Vater ordnete gerade generalstabsmäßig die Spielsteinchen, da klingelte es an der Tür, und als ob die Situation nicht sowieso schon absurd genug gewesen wäre, trat ein weiterer Geist aus meiner Vergangenheit ins Wohnzimmer. Onkel Willi. Im Gegensatz zu früher hatte er immerhin die Hose zu und war ohne Polizeiaufgebot erschienen. Onkel Willi tapste wie ein Tanzbär herein, er trug immer noch das Autoschieber-Jackett, mit dem er die Buchhändlerin Gundula Götze damals in die Flucht geschlagen hatte. Doch ein anderes Opfer hatte sich davon anscheinend nicht abschrecken lassen, denn eine Frau, die mindestens ebenso unbeholfen wie er selbst durch die Tür wackelte und ein breites Grinsen im Gesicht trug, stand nun Händchen haltend neben ihm.

»Hallo Bastian, ich bin die Regina, freut mich«, stellte sie sich vor und klang wie ein kanadischer Holzfäller mit Keuchhusten.

Regina hatte nicht nur die Körperform, sondern auch die sonnige Ausstrahlung eines kleinen Buddhas. Sie hatte Wilfried vor ein paar Jahren im Park angetroffen, wie er da unsicher die Enten anstarrte, und sich sofort in ihn verliebt. Wilfried wollte die Sache langsam angehen lassen, deshalb heirateten sie erst nach einer Woche. Sie war die Erfüllung all seiner Träume, sein Nirwana. Eine liebevolle und verständnisvolle Frau, die zumindest so weit einen Schlag hatte, dass sie sich in einen schrägen Vogel wie ihn verlieben konnte.

Auch Wilfried war anscheinend in dieser Ehe aufgeblüht und war mit Regina in ein kleines Reihenendhaus gezogen, in dem er sich statt um seine Wahnvorstellungen jetzt um ihre Katzen kümmern konnte.

Wilfried gab mir einen Händedruck, der sich nach einem rohen Schnitzel anfühlte, setzte sich an den Tisch und fing sofort an, seine Spielsteine ebenso akribisch zu ordnen wie mein Vater.

»Und du bist jetzt wieder hier?«, fragte er und starrte dabei auf seinen Haufen Steinchen.

»Ja, er hat abgebrochen …«, triumphierte meine Mutter. Sie stellte ein paar Bier auf den Tisch.

»Was abgebrochen?«, fragte Regina.

»Lehramt«, antworteten meine Eltern gleichzeitig, anscheinend konnte man dieses Wort nur vorwurfsvoll aussprechen.

»Vielleicht auch besser so«, sagte Willi und schaute meine Eltern an. Nach seinen Erfahrungen als gepiesackter Mathelehrer das einzig nachvollziehbare Fazit.

»Haben wir auch gesagt«, nickte mein Vater.

»Ich fange an«, sagte Regina und legte »F-R-O-H-S-I-N-N«. Sie unterbrach damit ziemlich geschickt den Dialog, der zu einer mittelschweren K-R-I-S-E meinerseits geführt hätte.

»Zuerst die Einsätze bitte!«, forderte mein Vater auf. Kaum zu glauben, aber meine kreuzbiederen Eltern waren wahrhaftig zu Zockern geworden. Er legte ohne zu zögern einen Zehn-Euro-Schein auf den Tisch.

Es hatte sich wohl doch einiges verändert.

Dann holte Onkel Willi vier dicke Rollen mit Zehn-Cent-Münzen aus seiner Tasche.

Nun ja, nicht alles.

Eine Nacht mit Sören Malte

Der Abend endete wie erwartet. Mein Vater und Wilfried bastelten die abstrusesten Wortkonstruktionen und am Ende unterlag Wilfried mit seinem »Hypothenusenabschnitt« klar meinem Vater, der stolz »Morphemanalysetechnik« legte und den Jackpot einsackte. Ich hatte erfolgreich das Wort »H-A-U-S« gelegt, woraufhin mein Vater begann, mich den Rest des Abends den »Germanisten« zu nennen.

Ich hatte meine finanzielle Notlage immer noch nicht wirklich zur Sprache gebracht, aber ich nahm mir vor, meine Eltern am nächsten Morgen beim Frühstück um Geld zu bitten.

Die kurze Zeitreise in meine Kindheit fühlte sich an wie eine eigenartige Mischung aus Nostalgie und Fremdheit, vieles war gleich geblieben, aber ich hatte mich verändert. Ich war erwachsen geworden, und keinem der anderen Beteiligten fiel dieser Umstand auch nur auf. Mein Vater korrigierte immer noch meine Satzfehlstellungen, meine Mutter fuhr mir einmal mit einem angesabberten Taschentuch durchs Gesicht, weil sie dort eine Andeutung von Bierschaum vermutete. Wilfried erzählte seiner Frau angeregt, wie er früher immer auf mich aufgepasst und meine vollen Windeln auf dem Spielplatz vergraben hatte, bis die anderen Eltern das Ordnungsamt riefen.

Dass Kinder für ihre Eltern immer Kinder bleiben, ist eine alte Weisheit. Dass sie bei Lehrereltern aber auch immer Schüler bleiben, merkte ich spätestens, als mein Vater mir nach dem Scrabble das glasklare Zeugnis intellektueller Minderbemittlung ausstellte, indem er mir vorwarf, ich hätte seinen Witz über Schiller und Goethe nicht verstanden und nur aus Höflichkeit gelacht. Und was eine »Morphemanalysetechnik« sei, wisse ich schon mal gar nicht.

Ich war zu müde, um ihm zu erklären, dass ich mein ganzes Lehramtsstudium eigentlich nichts anderes getan hatte, als Morpheme zu analysieren, und wackelte angetrunken und genervt in mein Zimmer, in dem zwei ausgesprochen große Hunde bereits die Nachtruhe auf meiner Schlafcouch angetreten hatten.

Erst überlegte ich, mich in Embryonalstellung zwischen sie zu legen, dann sah ich, dass meine Mutter mir zur Abendlektüre etwas auf den Schreibtisch gelegt hatte. Sören Malte lächelte mir siegessicher zu.

Ich las in dieser Nacht »In 10 Schritten zum Erfolg – Wie ich ein Gewinner werde«, und es veränderte mein Leben. Nicht weil ich diesem Knigge für Egoisten auch nur einen einzigen sinnvollen Ratschlag entnommen hätte, sondern weil es mich auf eine Idee brachte. Als meine Mutter mich am nächsten Morgen zum Frühstück holen wollte, war ich nicht mehr da. Nur Adenauer und Adorno saßen auf der Couch und stritten sich um die zerfetzten Reste von Sören Maltes Buch. Auf dem Tisch lag ein Brief von mir.

Der Anker

Als ich zurück in unsere Wohnung kam, nahm ich Nadja schweigend in den Arm. Ich war so aufgeregt, dass die Luft um mich herum zu vibrieren schien. Sie deutete das ein wenig falsch und war sich sicher, dass meine Eltern uns die Miete zugesagt hatten. Euphorie lag in der Luft.

»Schön, dass sie uns helfen«, sagte sie und küsste mich.

Ich nahm sie in den Arm, drückte sie an mich und antwortete nur: »Ich hab sie gar nicht gefragt.«

Dann ging ich in mein Zimmer, wo zumindest keine schnarchenden Doggen auf mich warteten, und legte mich glücklich ins Bett.

Wenige Tage später – Nadja war immer noch sauer, dass ich meine Eltern nicht etwas effektvoller bekniet hatte – fand ich die Antwort meiner Eltern auf meinen Abschiedsbrief in der Post. Als ich auf den Absender schaute, las ich dort:

Mini Playback Show
Internationale Subventionsstelle
Traumlandstraße 1
Luxemburg

Ich riss den grauen Umschlag auf und zog den Brief heraus. Und wie immer fand ich meine eigenen Zeilen samt den Korrekturen meines Vaters vor:

iebe Eltern,

itte wundert euch nicht, das ich heute Morgen so plötzlich

erschwunden bin. Das Buch von Sören Malte hat mir wirklich

ehr geholfen! Nicht, das ich dieser Kapitalistenbibel auch nur

inen sinnvollen Hinweis entnommen hätte – das Buch hat mich

llerdings auf eine Idee gebracht. Ich schreibe jetzt selbst

ines!

a, ihr habt richtig gelesen, ein ganzes Buch. Mit Buchstaben,

rammatik und allem Drum und Dran. Ich schreibe euch diesen

rief, weil das Buch sich größtenteils um Euch und mich drehen

ird, ein Lehrerkind und seine Eltern, die jede Busfahrt nach

anne-Eickel zur Bildungsreise machen, und bei denen jedes

elefonat plötzlich zu einer mündlichen Abiturprüfung wird!

ein Leben mit euch war immer eine Wundertüte der Absurditäten,

b wir nun lebenslanges Zirkusverbot bekamen oder ihr als

inzige meinen denkwürdigen Sprints bei den

undesjugendspielen zusaht.

s war nicht immer leicht, Euer Sohn zu sein, doch trotz der

ielen Schlangenlinien, die mich das Leben bisher auch in

üchternem Zustand gehen ließ, wart Ihr immer wie ein roter

aden im Labyrinth, auf den ich mich verlassen konnte.

Annotations (handwritten):

- "Mein Gott, Junge, "dass" hier mit doppel-s!" /Gr
- "Wüssten wir's doch!" Gr]
- "-z"
- "Das will erst noch bewiesen werden!"
- "Wer will denn so etwas lesen?"
- "-z"
- "Bei uns würdest du die wahrscheinlich nicht mal bestehen!"
- "Du brauchtest 14,3 Sekunden für die 50 Meter, länger als für einen Meter Bratwurst!"
- "-z / Es war auch nicht leicht, deine Eltern zu sein! / -z"
- "(Es war der rote Faden der Ariadne, der Theseus durch das Labyrinth des Minos geführt hat, Bastian, das müsstest du mittlerweile wirklich wissen!)"

Ich bin noch heute Morgen abgereist, um gleich loszulegen. Mit dieser Nachricht will ich Euch lieber erst gar nicht um Erlaubnis bitten, sondern Euch lediglich vorwarnen, dass ihr jetzt zu literarischen Figuren werdet! Ich werde mir Mühe geben, versprochen! → Das solltest du auch, sonst schicken wir Fotos von dir in Sporthose an die BILD-Zeitung!

Seid umarmt,

Euer Lehrerkind Bastian

Lieber Bastian!

Bevor man einen Brief abschickt, sollte man ihn zunächst im Hinblick auf Rechtschreibung und Grammatik kontrollieren! Inhaltlich aber sind deine Schilderungen nachvollziehbar und sprachlich eloquent. Eine genaue Begründung, warum du jetzt ein Autor sein willst, fehlt jedoch. Außerdem gibt es in deinem Text immer noch zu viele grammatische und orthografische Schwächen, und auch deine Probleme mit der Interpunktion sind, wie gehabt, noch vorhanden. Deshalb entspricht der Brief notenmäßig nur einer knappen Vier! Trotzdem freuen wir uns natürlich, dass du anscheinend etwas gefunden hast, das du mit deinem Herzblut verfolgen kannst. Wir sind stolz auf dich und werden dich unterstützen, soweit wir können.

In Liebe,

deine Eltern

<u>P.S.:</u> Die halbe Million schuldest du uns aber trotzdem noch! Wie viel verdient man denn mit so einem Buch?

Dank

Das Schreiben dieses Buches hat die Hilfe und Zeit vieler Menschen in Anspruch genommen. Ihnen bin ich zu Dank verpflichtet.

Zuerst meiner Frau Nadine, die immer an mich geglaubt hat. Danke für die zahllosen Inspirationen und deine nicht enden wollende Geduld und Liebe für mich, den Weltmeister der Dauernervösen. Niemand kennt mich so gut wie du.

Außerdem muss ich meiner Lektorin Angela Gsell für den wichtigsten Anruf meines Lebens danken. Ihr unglaubliches Engagement, ihre telefonische Seelsorge und ihr Glaube an das Potenzial meiner Idee haben dieses Buch erst möglich gemacht.

Ebenso bin ich Frank Jakobs zu tiefem Dank verpflichtet. Es ist schön, wenn aus Arbeit Freundschaft wird.

Hans und Uschi danke ich für ihre Hilfsbereitschaft und ihr Vertrauen in mich. (Und den Piper-Sekt…)

Natürlich haben die vielen glaubhaften und unglaublichen Geschichten dieses Buches ihren Ursprung vor allem in meiner Kindheit und Jugend. Deshalb will ich meinen Eltern danken, dass sie mir meinen Humor und mein sonniges Gemüt geschenkt haben. Ohne euch wäre dieses Buch niemals entstanden. Verklagt mich bitte trotzdem nicht.